感谢青岛科技大学资助出版

法天下学术文库

证据法学的知识论基础

ZHENGJUFAXUE DE
ZHISHILUN JI CHU

于冠魁 著

中国政法大学出版社

2024·北京

图书在版编目（CIP）数据

证据法学的知识论基础 / 于冠魁著. -- 北京 ：中国政法大学出版社，2024. 6. -- ISBN 978-7-5764-1586-5

Ⅰ. D925.013

中国国家版本馆 CIP 数据核字第 202400BF67 号

出 版 者	中国政法大学出版社
地　　址	北京市海淀区西土城路 25 号
邮寄地址	北京 100088 信箱 8034 分箱　邮编 100088
网　　址	http://www.cuplpress.com（网络实名：中国政法大学出版社）
电　　话	010-58908586(编辑部) 58908334(邮购部)
编辑邮箱	zhengfadch@126.com
承　　印	固安华明印业有限公司
开　　本	720mm×960mm　　1/16
印　　张	14.5
字　　数	240 千字
版　　次	2024 年 6 月第 1 版
印　　次	2024 年 6 月第 1 次印刷
定　　价	59.00 元

序 ////////////////////////

　　理性人均有认知的能力，也正式凭借这种能力，人们可以正常地生活、工作。人们如何认知，能够认知什么，对于认知结果如何评价，可以为认知提供辩护的是什么，这些问题均是知识论研究的范畴。司法实践中，事实认定者并无超然的能力；证据规则对于事实认定者而言，主要起到指引和规范的功能，认知过程中发挥基础作用的还是知识论。对于证据法的知识论基础问题，我国系统化的研究尚有不足。知识论的研究，可以夯实证据法学的根基，解决现实中证据规则无法解决的问题。

　　案件审理的目标是，查明案件事实，判决中认定的事实是事实认定者内心形成的真信念。信念建立在什么基础上，才是牢固的，或者什么才能为信念辩护？证据规则对于呈堂的证据提出了要求，但是仅依靠法律证据不足以支撑事实认定者的信念。盖梯尔问题提出后，知识论自我审视。一系列基本的问题涌现出来，其中最为核心的问题是如何重新定义知识？知识是否比信念更有价值？知识论的视角下，法官认知案件事实需要达到什么标准？我们如何保障信念的"真"？因此，构建对于案件事实认知的理论框架对于司法具有重要意义。案件审理过程中，事实呈现的形式是"命题"。事实认定者对于命题的态度，即信念。保证信念的真，避免出现错误是认知的主要目标。证据法中的证明标准，实质上是这一目标的法律语言表达。信念需要理由的支持，其中证据最为重要。敏感原则注重信念与证据之间的紧密关系，安全原则更加关注信念获得过程的可靠性，敏感原则与安全原则协同适用，有助于形成真信念。信念的"真"在实践中有程度的差异，信念度的相关理论可以为证据法的证明标准在不同诉讼法中的差异化，提供理论基础。

个人的信念受到社会因素的影响，个人获得知识的主要方式是陈词；社会人之间对于某些知识达成共识，才能相互理解，进行交流。社会知识论突破了传统知识论的个体化的视角，将知识论引入到更为广阔的空间。诉讼法规定，经验与常识可以作为认定案件事实的依据，该规定得以成立而且可以适用的前提是，共享的社会知识的存在。这也是识别和评判经验与常识是否具有裁判依据资格的理论要求。自然主义认识论借鉴自然科学的理论框架和方法，力图重构知识论，但是知识论的哲学本质属性，并不适合"自然化"改造。而实证研究方法，可以助益于主体的认知。实践因素对于信念的形成发挥不能忽视的作用，传统知识理论无法包容实践因素，因此有的学者提出应当修正知识的概念。虽然实用主义入侵并不成功，但其提出的问题和观点足以引起知识论学者的重视。虽然认知主体承担认知责任，但是认知主体认知事物不可避免地存在主观偏见，因此应当构建认知偏差的防范机制。

此书在探讨证据法的知识论基础的同时，也分析了知识论中的热点问题，例如认知目标、信念确证、信念与理由的关系、信念主义与证据主义的论战、社会知识论、自然主义认识论、实用主义入侵等。本书不仅引用了知识论中的经典案例，也分析了司法实践中的真实案例；既丰富了作者观点的论据，也增加了阅读的趣味性。

华东师范大学　刘加良

二〇二四年六月二十日

目 录 //////////////////////

导　论

　　1985 年，英国学者威廉·特文宁（William Twining）的著作《证据理论：边沁与威格摩尔》问世，以及 1986 年波士顿大学法律评论收录"证据法中的盖然性和推定"研讨会有关论文的出版，标志着证据法学者的研究从证据规则转向理性方面。这一研究方向的转变具有重要的意义，证据法学的跨学科趋势更为凸显，知识论、心理学、化学等学科都与证据法学紧密结合，以解决现实中的问题。[1]证据法学研究的转向，是理论研究对于社会发展需要的回应。随着相关学科的迅速发展，证据法领域的事实认定、证据解释等方面的研究焕然一新。相关学科的新方法与新视角的引入，可以补齐证据法仅通过规则实现探寻真相的短板。其中，知识论与证据学的联系最为密切。因为认知事物，进行判断，是理性人最基本的能力；法院依据证据对案件事实作出认定，也是理性认识的成果。

　　诉讼中，证据法无论是规范举证行为，规定证明标准，还是设定举证责任，其终极目标显然不是约束诉讼参与人。获得可以作为裁判依据的事实，才是证据法的主要目标。而仅仅依靠证据法，无法获得清晰的案件事实，甚至在证据法缺位的情形下，我们依然可以作出判断，认定事实。所以，在证据法之外，还应当有更为重要的东西发挥作用，这就是理性思维。知识论就是关于人们如何形成信念，如何确证信念，进而形成知识的学科领域。无论是在日常生活中，还是在司法实践中，知识论均是必备要素，是理性人获得真信念，进行判断不可或缺的理论资源。

---

〔1〕 Christian Dahlman, Alex Stein and Giovanni Tuzet, "Introduction", in Edited by Christian Dahlman, Alex Stein, and Giovanni Tuzet, *Philosophical Foundations of Evidence Law*, Oxford University Press, 2021, p. 1.

　　司法的基本目标是正确认定案件事实，公正作出判决。仅依靠法律规范约束行为主体的行为以及调整主体之间的关系，是无法实现的。法律规范只规范社会现实中的主体的行为，而未直接触及裁判主体的心灵层面。而知识论主要的研究内容是，主体是否形成了真信念，以及如何获得知识，通过何种方式"担保"信念的"真"，这些同样是司法领域中事实认定者面临的问题，即如何对于正在审理的案件事实形成"真"信念。在司法语境中，通常通过证明标准，作为认定事实"真"的主要依据，但证明标准——"确实且充分""排除合理怀疑"等，也需要主体以形成内在信念为前提。因此，知识论是证据法无法绕开或者必须重视的理论资源。

　　证据理论的最核心要素是：证据、法律规范、论证与司法认定。在诉讼中，事实认定是在法律规范约束下，对案件事实进行理性构建的过程。证据是历史与现实的连接点，也是基于既有事实推论案件事实的起点。论证是核心部分或基干部分，具有目标趋向性。法律规范与司法权威保证了论证过程得以顺利进行，以及不偏离理性的轨道。我国证据理论若干方面存在较大的争议，在批评既有理论的同时，尚未达成共识，形成替代性的理论。因而，证据法理论领域呈现出原有理论被质疑而新理论空缺的状态，对此需要进一步研究，弥补这一理论缺口。证据法学理论体系以证明模式为核心，包括证明对象、论证模式、证明标准、证明责任等。我国既有的证据法学理论体系主要存在以下不足：

　　第一，理论路径的偏颇：忽略知识论。事实认定者对于证据与事实的认识，属于知识论领域的问题。无论对于我国，还是英美国家，知识论都是不能回避且应当重视的理论宝库。只不过在证据的构建方面，我国证据制度更重视"客体"——证据本身；而英美国家证据制度以认识的"主体"——事实认定者及其思维模式，作为理论和制度构建的核心。制度的产生有其文化、历史以及政治基础，法律制度的现有样态有其历史合理性。在证据法学领域，事实认定者的思维模式等问题的研究相对单薄，为优化我国的证据法制度，一些学者正在进行积极的探索与耕耘。我国证据法学领域坚守客观真实立场，并以此为基础构建了我国的证据法制度，为司法实践中公正审理案件提供了强有力的支撑。我国证据法制度的基本框架是，证据的客观性为基础，"相互印证"为主要模式的论证方法，"确实充分"为证明标准。但是，现有的证据法制度框架无法适应证据法理论发展的内在要求，面对司法实践中的问题，也显露出理论的局限性。因此，我国学者正在努力完善现有的证据法制度，对证据的客观性提出批判，对"印证"证明模式进行质疑，力图构建适应我国司法现实的证明模式和技术方法。更为重要的是，我国学者已经意识到知识论的重要意义和功能。

第二，证明对象的误认。"印证"证明模式建立在传统的证据三性基础上。张保生教授对于我国关于证据属性的理论观点进行了全面的梳理，指出我国证据法学理论中关于证据的属性存在着四种学说："老三性说"，主要包括：客观性、关联性、合法性或可采性；"两性说"，主要包括：客观性和关联性，证据能力和证明力，关联性和适格性；"新三性说""四性说"主要涉及的证据属性包括：证据能力、证明力、证据的客观性与主观性、真实性、客观性、关联性、合法性、可采性、相关性、证据力与证明力、法律性等。可见，我国学者对于证据属性的看法存在较大的差异，仅在教科书中的属性就有十三种之多，但"老三性说"仍占据主流地位，而且客观性也为学者们普遍认同。此外，经过张保生教授的实证分析，客观性不仅在理论上占有绝对优先地位，在最高人民法院司法解释中，也在证据的各种属性排列中名列前茅，而且司法人员也普遍秉持着证据具有客观性的理念。[1]张保生教授认为，对证据法的客观性的坚守是有害的，主要表现在：使证据与存在相混淆，如果将客观性作为证据的属性，那么会排斥证据法的认识论领域的研究；导致误将当下之时的事实作为研究对象，忽略了历史事实的研究；司法实践中，证据客观性的属性认定，容易导致冤假错案。[2]在司法实践中，我们很多时候是将证据的真实性与客观性交互使用。在既有的证据法学理论中，通常将追寻事实的"真"建立在证据的客观性之上。这样做似乎坚持了证据的客观性，有利于发现"真"的案件事实，但忽略了如下几个问题：首先，证据的客观性是证据的本质属性吗？如果是，那么对于同一份证据，我们仅能推论出一个事实，但现实情况是，很多案件中针对同一份证据，当事人会给出不同的事实主张。因而，即便证据是客观的，也无法保证事实的客观性与真实性。如果将法院权威作为事实客观性与真实基础，又会陷入以主观性保证客观性的矛盾境地。其次，将"真"作为认定事实的主要目标。在证据具有客

---

〔1〕　张保生、阳平：《证据客观性批判》，载《清华法学》2019 年第 6 期，第 27~28 页。

〔2〕　张保生、阳平：《证据客观性批判》，载《清华法学》2019 年第 6 期，第 33~34 页。

观性的理论预设下，证据居于认定事实的核心位置。一方面，证据既是认定事实的起点，即通过证据逐步推定案件事实；另一方面，证据也是认定事实的终点，与证据相符成为判断事实为"真"的主要标准。这一标准没有对"真"的判断过程中的价值因素、认识方法因素等予以足够重视，因而无法对审理过程中，一审法院与二审法院，对于相同的证据，作出不同的事实认定这一现象给予合理的解释。最后，忽视推论过程。从证据到事实尚有一段路程。推论的正确与合理，是得出正确事实结论的前提。但在认定的事实与证据相符的论证模式下，推论过程的检验似乎没有必要，因为证据是检验事实的试金石。因此，有学者指出，我国证据法领域将证据错认为是证明对象，没有厘清认知推理结构。[1]简而言之，通过证据之镜认识事实，实际上是逻辑推理的过程，而证据无法成为推理论证的基本元素。

第三，证明模式的局限性。"印证"证明模式有其合理性，对于防御冤假错案有其不可替代的作用，但是司法实践也表明，"印证"证明模式有其局限性，有可能使犯罪嫌疑人"脱罪"。这是因为，"印证"证明模式的功能主要在于对证明结果的检验，对于事实认定者如何形成对事实的信念并未提供方案或方法。"印证"证明模式采用的是类似科学的证明方法，这就使事实的认定效果大打折扣。问题在于，即便是相互印证的证据，也无法因此得出"真"的事实。相互印证是证据之间的要求，即便证据之间相互印证，认定的事实依然可能是部分的，或不完整的。从逻辑角度讲，如果证据 A 与证据 B 相互印证，那么是否因此就得出"真"的事实？如果证据 A 与证据 B 均指向了错误的事实，那么很有可能基于相互印证规则，依据证据 A 与证据 B 的指向，认定的事实为假。因为，印证本身不是证明，是证据的取得而非"施予"。证明可以得出唯一的、排他性的结论，但是印证却无此功能。[2]

第四，应当构建什么样的证据法学理论？[3]在现行的法律制度中，将法律适用于事实，进而作出判决，是法律运行的基本模态。事实得以确证，是基础和前提。事实的确证主要受三方面的影响：证据、法律规范、法官认定。这三方面要素相互协作，相互制约，方可实现认定事实的最优化。但司法实

---

[1] 周洪波：《证明对象的基本法理与中国问题》，载《江海学刊》2022 年第 1 期，第 175~176 页。

[2] 刘畅：《证明与印证》，载《世界哲学》2011 年第 3 期，第 43 页。

[3] 郑飞：《证据科学的研究现状及未来走向》，载《环球法律评论》2015 年第 4 期，第 147~165 页。

践中，事实认定受到若干因素的影响：①当事人对于证据的提交具有较强的自主性、自利性，因而可能影响认定的事实的真实性。诉讼法规范当事人在诉讼中的行为，确保高质量的数量多的事实信息呈现法庭。法官的独立性、中立性和权威性，可以在一定程度上抵消当事人的倾向性事实陈述产生的负面影响。②法律规范对于事实认定具有约束作用，法律规范适用的前提是事实认定的类型化与模型化。这种"剪裁"可能造成对事实完整性的破坏，以及法律思维对于事实客观性的扭曲。法官可以克服法律规范的教条化的缺陷，通过法律解释等方法，将法律规范恰当地适用于案件事实。证据为案件事实的认定提供了基础性的依据。③在通常情况下，当事人对案件事实存在争议。但是，最终认定案件事实的是法官，因为法官无涉诉讼利益，可以理性、公正地认定案件事实。法官认定案件事实是主观世界的活动，证据可以避免法官认定的事实脱离现实世界和具体案情。而法律规范中的证明标准等为法官认定事实提供了依据和理由，证明责任等为法官在事实不清的情况下进行裁决提供了方案。可见，事实认定者在案件事实认定方面起到了重要的作用。在知识论基础上对事实认定的思维过程进行反思，为证据及证据规则的构建提供理论基础，应当是证据法学研究的重要内容。司法领域中法官认定案件事实，知识论中法官获得真信念。要获得真信念，应当经过命题确证、信念确证两个最主要的环节。我国既有的证据法学理论，着重强调命题确证，而忽略了信念确证，因此应当对相关理论进行完善。

本书的论述有两条主线。知识论的主线：命题—命题的确证—信念的确证—信念真的保障—社会认识论—实用主义入侵。证据法学的主线：事实—证据—证明标准—认证—经验与常识—后果裁判。这两条主线是相互交织的，只不过为了描述得更清晰，勉强将二者分开展示。本书的主要结构为：第一部分是基础部分，分析了证据法和知识论之间的关系（第一章），阐明了本书结构的轴心"命题—信念—事实"知识与命题的关系（第二章）。第二部分是命题的确证（第三章），主要分析了我国证明模式的争议与存在的问题，并提出解决方案。第三部分是信念的确证（第四章）与获得真信念的保障（第五章）。第三部分，探讨了共同知识对我们信念的影响，以及经验常识在司法裁判中的运用（第六章）。第四部分是实用主义对于司法裁判和知识论的影响（第七章）。具体分为七章，每章聚焦一个主题：第一章为证据法与知识论之间的关系。理性人有认知能力，不依赖于证据法或其他法律规范，就可以认知事物。但是认知主体可能出现认知错误，知识的规范作用相对较弱，需要借助证据法的强制力。证据法的主要功能是规范认知活动，弥补认知短板，解决实践中的司法问题。第二章为事实与命题之间的关系。司法裁判以事实为依据，什么是事实？学者们对此存在较大争议，客观事实说、法律事实说、主观事实说均未能成为无可辩驳的理论。而命题是事实存在的形式，司法实践中，通过推理认定事实，也需要具有逻辑属性的命题出场。第三章为证明模式与命题的确证。"相互印证"模式是我国刑事司法实践中普遍采用的证明模式，但学者们指出该模式的不足，并提出替代方案。另外，证明模式仅能处理证据认证与逻辑问题，事实认定者的主观状态因素并未包含在内，因此通过命题的确证来认定事实更为合理。第四章为信念度与证明标准。盖梯尔问题的提出，动摇了原有的知识的三元概念，导致证据法领域也面临证明标准如何确定、如何适用的问题。经过分析理论论争，确证的真信念作为认知的目标最有说服力。而在信念主义与证据主义论战中，证据主义胜出，无论是确证信念，还是认定事实，都需要证据的支持。第五章为如何确保信念的真？信念的真依靠理由的支撑。通过掌控证据，避免错误信念的出现。敏感原则，通过确保信念与证据之间的紧密关系，来确保信念的真；安全原则审视信念的稳固性，避免信念错误。第六章为经验常识与社会知识。为什么司法实践中，经验与常识可以作为裁判的依据？主要原因在于经验与常识具有社会属性。社会知识论是对原有知识论的拓展与发展，相应地，除了原有的确证方法，可接受性也可以成为社会知识确证的新路径。第七章为实用辩护与后果裁判。实用主义为哲理基础的后果裁判，是否有正当性？如何应对实用主义对于知识论的入侵？实用主义颠倒了作出判断的传统的逻辑顺序，因而受到了抵制。但是实用主义又具有合理性，弥补了原有理论的不足。因此，应当限制实用主义的适用范围和适用方法，避免出现认知偏差，侵蚀法治体系的不利后果。

第一章 ‖‖‖

证据法与知识论之间的关系

知识论对于证据法而言，是不是不可或缺的理论资源？这个问题的讨论具有根本性的意义，因为该问题的应答，决定了知识论在证据法领域是否有存在的空间，以及发挥作用的余地。对于该问题的回答，主要分为两大阵营：知识论必要说与知识论冗余说。知识论必要说认为，知识论对于证据法而言，是必不可少的，虽然该阵营内部，对于知识论地位的强弱认定存在差异。知识论冗余说则认为知识论对于证据法而言没有实用价值，或者知识论的标准过高，实践中难以企及。检视两大阵营的分歧，展示了知识论与证据法之间的关系的可能性图景；截然对立的观点，为深刻地理解知识论和证据法之间的关系提供了思考的场域。

第一节 知识论必要说

知识论必要说的主要观点是，对于证据法而言，知识论发挥着不可替代的作用，证据法涉及的某些领域中，有些是证据法无法有效发挥作用的，因此必须寻求其他理论资源或理论工具，而知识论是最为恰当的理论。在该阵营中，按知识论作用的强弱，可以分为"知识论基础说""理论基础与裁判依据说""理智德性说""法律功能补充说"。其中，"知识论基础说"最为强硬，认为知识论可以独立完成认定事实的任务，而无需借助法律，甚至法律规范限定或约束了知识论发挥作用；"理论基础与裁判依据说"认为知识论对于证据法具有基础性意义，在防止出现错误的认定等方面，发挥了不可替代的作用；"理智德性说"，从主体的德性出发，认为既然事实认定者具有理智德性，那么，事实认定者获得的知识就当然具有规范性；"法律功能补充说"是该阵营中，认为知识论功能最弱的一种学说，认为知识论仅在证据法"失灵"的情况下发挥作用。

一、知识论基础说

边沁（Bentham）是该学说的代表人物，该学说反对通过法律规定对证据作出规定，其主要理由是：我们每个人在日常生活中，都要对事物进行判断，形成知识。而在此过程中，我们并不需要法律规范的指引或约束，通常情况下，我们可以凭借理性，对接触到的"证据"的分量进行评估，进而作出正确的判断。证据法不仅不能助力主体对事实的认定，证据法中对证据资格的限定，甚至会将某些有价值的证据人为地（artificially excludes）拒斥于主体可以据以认定事实的"证据"之外，因此，反而削弱了主体正确认定事实的可能性。因此主张：主体应当自由地考量所有相关的信息，根据信息的可靠性与相关性（reliability and degree of relevance）对案件事实作出判断。[1]

反对者往往从边沁理论的可行性上提出反驳，比如陪审员没有能力凭借理性认定事实，考虑到时间成本和金钱成本，也不可能对陪审员进行培训，从而提高其判断力。但是，边沁的理论被法官引用，作为绕开证据规则的依据；因为法官是理想的事实认定者，可以为相关的证据分配分量，进而作出正确的事实判断。肯尼斯·M. 艾伦伯格（Kenneth M. Ehrenberg）认为，扩大事实认定者的裁量权，推行自由证明（free proof），面临两方面的挑战：高昂的成本，以及证明标准的多样化。这将极大地削弱法治的统一性，特别是刑事案件中，如果证明标准千差万别，将损害司法公正。[2]

二、理论基础与裁判依据说

迈克尔·S. 帕尔多（Michael S. Pardo）认为，"真"通常是证据规则追求的目标，但不应当成为司法裁判的前提性要求。因为"真"有可能是基于运气等偶然因素获得，在无法排除此情况下，单凭证据规则获得的事实，不

---

〔1〕 Kenneth M. Ehrenberg, "Less Evidence, Better Knowledge", *McGill Law Journal*, 2015, 60（02）: 175.

〔2〕 Kenneth M. Ehrenberg, "Less Evidence, Better Knowledge", *McGill Law Journal*, 2015, 60（02）: 176.

应当作为裁判的依据。迈克尔·S.帕尔多还以"警察裁赃案"为例，说明即便偶然获得了正确的结论，也不能得到可以接受的判决。而在案件裁判过程中，似乎缺失（something missing）了什么？这就是知识。[1]迈克尔·S.帕尔多将知识作为证据法的目标和裁判的依据。迈克尔·S.帕尔多并不认为知识论与证据法是相互分离、相互独立的；知识论不仅仅可以助力于证据法，实质上是证据法的理论基础，而且已经蕴含在证据法之中了。

迈克尔·S.帕尔多的观点具有较强的说服力，知识论是哲学理论，而证据法具有法律规范的特性，但也以获得"真"事实为目标，如何获得"真"信念而且担保信念的"真"，知识论则提供了丰富的理论资源。但对于如何实现将知识作为证据法证明的目标或要求，迈克尔·S.帕尔多却没有给出路线图。而且，即便以知识为目标和裁判依据，也应当将其法定化，转化为证明的标准。

三、理智德性说

何福来（Hock Lai Ho）认为，事实认定者作出裁决，应当断言裁决的真实性，而这是因为裁决是基于案件认定的事实，既然作出了裁决，那么就暗示着裁判者已经认定了"真"的案件事实。而该断言也当然具有了知识的属性。[2]何福来从认知者主体角度出发，根据认知的德性责任，推论出判决中蕴含的知识论意义。何福来的观点是以"德性知识论"为核心的。"德性知识论"的特征是从主体的德性出发，解释知识。[3]

德性知识论是以认识主体履行认知义务为前提假设的，既然事实认定者遵守德性认知义务，那么知识就是主体理智德性的结果。该学说有其合理性，在司法体系中，事实认定者一般被认定为，具有高尚的道德和良好的法学素养，因此有能力和道德作出正确的判决。但是，完全依靠事实认定者的德性，是否可能？即便可能，基于同样的证据，不同法官也会因为个体知识体系的差异，而作出不同的事实认定。

〔1〕 Michael S. Pardo, "The Field of Evidence and the Field of Knowledge", *Law and Philosophy*, 2005, 24（04）：321~392.
〔2〕 ［新加坡］何福来：《证据法哲学——在探究真相的过程中实现正义》，樊传明等译，中国人民大学出版社2021年版，第118~121页。
〔3〕 陈嘉明：《知识与确证：当代知识论引论》，上海人民出版社2003年版，第285~288页。

四、法律功能补充说

苏珊·哈克（Susan Haack）认为，通常情况下，证据法可以完全胜任证据的评估，而无需借助任何理论。但是在证据格外复杂、模糊不清等情形下，知识论在法律语境下是有助益的。事实认定者需要确认，关于被告是否犯罪和是否承担责任的命题，根据采信的证据，按照证明标准，是否成立，作出知识论的评价。[1]依照该观点，知识论是不可或缺的，但其存在空间仅限于法律不能有效发挥作用的领域。该理论观点令人困惑之处在于，证据法与知识论是否可以截然分离？如果在疑难复杂的证据力不能及的领域，知识论可以发挥作用，那么在一般证据评估过程中，知识论当然可以发挥作用。在此情形下，我们是否有必要或者有可能屏蔽知识论的影响？

第二节　知识论冗余说

反对知识论与证据法有关的理论主要有四种："因果关系论""过高的知识论标准""盖梯尔方法论的质疑""无害之错"。总体而言，该理论认为知识论是没有必要的，在知识论缺席的情况下，既有法律体系或相关理论足以解决证据相关问题，甚至对于证据法提出的问题进行处理。"因果关系论"认为，依据因果理论，就可以实现判决的公正，而且知识论无法取代因果理论。"过高的知识论标准"理论的持有者认为，事实认定者只需"接受"，而无需"相信"；前者是现有法律体系的要求，后者是知识论的要求，而知识论的超现实的标准，是没有必要的。"盖梯尔方法论的质疑"就盖梯尔问题本身的意义提出怀疑，如果盖梯尔问题本身没有存在的正当性，那么就没有资格对现有证据法在事实认定的有效性方面提出怀疑。"无害之错"承认知识论所指出的在证据认定中存在的问题，但是认为这些问题并不影响案件的最终公正的价值目标追求，因而是可以忽略的。

---

[1] Susan Haack, "The Embedded Epistemologist: Dispatches from the Legal Front", *Ratio Juris*, 2012, 25（02）: 206~235.

一、因果关系论

罗伊·索伦森（Roy Sorensen）认为，公正的刑事裁决，并不需要知识，只要确定因果关系就够了。只要裁决依据基础性的犯罪事实而作出，就可以保证其公正性。罗伊·索伦森举了两个案例来进一步强化自己的观点，即存在因果关系，而没有知识的情况下，依然可以作出公正裁决。

第一个是"刺客案"：民权运动领导人被谋杀了。作为陪审员的吉尔（Jill）和其他陪审员经过庭审，认定被告构成犯罪。基于某些原因，政府通过媒体散布假消息，被刺杀的是民权运动领导人的保镖，而非民权运动领导人本人。因为陪审团消息封闭，所以并不了解这一情况。罗伊·索伦森强调，因为虚假报道，陪审团确实不知道被害者身份这一重要事实。但同时认为，即便陪审团不知道刺客杀死的是民权运动领袖，裁决也依然是公正的，因为裁决是依据犯罪事实作出的。[1]

第二个是"虚假庭审案"：陪审团基于压倒性的证据认定被告有罪。但是，陪审员并不知道心理学家在同一法庭正在进行假的庭审。他们审理的案件是唯一真实的案件，但每一起案件中的陪审员和"陪审员"均认为自己正在参与真实的庭审活动。罗伊·索伦森认为，判决是公正的，因为判决是根据正规程序，依据犯罪事实作出的。但是，如果依据知识论，陪审团的判决是依据虚假的庭审活动作出的，因而陪审团"不知道"被告是有罪的。可见，判决的公正并不需要知识。[2]

罗伊·索伦森的核心观点是：公正判决并不需要知识。其所列举的两个案例，说明在缺少知识的情况下，同样可以实现判决的公正性。罗伊·索伦森的观点的错误在于：他认为知识不在场，因为信念缺乏"真"的属性，但依然可以作出公正的裁决。此类公正的裁决有保证吗？"刺客案"中，陪审团基于错误的证据作出裁决；"虚假庭审案"中，裁判者没有认识到案件审理本身的虚假性。如果因为结果的正确，就可以否认前提的必要性，换句话说，

---

[1] Michael S. Pardo, "The Gettier Problem and Legal Proof", *Legal Theory*, 2010, 16 (01): 53~55.

[2] Michael S. Pardo, "The Gettier Problem and Legal Proof", *Legal Theory*, 2010, 16 (01): 53~58.

如果通过投掷硬币决定案件结果，就能获得比例较高的公正裁决，那么我们是否因此可以否定法律规范存在的必要性？另外，罗伊·索伦森的观点是经验主义的，而经验并不能成为判断的唯一依据。对于大部分有驾车体验的人而言，他们都没有安全气囊弹出的体验，但是否就可以得出结论，安全气囊对于司机而言不是必需的呢？

二、过高的知识论标准

人们比较容易接受盖梯尔问题的作用，但是对于证据或确证的必要性会提出怀疑。比如，知识论要求信念，但是异议者认为，事实认定者仅需要接受，而不需要相信判决中涉及的命题。与此类似，异议者可能会提出，知识论的标准超出了法院作出判决所需要的标准。[1]

这种观点是实用主义的，其前提假定是现有的法律制度和证明标准完全可以胜任公正裁决的需要。但事实并非如此，纵观法律发展史，法律规范不断演化，推陈出新，除了适应不断发展变化的社会现实以及保障权利的价值追求，降低错判率也是主要考量因素。例如，沉默权制度与非法证据排除制度等。可见，现有法律制度并非完美无缺，而在降低错判的努力中，裁判者是否以正确的方法形成"真信念"是重要的因素。即便是法律规定的标准，也需要知识论的助力。比如，是否达到了"排除合理怀疑"的标准，是否"事实清楚"，均需要主体在内心中形成真的信念。即便存在某些"简易"案件，也不能否认构建确保真信念的结构性的必要性。

三、盖梯尔方法论的质疑

人们可能质疑，基于假设的盖梯尔问题是否真能揭示认识论或证明的内在问题？实证调查显示，不同背景的人，会对盖梯尔问题是否为一个真正的知识论案例，有不同的态度。据调查，东亚人会认为，一个人在盖梯尔情境中，"真知道"胜过仅仅"相信"（"really knows" rather than "only believes"），

---

〔1〕 Michael S. Pardo, "The Gettier Problem and Legal Proof", *Legal Theory*, 2010, 16（01）：53~58.

而西方人的结论与之恰恰相反。[1]

这种观点从理论基础否定了知识论的必要性。因为盖梯尔问题的提出，使知识论研究的重心转向了确证问题。盖梯尔问题式的疑虑也蔓延至需要确证的司法审判领域，这也是知识论应当介入案件审理的最初理由。异议者通过否定盖梯尔案例存在的意义，同时否定了在案件裁判过程中知识论存在的必要性。但盖梯尔问题仅仅是问题提出的一种方式而已。即便没有提出盖梯尔问题，也会对之前 JTB 理论（Justified Ture Belif）是否能确保形成"真信念"有其他的提问方式。而案件审理的过程，也是对案件事实形成"真信念"的过程，同样面对论证结构是否完整的质疑。因而，盖梯尔问题引发了我们的反思，为理论的完善提供了契机。否定盖梯尔案例的存在，是一种舍本逐末的方法，并没有消除或解决知识论与证据法的关系问题。

四、无害之错

反对者认为，即便案件中出现一些认识论的错误，但是这些错误并不能影响最终的判决结果的真，那么对于这些认识论的错误的担忧是多余的，因为其并不能影响判决目标的实现。[2]

该观点的错误在于，以作出正确判决结论的视角，反观认识中存在的问题。但是，正确判决从何而来？该观点忽略了司法过程的重要意义。正确判决的作出，应当有法定程序的保障，这既避免了某些错误的出现，也彰显了司法理性与司法权威。即便作出了正确的判决，没有司法程序的支持，法官无法给出有力的判决理由，我们也无法接受该判决，也无法认同该判决的正确性。在案件审理过程中，我们根据案件资料进行判断并形成自己的信念时，往往无法区分认识本身的对错。如果这一理想状态在现实中真能实现，那么错判的概率将极大降低，接近为零。但是，在现实中，并非如此。如何形成正确的判断，避免错误的认识，在理论界和司法实践中，均是需要解决的问题。

综上所述，两大阵营对于知识论和证据法之间关系的争议焦点在于：证

---

〔1〕 Michael S. Pardo，"The Gettier Problem and Legal Proof"，*Legal Theory*，2010，16（01）：53~58.

〔2〕 Michael S. Pardo，"The Gettier Problem and Legal Proof"，*Legal Theory*，2010，16（01）：56.

据法是否可以独立完成证明事实的任务，或者需要知识论的介入与协助；证据法是否可以屏蔽知识论的影响，如果不能相互分离，知识论如何影响证据法。[1]

第三节　知识论的基础性与认识方法的法定化

迈克尔·S. 帕尔多认为，法律证明的过程，从本质而言，是知识论领域的问题，即基于证据，得出案件真实结论的过程。因此，法律事实认定过程不仅是法官或陪审团被说服或相信为真（虽然这很关键和重要），而且也涉及依据证据、事实的认定或信念是否得到确证或具有合理性的问题。传统上，认识论经常被用于阐明或解释证据法。[2]知识论与证据法在司法实践中共同发挥作用，知识论是基础，而证据法将证明过程规范化与显性化，为事实认定形成共识提供了依据。

一、知识论的基础性

首先，知识论具有适用的普遍性。知识论是关于主体如何获得真信念，以及确证信念为真的理论。在日常生活中，我们经常需要探究身边的事物，以获得我们需要的信息。我们关注每天的天气情况，以决定衣物的增减，或者是否需要带雨伞。我们获得气象信息的渠道很多，可以来自广播、电视、网络、报纸、朋友的消息等。气象信息来源广泛，而且有时也会存在差异，我们需要进行筛选，形成我们自己对天气情况的信念。在此基础上，我们安排出行计划和出行策略。日常生活和工作中，类似的情况很多，形成信念是我们作出决策或者行动的前提或必要环节。

裴苍龄教授认为，辩证唯物主义认识论是关于人类认识的一般规律的科学，证据理论是关于司法人员认定事实的一般理论，因此证据法应当受认识论的指导。[3]从诉讼庭审过程来看，庭审活动就是对"事实真相"进行探究

---

〔1〕　Michael S. Pardo，"The Nature and Purpose of Evidence Theory"，*Social Science Electronic Publishing*，2013，66（02）：547~614.

〔2〕　Michael S. Pardo，"Safety vs. Sensitivity：Possible Worlds and the Law of Evidence"，*Legal Theory*，2018，24（01）：50~75.

〔3〕　裴苍龄：《论证据学的理论基础》，载《河北法学》2012年第12期，第55~65页。

的过程。事实认定者从对案件一无所知，到认定案件事实，并且通过证据或理由为该事实认定提供依据。这一过程实质上，是主体获得真信念，乃至知识的过程。英美证据法的研究，曾经一度聚焦于证据规则，这种单一地将证据法作为一般法律规范进行研究的方法，似乎走进了"死胡同"。现代证据法走出了研究自我限定的怪圈，除了研究证据规则，将注意力更多地放在了"证明"与错误风险分配方面，从而追求判决的准确性，避免判决错误。[1]为实现这一目标，必须关注的是，事实认定者认定的事实是否清楚，证据是否确实充分等问题。从证据法领域审视，这些问题关系到事实认定者对于案件事实认定的正确与否；而其实质是知识论问题，即事实认定者的心灵状态，即事实认定者是否获得案件事实的知识，获得的是不是案件事实的知识，是必须关注的问题，这些问题是法律体系本身无法解决的，需要知识论提供理论资源和分析框架。

其次，从历史渊源看，知识论是认定案件事实的基础，证据法是预防认识错误的防范手段。知识论冗余说的基本立场是，现有法律规范运行良好，知识论的引入有"画蛇添足"之嫌。如果我们认真考察知识论与证据法的发展史，就会发现这种观点颠倒了知识论与证据法的关系。案件事实的认定与我们日常生活中对于一般事物的认知没有本质的区别。日常生活中，我们对于事物的认知，并不需要法律规范的约束与介入；同理，即便没有法律规范，我们对于某一案件事实，可以根据双方的陈述、提交的证据等，作出判断。因为正常人都有理性、德性与知识体系，具有对特定事物作出判断的能力。

边沁主张，运用自然系统（natural system）认定证据，并作为裁判的模式。边沁一方面极力推崇"理性"在事实认定方面的能力，另一方面对于法律规范的限定表现出了抵制或反感，并称之为技术系统（technical system），法律规范如此精致，以至于几乎没有留给法官们自由裁量的空间。[2]形成鲜明对比的是，在大陆法系国家，对法官采信证据的限制较少，更接近自由证明；在英美法系国家，关于法官采信证据的法律规范相比之下却很多。

英美法系国家为什么会制定如此多的法律规范，限定法官的自由裁量？

---

[1] Michael S. Pardo, "The Nature and Purpose of Evidence Theory", *Social Science Electronic Publishing*, 2013, 66 (02): 547~614.

[2] Frederick Schauer, "The Role of Rules in the Law of Evidence", in Philosophical Foundations of Evidence Law, *Oxford University Press*, 2021, pp. 71~73.

塞耶（Thayer）提出，对于为何有如此多的证据法，应当从历史起源考察，而不应当从理论或教义学入手。依照塞耶的观点，如果不是有陪审制度，如今的证据法会简化很多，会更加关注逻辑相关性，可能不会有证据排除规则。我们必须注意到的事实是边沁提出其观点的年代背景，当时在刑事案件和民事案件中，大量案件的事实由陪审团认定。换言之，案件事实由非法律人的陪审团认定，而不是由作为法律专业人士的法官或律师认定。司法语境中的事实认定毕竟区别于日常生活中的事实判断，庭审中，除了追求事实的"真"，还有法律的公平价值，避免错误判断等价值追求。因此，需要证据法对陪审员审查证据、运用证据等进行指引，对于可能引发陪审员错误判断的证据予以排除，对陪审员基于错误地运用证据而错误地认定案件事实予以约束。在此意义上，证据法是确保事实认定正确的保障制度，避免理性的越界或失效。与边沁和塞耶的观点类似，威格摩尔（Wigmore）认为，证据法规范没有必要如此复杂；之所以如此，主要是因为陪审团的不足，更精确地说是陪审员的短板。威格摩尔解释说，陪审员很多时候无法区分有价值的证据和无价值的证据，加之受到激情和偏见的影响，使某些证据远离陪审员（即便有证明力）似乎是更好的策略，这也是证据排除规则存在的合理性。[1]

随之而来的问题是，既然探究证据规则的渊源主要是为了约束陪审团，那么对于受过法学专业训练的法官与律师是否有适用的必要？但据研究表明，法律人与非法律人，在日常生活或法庭中，都会犯错误。法官与陪审员作为人，认识事物的模式没有本质差异；司法实践中，法官认定案件事实错误的情形并不少见。[2]因此，证据法对于法官而言依然具有重要意义和价值。

基于上述分析，我们可以得出如下结论：首先，诉讼活动中，对于事实的认知，属于对未知事物的探究，遵循一般的认知规律和方法。就认知对象而言，案件事实与其他需要认知的事物之间没有实质性差异。因此，对于案件事实的认知，是主体运用理性的过程，属于知识论的范畴。而且通过历史考察可以发现，知识论在案件事实认知方面发挥了主要作用，证据法更多的是协助与规范认知行为，从而实现对案件事实的正确认知。其次，法律规范

---

〔1〕 Frederick Schauer, "The Role of Rules in the Law of Evidence", in *Philosophical Foundations of Evidence Law*, Oxford University Press, 2021, pp. 72~73.

〔2〕 Frederick Schauer, "The Role of Rules in the Law of Evidence", in *Philosophical Foundations of Evidence Law*, Oxford University Press, 2021, pp. 76~77.

并不是认定案件事实所必需的，我们依据理性依然可以对案件事实作出认定。法律规范并不能提供给我们认定案件事实的方法，换言之，即便我们依据法律的规定，但如果没有理性我们依然无法形成对案件事实的认定。反之，我们依靠理性，即使没有法律规范的介入，也能认定案件事实。因此，知识论在案件事实认定方面的作用和功能是不可替代的。最后，在司法语境下，案件事实的认知区别于日常生活的认知，认知的结果不再是认知者个体的事情，而是关乎诉讼当事人的权利、义务与责任。因此，事实认定者不仅负有知识论意义上的"认知责任"，其认知行为也受到法律规范的指引与约束。此外，我们的认知会出现偏差，甚至是错误，因此需要证据法予以规范，避免错误认知的出现。

二、知识的价值

知识论在案件事实的认知过程中，是不可缺失的理论基础。那么知识具有什么价值？或者知识具有什么功能？扎格泽博斯基（Zagzebski）指出，价值主要取决于我们在意什么（care about）。知识的价值源于我们在意的东西的需求，其中最为重要的是道德。道德规范与认知规范均作用于信念，是因为它们是我们在意的东西所要求的。[1] 什么是知识？知识是主体对于现实世界的认知状态。联结有意识的主体与现实世界的就是知识。与世界直接关联的是认知知识（knowledge by acquaintance），与世界间接关联的是命题知识（propositional knowledge）。命题知识比认知知识的受关注度更高，因为一般认为命题知识是世界构成的基本形式，这使人们理解世界具有可能性；命题知识是人们之间交流的基本形式，可以从一个主体传递到另一个主体。认知者认为被认知的命题是真的，认知者与被认知的命题之间的这种关系，是信念状态（the state of belief）。知识是基于理智德性行为对世界形成的信念。[2]

对于知识的传统定义是，经过确证的真信念。依据这一定义，知识主要由三要素组成：信念、真与证成。诉讼中，我们追求认定案件事实的真。对案件事实的真可能有多种理解，但是与其有直接关系的是认知主体的心灵状态。庭审中，双方或多方诉讼当事人向法官或陪审员陈述案件事实，并提交

---

〔1〕 Linda Trinkaus Zagzebski, *Epistemic Values*, Oxford University Press, 2020, p. 186.

〔2〕 Linda Trinkaus Zagzebski, *Epistemic Values*, Oxford University Press, 2020, pp. 186~203.

相关的证据，经过法庭辩论，最终目的是说服法官或陪审员采信相关证据，认同其陈述为真。法官只有在内心形成对于案件事实的信念，才能作出案件事实的认定。信念存在真假之分，而我们所要追求的是，剔除假信念，获取真信念。而真信念获得的保障是经过确证。确证既是从信念通往知识的桥梁，也是检验知识为真的重要方法。司法实践中，法官不仅认定案件事实，而且要说明该事实认定成立的理由。这一过程，实际上是法官内心活动显性化的过程，即法官将为何认定该事实为真以及如何确证为真的心理状态通过判决的形式展现出来。因为虽然法官具有司法权，但这并不意味着法官可以任意地作出事实认定；如果仅凭信念作出认定，那么无法保证该信念为真。如此，确证的意义凸显，其不仅成为法官认定案件事实为真的重要依据，而且为上诉法院或当事人检验事实认定为真提供了检验的对象和方法。也就是说，如果上诉法院或当事人能明确说明确证的不足或存在的问题，那么法官在事实方面的结论就是错误的和不可接受的，这就可以降低事实认定错误的概率。证据法和诉讼法中的相关规定，实际上是知识论的相关要求在法律领域的体现。例如，"事实清楚，证据确实充分"是对"确证"的基本要求，如果未达到该要求，那么不应当作出相关的事实认定，否则当事人有权提起上诉或申诉。

随之而来的问题是，知识是不是最优选择？换言之，知识是否具有不可替代的地位？在知识论领域，知识是否比真信念更有价值？这是知识论中的"价值问题"。杰森·贝尔（Jason Baehr）指出这不是一个真问题（a genuine problem），因为这一问题的提出源于有很强说服力的前理论直觉（pretheoretical intuition），即知识比真信念更有价值。这种直觉是指引直觉（guiding intuition），对知识的分析做了预设：经过合理的分析得出的结论势必是知识比真信念更有价值。"价值问题"包含两个考虑或承诺：其一，知识是经过确证或保证的真信念；其二，对知识的确证或担保的价值源于并归于真信念的价值。杰森·贝尔认为，既然知识的价值最终体现为真信念的价值，那么知识比真信念更有价值，当然不能成立。因此，对"价值问题"解决的可能路径为：知识或者有自己的独立价值，或者在真信念基础上有"附加"价值。前者必须回答的问题是，知识独立的价值是什么？后者是，知识在真信念之外还有价值，这一推论如果成立必须满足三个条件：①知识有较高的价值；②知识不能化约为真信念；③知识有超出真信念的价值。当我们说知识有价值时，更多的是概括性的判断，知识具有价值。而且我们并非在抽象层面判断知识有价值，而是与我们认为有价值的东西相关联。杰森·贝尔认为，知识的价值并不限定在知识论范畴内，可以是实用的、道德的、审美的，应该是一个多元化的概念。知识论的多元化的观点可以消解知识论学者们对这一问题的争议。[1]杰森·贝尔的主要观点是，在知识论的范畴内，知识似乎并不比真信念更有价值。在知识论范畴外，知识与现实世界的事物发生联系，体现出其价值。知识与信念之间是否存在差别，这一问题不仅具有知识论的意义，也具有实践意义。

信念通常是我们行动的前提。在日常生活中，对于事物，我们可以形成信念，也可以形成知识。和事实认定相关的问题是，如果我们的最终目标是获得真信念，作出正确的事实认定，进而作出公正的判决，那么严格按照认知规律获得的事实与虽然没有严格遵守认知规律，但也获得了同样的事实的差异是什么？对这一问题的不同回答，可以实现知识在事实认定中的功能；甚至，可能会决定知识在证据法学理论中的地位和探讨的意义。如果认为没有差别，那么将会极大消解知识在证据法中的作用，探究证据法与知识论之间的关系也会变得索然无味。反之，必须回答知识论对于证据法有何重要意义？知识论对于证据法发挥了什么不可替代的功能？

（一）可靠主义

当我们在陌生的地方，无法辨别到达目的地的方向时，有两种方案可以选择。方案一：我们通过询问路人、查看地图、电子导航、电话求助等方式，收集相关信息。当通过多种方式收集的信息内容一致时，我们会较快地形成对到达目的地路线的信念。但是，当信息出现矛盾时，我们会对信息的有效性进行评估，进行筛选，进而找到正确的路线。方案二：我们凭直觉选择一条到达目的地的道路，结果可能是我们选择了正确的道路，到达了目的地；也可能是我们选择错误，走错了路。当然，方案二中的错误选择明显不在我们的考虑范围之内。但是方案二中正确的真信念的价值似乎没有比方案一中的价值更低。"可靠主义"对于这一问题提供了解决方案，它认为，知识优于纯信念。即便有时纯信念对于我们而言，与知识具有同样的价值。但是，获得

---

〔1〕　Jason Baehr, "Is There a Value Problem?", *Epistemic Value*, 2009, pp. 42~59.

纯信念具有偶然性，主体的纯信念可能具有价值，也可能不具有价值。而知识的价值具有稳定性。就上述"寻路"案例而言，方案一与方案二的区别在于，方案一的信念是有可靠的证据做保障的，而方案二是纯信念，没有可靠依据的支持。方案一有极高的正确概率，而方案二的错误概率较高。所以，日常生活中，我们真正需要的是知识。司法实践中，我们力图通过证据法与诉讼法确保能够得到"真"的案件事实。我们通过证据法，规范当事人提交证据的程序，规定证明标准，限定法官认定案件事实的依据和基础，从而确保能够正确地认定案件事实。当然，程序性保障只是必要条件，最终是否能够实现正确认定案件事实的目标，还受到法官的主观状态、当事人提交证据的质量等多方面因素的影响。

（二）淹没问题

对可靠主义提出挑战的是知识论中的"淹没问题"。"淹没问题"最早可以追溯到《美诺篇》，扎格泽博斯基贡献了新的版本，其基本内容是：如果我们用优质的咖啡机与相对劣质的咖啡机，均生产出了两杯口味上乘的咖啡，那么生产咖啡的咖啡机的品质优劣是否还有意义？这一问题反映到知识论领域是，知识是否优于纯信念？如果我们在方案二情况下，随意选择道路，却到达了目的地，与方案一相比，取得了相同的结果，那么，我们通过多种方式收集信息，确保选择道路的信念为真，是否仍然具有意义？在诉讼中，法官甲依据案件中的证据，作出了正确的事实认定；在同一案件中，法官甲并非依据证据，而是依据自己的信念，也作出了正确的事实认定。结果的趋同性或同一性，似乎"淹没了"知识与信念区别的意义。

从直觉判断，我们会认为，基于知识给出正确答案，好于基于运气给出正确答案。但是为什么好？或者好在哪里？知识论的学者们给出了不同的答案。

扎格泽博斯基首先批驳了可靠主义。他认为，如果产品是依靠值得信赖的主体和能力生产出来的，并不能因此而增加产品的价值。依靠"真"加上"真的可靠来源"并不能解释知识的价值。同时，因果主义的观点也不能成立。在咖啡的价值与咖啡机的价值相互独立的情况下，并不能因为制造咖啡的咖啡机的价值高昂，而使咖啡变得更好。虽然原因与结果之间存在内在联系，但也并不能将原因的价值向结果传递。"真"加上独立的、有价值的"真的来源"不能解释知识的价值。[1]

扎格泽博斯基主张仅仅是真信念是不够的。基于关注而产生的需要，超过真信念所能给予的，其主要体现在以下几个方面：其一，信心。我们通常需要据以行动的信念。在不同的环境下，我们对于信念的信心是不同的。行动涉及时间、努力、风险等，因此，如果没有达到对于真信念一定程度的信心就行动是不理性的。其二，筛选机制。我们的信念既有真，也有假；而且信念之间也会发生冲突，因此我们需要某种机制，将假信念从真信念中剔除。其三，可信赖性。我们关注的领域其他人也会关注，我们会从其他人那里获取到我们关注领域的信息，我们会对其他人的可信度进行评价，进而获取更为有效的信息。同理，我们自己也是他人获取信息的提供者，我们希望自己被他人评价为可信赖的信息提供者。此外，我们需要理解我们更加关心的状态，而不仅仅是我们关心领域的知识。[2]

索萨（Sosa）进行了更为深刻的分析：知识之所以优于信念，从常理来看，是因为知识优于错误的认知，也优于依靠运气而非依靠能力获得的真信念。[3]但是，如果信念的目标仅仅在于"真"，那么信念具有知识论的意义，知识并不见得比真信念好。同时，也不能仅仅依据目标实现与否来判断价值问题。索萨通过类比案例说明此问题：案例一，某人在沙滩上画了一个圈，并向该圈射击，击中目标。这一行为显然实现了射击者的某种目的，但是该射击的价值何在？案例二，某人基于正当防卫，向侵犯者射击，但是没有击中侵犯者的要害，击中了侵犯者的肩部，阻止了侵犯者的袭击。虽然没有实现击中侵犯者要害的目标，但是这未尝不是件好事，因为这一结果恰好没有超过正当防卫必要的限度。案例三，某杀手向目标对象射击，但射偏了。虽然杀手没有实现预期目标，但是结果似乎是好的。索萨将主体的目标实现与价值评价分离开来，认为案例一中枪手的行为，除了对枪手具有价值外，似乎对其他人没有价值。而案例二中的枪手虽然射偏了，但相较于案例一中射中目标，其行为更有价值。索萨通过上述三个案例来说明，对于行为的评价并不取决于目标实现与否，换言之，是否实现目标并不能作为行为价值的评

[1] Linda Trinkaus Zagzebski, *Epistemic Values*, Oxford University Press, 2020, pp. 152~167.

[2] Linda Trinkaus Zagzebski, *Epistemic Values*, Oxford University Press , 2020, pp. 187~188.

[3] Ernest Sosa, "Value Matters in Epistemology", *Journal of Philosophy*, 2010（04）：167~190.

价依据。那么评价行为的依据是什么？索萨认为，主要有三方面：精确（accuracy）、熟练（adroitness）和适切（aptness）。获取知识是一种涉及认知与信念的特殊的行为。如果信念以"真"为目标，实现了真，那么信念就是精确的或者正确的；但是，仅凭猜测也能获得真。如前所述，仅实现目标并不能作为价值评价的全部依据，或者在价值评价中占据极小份额。信念还应当追求适切等目标，即知识才是信念追求的目标。[1]

陈嘉明教授认为，索萨的理论中的核心是规范性与目的。[2]米建国教授认同德性知识论的解决方案，指出首先，知识除了追求真，还有其他价值。如果仅仅追求真，知识与真信念并没有实质的区别。其次，知识之所以优于单纯的真信念，在于知识是认知主体的智能与智德的展现。[3]

如果仅把知识作为客观存在物，而不考量主体因素，那么知识与信念似乎并没有本质的差异。但是，如果将知识看作人们的智识成果，那么知识比信念有了更多的努力与智慧成就。而现实中，知识可以发挥多元化的功能。司法实践中，我们仅仅获得对案件事实的信念是远远不够的，还应当谨慎地考察相关的证据，通过多种方法确证我们的信念。

三、知识的规范功能

知识的规范性，主要有两种功能：其一，第三人称的用法，主要起到"评价"功能。其二，第一人称的用法，主要体现为对行为的指引功能。[4]换言之，对于我们自己而言，认知规范可以指引我们的行为，使我们正确地认识事物，避免误入歧途。对于我们所要探究的事物，我们会根据我们所要实现的目的，确定探究方法、搜寻相关信息、评价信息的优劣，进而形成我们的认知。如果我们想了解"ChatGPT"（恰匹题），我们可以通过网络搜寻，向计算机专业人士请教，通常可以获得对"ChatGPT"的认知。但是如果我们就相关问题向法学家请教，除非有特殊的理由（比如，该法学家对于该领域

---

〔1〕 Ernest Sosa, "Value Matters in Epistemology", *Journal of Philosophy*, 2010（04）：106~119.

〔2〕 陈嘉明：《知识作为信念的规范及其价值所在——索萨知识价值的思想》，载《甘肃社会科学》2021年第6期，第87~93页。

〔3〕 米建国：《知识的价值问题》，载《自然辩证法通讯》2018年第2期，第11~18页。

〔4〕 ［美］约翰·波洛克、乔·克拉兹：《当代知识论》，陈真译，复旦大学出版社2008年版，第155页。

有较为深入的研究），否则这不是一个好的方法，我们无法通过该路径得到对"ChatGPT"的认知。二者的差异在于，前者遵循了认知规范，而后者违反了认知规范。因此，认知规范对于认识行为还具有评价的功能。如果有朋友向你侃侃而谈"ChatGPT"的功能多么优越，你可能会根据以往与之交往的经验，来判断其观点的可信性。但是，更为可靠的方法是，你会问朋友，他的观点如何得出？如果朋友对"ChatGPT"的知识来源于他人的介绍，显然是不可靠的。但是，如果朋友不仅从事电脑软件行业，而且自己有使用过"ChatGPT"的经验，那么其可信度就大幅提升。我们评价的主要准则，还是认知规范。

知识的规范性对于信念而言，主要研究认识的"可允许性"问题。[1]当我们认为信念得到了"辩护"，就是认为信念具有"可允许性"；反之，信念则不具有"可允许性"。在诉讼活动中，事实认定者经常面临的问题是，当事人陈述的事实是否值得采信？除了是否有证据证实，当事人是否遵循了认知规范，也是重要的评判标准。而辩护的方法与路径是知识论研究的核心问题。证据证明过程的评价，主要涉及两个主要要素：事实认定的准确性和对事实风险的分配。证据法理论，围绕着这两个要素展开。而这两个要素本质上属于认识论，构成了证据法理论的基础核心，是建构与评价证据法理论的重要内容。[2]

知识论具有普遍适用性。无论在生活中，还是工作中，我们都需要真信念，这是我们能够行动和思考的前提。而个体在追寻"真"信念的过程中，不能无视知识论的基本要求，因而知识论具有规范的属性。诉讼活动是人类活动的一种特殊形式，具体表现为探究案件事实。事实认定者从对案件事实一无所知，到形成对案件事实的基本信念，自然落入知识论涵摄的范围。法律规范的基础性模式是调整人与人之间的关系，通过权利义务的设定，约束、激励或者抑制人们的行为，进而实现特定的价值追求，呈现理想的秩序或样态。法律规范发挥作用的场域具有"主体间"的属性，而未涉及主体的内在状态。而知识论的重心是主体的心灵世界，考察主体的认知责任，如何获得知识，以及信念的"真"如何保证等问题。这些方面，恰恰是法律体系力所

〔1〕〔美〕约翰·波洛克、乔·克拉兹：《当代知识论》，陈真译，复旦大学出版社 2008 年版，第 153 页。

〔2〕Michael S. Pardo, "The Field of Evidence and the Field of Knowledge", *Law and Philosophy*, 2005, 24（04）：547~614.

不及的领域。而这一领域的考察，对于作出正确的判决至关重要，法律可以调整客观世界中人们的关系，但不能为人们的心灵世界立法。而在司法实践中，心灵世界的"真信念"与在现实世界的表达的一致性，对于维护司法体系的稳定性和权威性具有重要意义。证据法与知识论有共同的目标追求：真。证据法追求案件中的事实真相，而知识论力争确保主体持有的信念为真。

证据法与知识论有类似的体系架构：证据法通过证据证明案件事实，知识论辩护或确证真信念。杰罗姆·迈克尔（Jerome Michael）认为，法律规范追求事实的"真"，但"真"可能是偶然获得，而知识不容许碰巧获得的"真"，对于公正和公平的法律体系，知识是更优选择。[1]因为，如果法律体系认可偶然获得的"真"，则可能面临两方面的问题：一方面，忽略获得真的程序性要求和证据要求，只要能得出"真"的结论。那么是否遵循法定程序，是否提交有效证据似乎都无关紧要，因而可能有将证据法悬置的危险。另一方面，结果的确定性无法保证。偶然获得的结论具有非理性的倾向，是否能得出正确的结论，主体并不具有自主性，结论既可能是正确的，也有错误的可能。这显然与法治的要求不符，也将极大影响法律体系的稳定性，削弱司法权威。迈克尔·S. 帕尔多认为，分析知识论与法律证明之间的关系的方法之一，是探究在 JTB 之外，成立知识的条件是否在法律证明中发挥作用。[2]

通过诉讼解决纠纷，是诉讼参与人的目标，而实现这一目标的前提是认定"真"的案件事实。但是仅仅获得"真"的案件事实是不够的，通过巧合等方式获得的"真"，为什么是法律体系不能接受的？迈克尔·S. 帕尔多通过"警察栽赃案"来说明这一问题：两名警察用可卡因栽赃一名司机，在庭审中，他们给出了无可辩驳的证词证明其在车内搜查出了毒品。司机担心在交叉询问中，可能被问出自己的前科，所以没有作证，也没有为自己作实质性的辩护。事实认定者认为警察可信，进而认定司机有罪。除了被告，不为其他人所知的是，被告确实在车内藏有未被发现的可卡因。[3]法院似乎作出了

---

〔1〕 Michael S. Pardo, "The Field of Evidence and the Field of Knowledge", *Law and Philosophy*, 2005, 24（04）：359.

〔2〕 Michael S. Pardo, "The Gettier Problem and Legal Proof", *Legal Theory*, 2010, 16（01）：37~58.

〔3〕 Michael S. Pardo, "The Field of Evidence and the Field of Knowledge", *Law and Philosophy*, 2005, 24（04）：321~392.

正确的裁决，但是这一裁决结果似乎并不令人满意，缺失了某些东西。迈克尔·S. 帕尔多认为缺失的恰恰是知识，碰巧达到真，并不是知识。而知识是一个公平和公正的法律体系不可或缺的。随着盖梯尔问题的提出，知识论研究的重心转移至知识的确证问题。为什么知识对于法律体系是必需的？经过庭审，法院最终得出的结论必须由证据或理由确证，否则不具有知识论中"真"的属性。在"警察栽赃案"中，法院的有罪裁决之所以不能被接受，在于"真"的裁决结论，是由假的证据即两名警察的证言得出的，因而缺乏知识中真的属性。一般而言，司法实践中，法律规范是诉讼参与人的主要遵循，是否达到了证明标准成为认定案件事实是否"清楚"的唯一标准。但这存在着如下重要问题：达到了法律规定的证明标准是否能确保案件事实的"真"？是否达到法律规定的标准？是否需要理性的判断？法律规范通过调整主体间的关系，确定证明标准，避免"各执一词"，有其理论基础和现实意义。但是，法律规范适用于具体案件的前提是，相关事实经过"整理"，可以与相应的法律规范相匹配。在这一过程中，会有意或无意地删除与案件有重要关联的事实。谢晖教授认为："法律是由权利和义务所构筑而成的逻辑规范体系，然而，一切权利和义务，进而，一切法律规范，都可以还原为事实问题。"[1]事实本身蕴含法的属性。

　　既然知识论在事实认知过程中发挥如此重要的作用，那么事实认知还需要证据规则吗？边沁的回答是否定的，其主要理由是证据规则无法对法官的思维进行约束，因此不具有意义。实际上，"实践差异理论"[2]也可以回答这一问题，法官对于事实认定，在很大程度上是一种"权衡"。从既有的证据出发，可以推定出若干事实可能，而规则指引或约束法官依据其确认其中最佳的那个事实。规则对于事实认定者的指引，存在三种情形：其一，规则的指引使事实认定者确认了最优事实认定；其二，规则的指引使事实认定者不得不放弃最优事实认定，而选择了次优方案；其三，事实认定者并没有考虑规则的指引，而是依据理性和经验选择了最优方案。在上述三种情形中，只有在第一种情形中规则是有价值的。第二种情形下，规则的作用是负面的。

----

〔1〕　谢晖：《论法律事实》，载《湖南社会科学》2003 年第 5 期，第 54~59 页。
〔2〕　陈景辉：《法律的界限：实证主义命题群之展开》，中国政法大学出版社 2007 年版，第 238~254 页。

第三种情形下，规则没有意义和价值。

现实中，证据规则在各国司法界普遍存在。那么，规则在指引功能之外，应当还有其他的价值或意义。证据规则的意义主要包括：①法治的意义，规则保证了裁判的稳定性，同样的或类似的情形会有相同的裁判结论。②确立裁判标准，提高解决争议的效率。③约束事实认定者的行为，限缩事实认定者自由裁量的空间，避免裁判权的滥用。以理由为基础解决问题，实际上为分歧的解决提供了一个理性化的框架，使争议双方或多方在理性、平等的基础上逐步达成共识，而且最终的裁决具有说服的效果。同时，最终的裁决具有终极性的意义，既有的规则可以使争议的各方都进入到理由讨论的这个框架当中，从而逐步达成共识。

四、法律对知识规范功能的保障

知识对于主体的规范，"内化于"主体，因此认知主体应当遵循认知规范，以实现认知目标，避免不利后果。一般情况下，单纯的认知错误本身不会受到来自他人的谴责，例如，错误地理解了一个生僻的词汇。但是如果基于认知错误而从事行为，可能造成自己或他人的损害，那么就需要规范的约束；认知规范对于行为的约束几乎为零，而这恰恰是法律规范大有作为之处。法律通过规范认知主体的认知行为，可以保障认知结果的正确，以及实现认知目的。保证认知的正确性的必要条件是：认知主体遵循认知规范，认知来源真实有效，认知过程可靠。法律通过明确的法律规定，可以约束或激励认知主体遵循认知规范。

首先，认知主体应当遵循认知规范，承担认知责任。知识论的规范要求与法律规范的价值取向是一致的。日常生活离不开对未知领域或未知信息的探究，而法律的重要功能之一是规范与引导人们的行为。对于重要事项保持谨慎的态度，既是知识论中认知责任的要求，也是法律规范中注意义务的内容。因此，在此意义上，这类法律责任可以视为认知责任的法律化。因为，在很多语境下，严谨的认知不仅仅是个体的心灵状态，而且认知态度会引导行为人的行为，进而影响他人的人身和财产利益。克里福德（Clifford）所列举的"船长案"中，船长轻信自己的船只具有适航性，导致了海难的发生。究其根本原因，船长对于自己的船只是否适航并没有严谨的态度，因此并没有采取必要的措施，只检验船只状况，就轻率地得出船只适航的信念。而法律对于此类情况，可以采取的措施就是"负激励"，即加重行为人因草率作出认知结论，从而没有采取必要措施或实施相关的行为所应承担的法律责任。这种与行为人自己利益相关的法律责任，促使行为人对于正在处理的事情，采取足够的谨慎认真的态度。此类法律规定不胜枚举，刑法中的"玩忽职守"罪，就是对于因严重不负责，而造成人身和财产损失后果，予以处罚的刑事罪名，其实质是对工作未能采取必要的谨慎态度，而造成后果的处罚。法律通过对认知者不遵从认知规范的处罚，督促认知者承担认知责任。但是，以事实认定者的"德性"为认知信念提供担保，也未必满足诉讼活动中，对于信念的可靠性的较高要求。因为"德性"往往受到其他因素的影响，会使事实认定结果神秘莫测，既偏离司法判决追求的目标，也与司法裁判的可预见性要求相悖。

其次，知识来源应当真实有效。知识的四个主要来源是：陈词、知觉、记忆和推理。[1] 诉讼活动中，我们获得案件信息的主要来源是证据、当事人陈述（包括当庭陈述与书面文书）。一般情况下，我们要求信念得到证据的辩护，而知识论意义上的证据既包括法律意义上的证据，还包括事实认定者的经验、记忆等。而证据的真实有效性，决定了我们最终认定事实的质量。因此，法律要求当事人，在庭审过程中应当提交真实证据，向法庭如实陈述。法律上，通过三方面来确保证据与陈述的真实性：其一，通过举证责任的规定，激励诉讼当事人提交完整真实的证据。如果当事人提交虚假证据，或作虚假陈述，将面临法官的惩戒，甚至承担刑事责任。其二，赋予对方当事人诉讼权利。诉讼程序中，通常要求主张事实一方当事人提交"证据"支持自己的主张，对方当事人基于维护自己利益，有足够的动机识别并指出虚假的证据，并向法庭陈述其主张的"真实"事实。通过质证与辩论程序，可以部分识别虚假证据和陈述，"发现"事实真相。其三，事实认定者可以基于法律证据，以及双方的庭审意见，作出事实认定。在知识论中，信念确证或知识断言是个人内心的智识活动，他人的意见对于认知者信念的形成不具有决定性的意义。但这并不意味着，认知者可以任意裁判。因为，法律要求法官给

---

[1]　孟峰：《Testimony 信念的确证——超越还原论与非还原论的新途径及对该途径的补充》，载《科学技术哲学研究》2017 年第 3 期，第 36 页。

出判决理由，这意味着，法官应当对如何得出事实认定进行证成。这就要求法官得出的事实结论在论证逻辑上具有合理性，证据足以支撑事实结论，对于当事人的意见没有偏见地平等对待。

最后，认知过程可靠。在知识论中，可靠主义主张借助过程的可靠性保障认知结果的正确。但可靠主义面对的质疑是，认知路径和方法的价值往往依赖于认知结果的价值，当认知结果为真，认知路径和方法即具有价值；反之，认知路径和方法一文不值。区别于知识论领域中可靠主义的窘境，可靠主义所主张的确保获取信念的路径和方法的可靠性在法律领域具有重要意义。其意义主要体现在两方面：其一，获取知识的程序与方法具有独立的价值。在法律领域，获取事实知识的主要保障是诉讼程序与证据。在司法公开的基本要求下，法官有义务按照法定程序，依据当事人提交的证据认定案件事实。诉讼程序和证据的价值并不取决于对于案件事实认知结果的价值，并不因为认知结果的对错而判定诉讼程序与证据的优劣。在诉讼过程中，诉讼程序与证据甚至具有更高的价值地位。这主要是因为在认定事实为真的价值追求之外，对诉讼参与人的权利保障也是法律追求的重要价值目标。即便认定事实为真，但因为严重违反了诉讼程序，或缺乏足够的证据支持，事实认定结论也将缺乏合法地位。其二，获取认知结论的过程合法性与依据合法性是获取案件事实认知合法性的必要前提。一方面，程序与证据要求，是对法官的规范与约束。即便不依据程序和证据，法官基于法庭的相关情况，也能形成内心的判断。但是，当代诉讼程序赋予诉讼参与人权利，其可以就自己的主张陈述观点并提交相关的证据。对于当事人的主张法官负有回应的义务[1]，即法官对于当事人的主张和提交的证据是否予以采信作出认定，更重要的是给出理由。这一制度可以确保法官认真对待当事人的主张和其提交的证据，将其作为认定事实的考量范畴，避免因为主观原因排除相关证据而出现认知偏差。另一方面，如果法官严格按照法定程序，对当事人提出的主张进行了回应，在审查了当事人提交的证据基础上作出事实认定，那么该事实认定也具有了相应的合法性。合法性是法律意义上的评价，但也是对事实认定正确性

---

[1]　根据《中华人民共和国民事诉讼法》第 211 条第 11 项的规定，原判决、裁定遗漏或者超出诉讼请求的，人民法院应当再审。最高人民法院《关于适用〈中华人民共和国民事诉讼法〉的解释》第 390 条规定："民事诉讼法第二百零七条第十一项规定的诉讼请求，包括一审诉讼请求、二审上诉请求，但当事人未对一审判决、裁定遗漏或者超出诉讼请求提起上诉的除外。"

的保障，而且合法性也为事实认定的正确性提供了坚实支撑。

一般情况下，证据法可以助力法官对于事实的认知，减少错误概率。而对于案件事实认知的正确率的提升，可以提高法官对案件审判的公正性。因此，证据法与知识论相互配合，相得益彰。但是，在某些特殊情况下，因为证据要求，即便法官已经确证了该事实，但该事实依然无法获得合法地位，似乎证据要求成为达到正确认知的障碍。为了克服这一窘境，对某些事实可以通过司法认知予以确认。司法认知实际上是在缺乏相关证据的情况下，通过法律的权威，赋予某些事实合法地位。当然，证据法同时严格限定了此类特殊事实的范围。司法认知情况下，虽然没有法律规范的约束，但应当服从认知规范，理性地认定案件事实。

第四节　证据法的功能

一、价值判断与事实认定相分离

自由证明基于两个假设：一个是显式假设，一个是隐式假设。显式假设基于对于人类认识能力的信心，认为法官能够进行关于事实的、以证据为基础的理性推理。如果这一假设受到哲学理论的攻击，实践推理将归于无效。隐式假设是，证据的相关性与证据的证明力将由法官确定，而无需诉诸价值判断。如此，便将事实认定与价值评价分离开来，并不是说法律裁判价值无涉，而是通过将体现价值的法律规范适用于事实在裁判结果中体现出来，但价值不应当对证据认定产生影响，而应当是纯认识论的。[1]价值无涉对于证据认定而言具有重要意义。否则，如果证据认定取决于或掺杂了法官的价值判断，那么证据认定因为具有个体化和主观化的特点，便具有不稳定性与不可预测性。更为重要的是，如果在事实认定过程中掺杂了价值判断，很容易歪曲事实的本来样貌。

证据法虽然产生于对知识论不足弥补的功能性需求，但是既然作为法律体系中的一个子系统，那么自然而然地具有法律规范的特质，受到法律体系的约束。这决定了证据法既要助力或约束事实认定者作出正确的事实认定，

---

〔1〕　Alex Stein, "Against Free Proof", *Israel Law Review*, 1997, 31: 573~589.

又要实现法律规范追求的价值目标。正如迈克尔·S. 帕尔多所言，证据法理论的性质可能包含其他特征，但是应当包括作为其核心的认识论内容；证据法理论的目的，可能有其他目的，但是应当以认识论内容为目的，即事实认定的准确性以及错误风险的分配。[1]莱曼·雷·帕特森（Lyman Ray Patterson）认为，证据规则主要可以分为三类：①与审判公平相关的规则，主要是程序性规则，例如质证规则、交叉询问规则、证明责任规则等；②确保事实真实性的规则，也就是证明规则，例如证据排除规则及其例外、情况证据规则等；③与庭审无关的政策（extrinsic policy rules），主要包括特权以及宪法规定的权利。[2]

案件事实究竟如何，可能有无限多的版本。证据法的基本功能就是使事实认定者面对无限多的可能事实时，能够确认案件的实际事实是什么。就此而言，证据法学类似于医学、历史学、科学、日常生活，通过证据探知案件事实。[3]在面对纷繁复杂的案件事实的可能性时，证据大大缩小了认定范围。

当然，对于诉讼活动，认知者仅仅形成"经过确证的真信念"尚不足以满足法律体系的要求。因为，在法律制度中，诉讼活动是主体相互交往的特殊形式，参与者不仅要形成"真信念"，而且要面对对方的质疑。"真信念"的持有者负有给出理由或证成的义务，如果完成该义务，则该"真信念"被认定为案件事实，成为判决的基础；反之，如果持有者没有成功地给出理由或证成，则该"真信念"因未达到法律规范设定的标准，在法律程序中，即便被认知者真诚且善意地持有也无法被认定为法律意义上的"事实"。所以，诉讼活动中，知识论可以为事实的认知提供一般理论资源，但也具有法律上的特殊性。诉讼中，诉讼当事人之间具有"竞争"属性，而法律规范应当体现程序的公平，其中最为核心的是诉讼当事人应当受到同等的对待，这就对诉讼制度设置的中立性和客观性提出了要求。案件的事实认定不应当取决于法官的主观认定，而更应当依据客观"标准"。因此，在司法实践中，当事人

---

[1] Michael S. Pardo, "The Nature and Purpose of Evidence Theory", *Social Science Electronic Publishing*, 2013, 66（02）：547~614.

[2] Lyman Ray Patterson, "The Types of Evidence：An Analysis", *Vanderbilt Law Review*, 1965, 19（01）：14.

[3] Michael S. Pardo, "Safety vs. Sensitivity：Possible Worlds and the Law of Evidence", *Legal Theory*, 2018, 24（01）：50~52.

对于案件事实证明的主要目标是：①达到法律规定的证明标准；②说服法官认定当事人的证明已经达到证明标准。其中目标①是基础和前提，也就是说，当事人应当提交相关证据证明已经实现了目标①，而同时目标①也是评判法官对于事实认定是否正确的最重要的考量依据。该法律制度存在利弊：一方面，可以避免法官主观认知偏见或认知错误致使其作出错误的事实认定；另一方面，可能出现当事人因无法提交有效证据而使其主张无法得到确认的情形。即便法官根据案情，根据既有信息，已经形成了正确的信念，也无法依据该信念确认案件事实。当然，在存在两种路径的情况下，选择证明标准似乎是理性的结果，既符合案件的一般情况，也符合证据法的价值追求。对于证据法僵化产生的问题，一方面可以通过司法认知等法律制度，避免"唯证据论"而产生偏差；也可以在特殊案件中，通过法官司法权的运用，超越既有证据法的局限。

二、行为引导与行为激励

人们通常会将证据法与诉讼程序结合起来，证据法主要用于庭审，规范诉讼中的举证、质证与认证等行为。但该观点忽略了证据法的另一个重要功能：对人们行为的规范与激励。证据法通过正面激励或负面激励，影响人们制造证据、保存证据以及提交证据的行为。[1]

当事人在无法获取完整有效的证据的情况下，很有可能会加重自己的责任。这种责任后果，可以激励当事人积极地搜集并提交有效证据，法庭中呈现的证据的数量增加，证据质量的提升，有利于查明案件事实。证据法对于诉讼当事人的行为有引导功能，通过激励与反向激励，使诉讼当事人作出法律规范所期望的、与查明案件事实相关的行为。在一般情况下，证据法激励当事人尽可能多地提供与案件相关联的真实而有效的证据。法庭中呈现的有效证据越多，法院作出公正裁决的可能性就越大。证据法的功能主要是两方面：其一，规范、引导人们的行为。事先分配举证责任，可以使原告恰当评估诉讼风险，决定是否起诉。其二，弥补认识能力的不足，为法官裁判提供依据。在民事诉讼中，法律规定了当然具有法律效力的事实，经过公证的事实、经

---

〔1〕　John Leubsdorf, "Evidence Law as a System of Incentives", *Iowa Law Review*, 2010, 95: 1621~1662.

过判决书认定的事实等。

起诉方尽量寻找对己方有利的证据，而且在这些证据中筛选质量高的提交法庭，但是有些证据应当屏蔽在法庭之外，例如浪费时间和司法资源的证据，对隐私可能造成侵害或者对证人造成不当骚扰的证据，以及可能造成附带损害（inflicts collateral harm）的证据。[1]

法律权利并非在真空中运行，只有在现实世界中的主体能够证实（substantiate）它们的时候，法律权利才具有实际意义。证据法律规范赋予了行为证据法意义，而该证据法意义有时会背离经济学的价值取向。公权力机关可能为了获得能够证实犯罪嫌疑人有罪的证据而不计成本。人们基于证据法规范而行为，这就可能消减实体法通过法律规范将损害或损失降到最小的努力。[2]美国证据学者假设的一个案例似乎能生动地说明上述观点：在安迪（Andy）的车与鲍勃（Bob）的车即将发生交通事故之际，如果安迪可以选择：①不与鲍勃的车发生碰撞，但因躲避自己的车受损，无证据向鲍勃索赔；②碰撞鲍勃的车，相比躲避的损失自己的车受损更加严重，但可以获得鲍勃过错的证据，并可以据此向鲍勃索赔。假设安迪是自身利益最大化的追求者，那么除非他能够确认，如果躲避鲍勃则损失能够得以赔偿；否则安迪将会选择方案②，因为如此将使安迪获得鲍勃有过错的无可辩驳的证据，进而获得向鲍勃或鲍勃的保险公司赔偿的权利。当然，方案②中两辆车发生碰撞产生的损失，显然大于方案①，与实体法将损失降到最低的目标相违背。但对于安迪而言，方案②更符合其利益，即便扩大了损失的数额。[3]

可见，证据规则不仅仅涉及诉讼利益，在实践中，往往会影响人们的行为，起到引导的功能。该功能有时会与实体法相冲突，使行为人的行为偏离实体法"规划"的方向，但符合行为人自身利益最大化的追求。证据法通过限定证据的证明力等方式抑制人们不当的利益追求，或者鼓励人们从事利他的行为。为了避免因取证而造成他人利益的损害，证据法规定此类证据非法，不

---

[1] John Leubsdorf, "Evidence Law as a System of Incentives", *Iowa Law Review*, 2010, 95: 1621~1662.

[2] Gideon Parchomovsky, Alex Stein, "The Distortionary Effect of Evidence on Primary Behavior", *Harvard Law Review*, 2010, 124: 518~549.

[3] Gideon Parchomovsky, Alex Stein, "The Distortionary Effect of Evidence on Primary Behavior", *Harvard Law Review*, 2010, 124: 518~549.

具有证据资格。例如，通过刑讯逼供等非法手段获得的证据应当依法排除，或者通过私自录音录像等侵犯隐私权的方式获得的证据即便内容真实也不能作为证据使用。此类规定，除了为具体案件中对证据的认定提供了依据，更为重要的是抑制了人们进行非法取证的动机，从而可以减少此类行为可能对他人造成的损害。另外，鼓励人们采取积极的措施，预防损害的发生。例如，对于环境侵权案件与产品质量责任侵权案件采用举证责任倒置的法律规定。这一规定，主要是激励可能造成环境污染的主体或可能造成产品质量损害的主体积极采取措施，预防损害的发生。否则，除非证明自己行为与损害结果之间没有因果关系，一般都要承担法律责任。

三、理性说服与法律拟制

陈文曲副教授认为，纠纷之所以产生，是因为人们之间的交往失败。而要解决这一问题，就要通过诉讼程序进行。因为，诉讼的外在规范性可以确保人们之间的交往顺利进行，而规范的内在性预设了交往程序，有利于共识的达成。全面理性，是现代诉讼区别于其他纠纷解决机制的本质特征。

证据规则具有"理性说服"功能。理性说服更多是程序性的，即规定了证据资格与证据能力、举证与质证的程序等。程序本身的中立性、客观性，使依据证据规则与程序认定的案件事实具有了当然的说服力。[1]事实认定者对事实作出认定的过程，是推理和论证的过程。无论是从理论层面，还是从司法实践层面考察，证据与规则并不是事实认定者通过论证，进而得出结论的排他性要素，事实认定者的主观思维活动不容忽视，那么仅仅依据规则作出事实认定这一命题，显然没有客观描述司法现实状况。既有的依据逻辑推理认定事实的理论框架无法为证据法相关理论问题的解决提供有效的资源。[2]

事实认定者认定事实的基本立场是，基于证据提供的信息通过推理得出事实认定，事实认定者应当说明的是这一过程是具有合理性或正当性的。那么，这一过程就具有规范性的属性。这一属性要求，事实认定者的认定过程

---

〔1〕 陈文曲：《现代诉讼的本质：全面理性的规范沟通》，载《政法论丛》2020 年第 2 期，第 127~138 页。

〔2〕 ［加拿大］道格拉斯·沃尔顿：《法律论证与证据》，梁庆寅等译，熊明辉校，中国政法大学出版社 2010 年版，第 162 页。

具有普遍的意义，或者事实认定者遵循了事实认定的普遍规律，或者事实认定者的推理过程以及所作结论具有可接受性。

证据法可能会影响人们的实体权利，这是证据法的规定为什么会影响人们行为决策的直接原因。在青州市鹏通运输有限公司（以下简称"鹏通公司"）与赵某龙及范某伟机动车交通事故责任纠纷一案中，山东省青州市人民法院认定：2021 年 9 月 25 日 13 时许，范某伟驾驶鲁 VG××＊＊号重型半挂牵引车运载赵某龙的货物，沿 G20（青银）高速行驶至济南时，因躲避后方车辆打方向盘过急，导致车辆侧翻，造成车辆和所载货物受损。道路交通事故认定书认定范某伟负事故全部责任，并依据该事实判决：范某伟赔偿赵某龙货物损失等共计 81 382 元。[1] 此案中，范某伟之所以承担责任是因为躲避后方车辆，而被认定承担事故的全部责任。试想，如果"后方车辆"违章，确定了"后方车辆"的驾驶人及其过错，那么范某伟很有可能免责或承担部分责任。实体法是否能公平适用，取决于案件的证据是否充分。理想情况下，应当找到肇事的后方车辆并认定其责任，而在该车辆没有参加诉讼，无法认定其责任的情况下，法院依据既有的证据，认定案件事实，并判决法律责任的承担也具有正当性。因为，证据法限定了法院认定案件事实的范围与可能性。

司法实践中，案件事实相对清晰时，知识论可以有效发挥作用。经常会遇到的情形是，案件事实无法查清。换言之，基于既有的证据、当事人的陈述等，我们无法形成内心的确信。我们对案件的认知失败，但法官又不得不作出判决。此时，通常的方法是根据法律规范作出判决，而法律规范对于判决结果的指向主要是价值取向的，而非依据事实。因此，司法判决在事实不清的情况下，会偏离认知理论，形成特有的认知模式或忽略案件事实的裁判方法（严格意义上，此类案件已经不是基于事实进行裁判），法律规范和司法裁量权为其正当性提供背书。这主要是因为：其一，在某些案件中，我们通过可能的认识途径，依然无法形成关于案件事实的"真信念"，而纠纷的解决是诉讼活动的实质目标，也是法官的法定义务。在此情况下，法律规范会提供解决方案，例如，通过举证责任的分配，淡化事实"真"的重要性和功能，通过未完成举证责任一方承担不利后果的方式，对案件作出裁决。其二，司法实践中也存在既无法形成案件事实的"真信念"，也没有法律规范依据的情

---

[1] 参见山东省潍坊市中级人民法院［2022］鲁 07 民终 2575 号民事判决书。

形，法官有义务作出裁判。法官依据裁量权作出裁决，既避免了案件"悬置"局面的出现，又为司法判决补足了必要的裁判要素。但是，在此情况下法官给出裁判理由的合理性要求更高，裁判结果的可接受性要求凸显。其三，法律规范有价值追求属性。司法实践中，实现司法价值目标具有终局性意义，而对于案件事实的认定，仅是实现该目标的一个阶段或一个重要环节。案件事实的认定绝非独立于法律规范的适用，不同的法律规范的适用会赋予案件事实不同的意义。在此意义上，法律规范的适用会影响认知者对于案件事实的认知。因此，在司法活动中，案件事实的认知不是"纯粹"的知识论适用的场域。但是，知识论中的"实用辩护"在通常情况下，可以为其提供理论支持。因此，司法实践对于事实的认定过程，既是寻求案件事实"真"的过程，也是追求法律价值目标的过程。同时，司法实践对于事实的认定过程，有知识论普遍作用的足迹，也有法律价值追求的影子，甚至有超越事实的方法的运用。

四、证据规则的局限性

证据规则在司法实践中，对于诉讼程序的推进、诉讼权利的保护、案件事实的查明与认定等均发挥重要的作用。但是证据规则也有其自身的局限性：其一，证据规则仅能规范诉讼行为。证据规则约束人们的举证、质证等诉讼行为，但这仅仅是正确认定案件事实的必要条件之一。其他若干因素，对于案件事实的认定，以及案件的公正判决发挥着重要的作用。例如，法官的主观状态对于案件事实的认定发挥决定性的作用。虽然证据规则规定了证明标准，但是当事人提交的证据是否达到了证明标准，依赖于法官的阐释和判定。而证据规则无法规范或约束法官的思维活动。其二，诉讼竞技可能产生的问题。证据规则在约束人们行为的同时，也成为被告脱罪或者获取不当利益的工具之一。在法治语境下，证据规则应当明确、具有较强的可适用性，因此具有"标准"化的特征。证据的质量与诉讼当事人的举证能力差异，可能直接影响案件事实的认定。现实中的人有不同的目标、不同的追求、不同的能力，而制定法律时，却隐去了这些差异。[1]如果当事人享有实体法的权利，

---

[1]　Frederick Schauer, "The Role of Rules in the Law of Evidence", in *Philosophical Foundations of Evidence Law*, Oxford University Press, 2021, p. 78.

但是因为对证据规则不熟悉，或者因为客观原因无法为自己的主张提供合法、有效的证据，他也只能承担败诉的后果。其三，证据规则具有"专断性"。很多时候，立法是一项面临"取舍"的工程。证据规则规定了证据的资格，避免可能引起错误判断的证据进入法庭，误导事实认定的判断。但同时，也将一些可以证实案件事实的证据予以排除，这就减小了事实认定者可以全面、正确认定案件事实的可能。这也是边沁抨击证据规则的重点。例如，一般情况下，传闻证据不能作为证据使用。但日常生活中，陈词（testimony）[1]是我们的知识的主要来源。我们拥有的大多数知识，都是从他人处通过传闻获得的，例如天气预报、交通信息、世界各地的新闻等。而将传闻证据排除在法庭之外，虽然出于保证真实性的考虑，但减少了我们获取知识的机会。

综上所述，知识论与证据法之间的关系存在较大争议，大致可以分为两大阵营：知识论必要说与知识论冗余说。对于案件事实的认定，是理智智识的活动，仅有证据规则，无法完成这一使命。案件事实的认定，是认知主体通过探究，从而形成信念或知识的过程，因此属于知识论的范畴。知识论是关于心灵与世界关系的理论，致力于人们获得真信念或知识的方法。人们具有理性能力，即便在没有法律规范的情况下，依然可以对于案件事实作出认定，因此，知识论在案件事实认定过程中，具有基础性的地位。但是，认知活动可能出现偏差，证据规则通过指引和约束认知行为，避免得出错误结论。此外，证据规则还有理性说服的功能，使诉讼当事人更能接受法院对于案件事实的认定。认知主体在有些情况下，无法形成认知结论，证据规则可以通过法律拟制等法律化的方法，跨越认知障碍，得出案件事实的结论。

---

[1] 有些学者将"testimony"翻译成"证词"，为了区别于证据种类中的证言，本书使用"陈词"。

第二章

事实、命题与信念

司法裁判应当"以事实为依据，以法律为准绳"，这似乎已经是常识。但是，事实如何界定，理论上存在较大的争议。争议为什么会产生？如何协调争议？在对事实本身存在争议的情况下，我们在庭审中，争议的对象是什么？我们如何形成对案件事实的认定，证明标准的含义是什么？

第一节　何为事实

一、事实真相与司法公正

事实区别于概念，是一种事态，体现的是概念之间的关系。"一台印刷机"仅是一个物体，但是当我们陈述，"张三用印刷机伪造美元"时，这一表述就表明了一种事态或一个事实。寻求事实真相，似乎是我们办理案件的前提和基础。通常，我们的观点是法院通过查清事实并正确地适用法律，就可以实现司法公正。在法律语境下，事实真相主要在以下几个方面发挥重要作用：首先，事实真相是区分法律问题与非法律问题的前提。实践中，人们处于不同的社会关系中，例如家庭关系、工作关系、合同关系等，而不同的社会关系受到不同的规范的调整。确定了事实真相，才能确认当事人之间的关系是否属于由法律规范调整的关系。其次，事实的"真"是法律正确适用的前提。在查明事实真相基础上，必须依据当事人之间的法律关系才能正确地适用法律。最后，事实真相的查明是作出正确判决的前提，有助于树立法律权威。查明案件事实本身是司法公正的体现，而与之相反的是，如果在事实真相没有查清的情况下，即便法院作出了正确的裁决，公众也会质疑司法的公正。

事实真相是什么？在不同语域中，会有不同的观点，因此理论上也存在比较大的争议。在法律领域，事实观具有重要的意义，因为它决定了证明模式、证明标准等证据法领域的元问题。这些元问题的不同解决路径，决定了构建不同的证据法制度和不同的证据法适用的方法。在诸多议题中，最为核心的问题是，事实真相的性质以及认知主体与事实真相的关系。

我们如何认知事实？或者说我们如何能保证认知事实的正确性？在回答这一问题之前，我们应当解决的问题是如果事实是"自在物"，我们认知事实是否需要方法或条件保证？如果我们可以不依赖于任何方法，那么对于事实的认知就是自然而然的事；否则，如果需要认知的方法和路径，那么就需要通过方法的正确，从而保证认知结果的正确。

哲学上，有的学者主张，源于感觉的信念可以为知识提供辩护。这一主张似乎符合我们的直觉和生活经验，我们看到了眼前的高楼大厦，听到了鞭炮声，似乎就拥有了相应的知识，我们的感知经验成为我们获得认知的基础。这种观点被塞拉斯（Sellars）等学者称为"所予神话"，即是否存在不依赖于知识而可以认知事物的情形。"所予神话"能否成立，决定了知识论的基本伦理构架，因而引发了哲学家的热议。塞拉斯通过区分理性空间与自然空间瓦解了"所予神话"，将概念活动归属于理性空间，而感性则大多归属于自然空间。[1]其他匹兹堡学派的学者通过不同的路径驳斥了"所予神话"，例如麦克道威尔（MacDowell）的"理由逻辑空间的规范性"，布兰顿（Blanton）的"语义推论主义"等。虽然反驳的方法存在差异，但匹兹堡学派重新审视了经验主义，提出了"理由空间"，即规范在理由空间中居于支配地位，经验的意义由理由空间所决定。[2]直觉中，我们对于事实的认知来源于我们自己的判断，但这种判断要依赖于我们既有的知识。这种知识既有个体经验，也有规范性要求，如何保证认知事实的真实性或正确性，以及我们追求什么样的事实，是我们需要解决的问题。

二、客观真实与法律真实

我们追求事实的"真"是什么？在我国证据法学界，存在客观真实理论

---

〔1〕 陈亚军：《匹兹堡学派对"所予神话"的瓦解》，载《学术月刊》2023 年第 1 期，第 22 页。

〔2〕 郑辉军：《匹兹堡学派论证的逻辑起点——理由空间的嬗变》，载《自然辩证法研究》2016 年第 12 期，第 9~13 页。

与法律真实理论的争议。客观真实，是"自然"真实，不依赖于外在条件而存在的真实；法律真实，是通过法律规定的诉讼程序、证明方法、证明标准而认定的事实。

客观真实曾经一度是司法追求的目标，也曾经是法学理论中的主流观点。[1]以陈光中教授为代表的学者主张，客观真实是诉讼证明的目的，具有不可替代的地位和作用。因为客观真实有其坚实的理论根基——大陆法系的实体真实，是绝对真实与相对真实的统一，在实践层面具有合法性；误区论认为，证据法建立在认识论基础上是一种"误区"，证据法应当建立在形式理性基础上，探究案件的法律事实，误区论的错误在于将法律中的事实与社会相分离，将诉讼活动与认识论相分离；而法律真实过分强调法律的意志性，将侵蚀事实的客观性。[2]张继成教授指出，法律真实本身难以成立，主要理由是：人们对事物的认识往往与客观事实不一致，问题出在认识层面而非实践层面，因而不应因此推翻客观真实论，而另辟蹊径寻找判定实施的标准——法律真实。但法律真实理论无力承担认定事实的任务，因为法律主要是价值层面的判定，而事实真假在客观层面，只能将认识与客观事实相比较才能判明真假。[3]

面对学者们的质疑，支持"客观真实论"的学者进一步反思，对原有理论进行完善。江伟教授从辩证唯物主义认识论的三要素出发对"客观真实"理论进行了反思，构建了修正版的"客观真实论"，主要内容包括：认识论的基础是事实，法官应当基于案件事实认识案件；认识论的立场是可知论，诉讼的目标是发现案件事实；具体的诉讼中，裁判的主要依据是案件事实。同时，对法律真实说进一步批驳，以操作层面的要求论证法律真实的正当性错误，却无视反映论和可知论，其本质是相对主义的，是不可取的理论。[4]

在事实的客观真实说与法律真实说均不能击败对方的情况下，两者相互包

〔1〕　樊崇义：《客观真实管见——兼论刑事诉讼证明标准》，载《中国法学》2000年第1期，第114页。

〔2〕　陈光中、陈海光、魏晓娜：《刑事证据制度与认识论——兼与误区论、法律真实论、相对真实论商榷》，载《中国法学》2001年第1期，第37~44页。

〔3〕　张继成、杨宗辉：《对"法律真实"证明标准的质疑》，载《法学研究》2002年第4期，第117~122页。

〔4〕　江伟、吴泽勇：《证据法若干基本问题的法哲学分析》，载《中国法学》2002年第1期，第24~28页。

容、各司其职似乎是一种理想的解决方案。"证明目的与证明标准二分说"的领军者何家弘教授认为,"客观真实说"与"法律真实说"均存在偏颇,客观真实是证明的目的,法律真实是证明的标准。[1]

通过追求事实真相而作出公正的裁决,这一观点似乎没有人反对。但是"客观真实"理论并未为实现这一目标提供可实现的路径和方法。司法实践中,认定事实通常采用的是推理论证的方法,但法官的理性是有限的,而且案件证据也是不完美的,因而最终的结论具有不确定性,甚至存在错误的可能性。更为重要的是,案件中经常会出现对于"客观真实"的不同主张,那么就必须回答"客观真实"的判定标准是什么?这一问题的回答可能的答案是:其一,法官的认定。法官居于中立地位,其经验和智慧足以认定案件事实真相。即便这一观点成立,如果继续追问,法官认定事实真相的依据是什么?如果不依赖于法律、逻辑或规则,那么法官对于事实的认定就会落入主观范畴,而主观范畴中对于事物的认知是有个体差异的,不同的法官即便基于同样的证据,也可能作出不同的认定,这种情况下客观真实的客观性被消解。其二,法律规范、逻辑规范等作为认定客观真实的依据。如果依据法律规范、逻辑规范认定客观真实,那么事实的认定依赖于规范基础,这样的客观真实与法律真实没有实质性差异。

有的学者对于将事实二分的方法提出了反对意见。何福来批评了凯尔森(Kelsen)将事实分为法律事实(legal fact)和自然事实(natural fact)的观点。按照凯尔森的分类,法律有自己认定真(truth)的标准和方法,因此,只有"法院认定"为真(the courts finding)的事实,而不是"真"(the truth)的事实才具有法律效力。一旦满足了法律确定"真"的要件,认定了案件事实,那么这一案件事实就不可反驳(unobjectionable)。这种理论很有可能产生悖论:依据法律规定,由法院认定法律事实——被告有罪,而事实上被告无罪;反之亦然。上述情形下的司法审判,与法律的公平正义背道而驰。因此,何福来主张,应当依据事实真相(plain truths)审理案件。[2]而法律真实是实践面向的,通过论证方法、证明标准的规定,保障结论的真实性。另外,

---

〔1〕 何家弘:《司法证明的目的是客观真实 司法证明的标准是法律真实》,载《诉讼法论丛》2002年第0期,第51~55页。

〔2〕 Hock Lai Ho, "Evidence and Truth", in Edited by Christian Dahlman, Alex Stein and Giovanni Tuzet, *Philosophical Foundations of Evidence Law*, Oxford University Press, 2021, pp. 13~14.

法律规范、逻辑方法、证明标准等具有"公共性"，这就为检验认定结论——案件事实——提供了必要条件和工具，也为法院判决"说服"当事人，使公众认同司法判决，相信司法权威奠定了基础。但是，诉讼中的当事人经常会提出截然不同的主张，而且对于法律规范、诉讼技巧运用的熟练程度等将在很大程度上影响法院认定事实乃至案件的结果。所以，如果法院过于依赖规范去认定事实真相，在庭审的诉讼竞技中很容易作出倾向于诉讼技巧更为高超一方的主张，进而偏离了案件事实。基于此，有的学者提出，应当给"客观真实"留有一席之地。[1]但司法实践中，往往是另一番景象，即检察机关因为没有充分有效的证据证实犯罪嫌疑人实施了指控的行为，因而认定被告无罪。相反，如果犯罪嫌疑人是无辜的，但是检察机关提交的证据确实充分，足以证实被告有罪，那么法院有义务认定被告有罪。[2]之所以会出现这样的结果，是司法的权威以及程序法使然。法院依据程序法规定的程序和证据规则，认定了案件事实，那么该事实就具有当然的法律效果。

客观真实与法律真实争议的焦点主要在于：其一，在法律语境下，事实是否具有客观性以及与主体相互分离；其二，"真"是不是事实的属性；其三，事实是否独立于法律规范，认定事实是不是法律规范适用的前提和基础。

三、事实的客观性

将客观真实（绝对真实）与法律真实的争议焦点推演，其核心就是事实客观性。客观真实坚持事实的客观性，因而事实"真"的判断与主观无关。法律真实认为事实是"构建"的，因而是否遵循了法律规范是认定事实为真的主要标准。案件的分析具有很强的实践面向，因此应当在司法实践的语境中进行分析。令人困惑或无法达成一致的问题是，什么是事实真相？在诉讼中，通常诉讼双方提供的事实陈述或多或少地会有差异，那么判断哪一方陈述了事实真相的依据是什么？即便法院认定案件事实具有权威性，但上诉程序或再审程序中，对于案件事实重新认定，或认为原审法院认定案件事实不清的案件也不在少数。通常情况下，法院会把根据证据确定的案件事实作为

---

〔1〕 张建伟：《认识相对主义与诉讼的竞技化》，载《法学研究》2004 年第 4 期，第 37~50 页。

〔2〕 Hock Lai Ho, "Evidence and Truth", in Edited by Christian Dahlman, Alex Stein and Giovanni Tuzet, *Philosophical Foundations of Evidence Law*, Oxford University Press, 2021, p. 12.

较高可信度的事实，经法定程序，最终确定为案件事实。如何解决这一问题，主要有如下两条路径：

（一）法律事实的法律意义

陈景辉教授指出，客观真实存在难以克服的法律难题：既然存在客观事实，那么客观事实由谁认知？如果可以认知，那么就没有必要把法官的认知作为确认事实的标准；如果不可以认知，那么将法官认知与客观真实相符，作为认定事实正误的标准就会成为不可能完成的任务。此外，如果法官垄断了事实的发现权，那么当事人之间的辩论的意义将大幅削弱，进而有损当事人的诉讼权利。而且，"客观真实"本身就存在着主体之间的认知差异，因此在难以达成共识的情况下，判决的权威也容易受到质疑。[1]

法律真实，是在"客观真实"无法完成追求目标的情况下，寻求法律规范作为案件事实认定的根基。在某些方面，法律真实摆脱了客观真实的尴尬处境，法律真实基于证据由法官根据当事人的观点作出事实认定，从而维护了诉讼当事人的诉讼权利。而且，法官认定事实有规则约束，从而避免了法官恣意认定事实的指责。但是，法律真实概念的提出本身就意味着与法律真实是两个存在差异的概念，这就意味着法律真实与客观真实存在距离，虽然法律真实有无限接近客观真实的趋势，但由于这个距离无法测度，使得法律真实偏离客观真实的质疑具有合理性，进而推论当法律真实与客观真实之间的误差达到足够大时，法律真实就具有了谬误的属性，对于案件裁决而言，法律真实就不再具有价值。[2]

陈景辉教授提出新的观点，"法律事实的法律意义"应当作为研究事实的新起点。法律意义既可以将法律事实与客观事实区分开来，也是在法律领域研究事实问题的必然要求。法律事实的直接来源是法律规范，弱主体间性理论为法律事实的正当性提供了依据。[3]陈景辉教授超越原有的法律事实理论，对法律事实的起点、获得路径、正当性依据等进行了理论重构。但问题是，重构后的理论依然没有摆脱原有的法律事实理论的窠臼。因而，没有解决法律事实理论面临的困境。

---

[1]　陈景辉：《事实的法律意义》，载《中外法学》2003年第6期，第663页。

[2]　陈景辉：《事实的法律意义》，载《中外法学》2003年第6期，第664页。

[3]　陈景辉：《事实的法律意义》，载《中外法学》2003年第6期，第664~674页。

（二）三位一体说

何家弘教授认为，客观事实是本体论意义上的事实，主观事实是认知建构的事实，法律事实是司法剪辑的事实。客观事实是不以人的意志为转移的客观存在，是诉讼活动证明的对象，是认定案件事实的根基。虽然在某些情况下，客观事实扑朔迷离，但司法人员依然可以通过证据，发现客观事实。主观事实是人们对于事实的认识，其表现形式是命题和陈述，内容是客观事实。建立在客观事实基础上的法律事实，是裁判的主要依据，是经过"司法剪辑"的主观事实。[1]该学说系统地梳理了客观事实、主观事实与法律事实，并整合了三者之间的关系，但也有待商榷之处：①客观事实与法律事实存在差异，是两类事实。客观事实是诉讼证明的对象，那么为什么法律事实是裁判的主要依据？既然法律事实是裁判的依据，那么客观事实证明的意义何在？②主观事实是以命题和陈述形式对客观事实的呈现，那么客观事实存在的形式是什么？我们对于客观事实是否也是通过语言进行描述，那么主观事实与客观事实是否还有实质性差异？③既然法律事实本身就是事实认定者依据法律规范认知事实的结果，那么主观事实概念的提出，是否还有必要？

第二节　真与法律规范

虽然学者们对于"真"应当是客观事实、法律事实或其他事实存在争议，但是学者们能够形成共识的是，"真"与法律规范对于事实均具有约束力。

一、事实的"真"属性

阿姆斯特朗（Armstrong）认为，事实由个别对象和属性构成。真实是不是事实的属性？如果真实是事实的属性，那么认定事实，就应当追求事实的"真"；反之，如果真实不是事实的属性，那么就应当在事实之外，寻找认定事实的标准。

收缩式的真理观（Deflationary theories of truth）认为，"真"不是事实的

---

〔1〕 参见何家弘、周慕涵：《刑事诉讼事实观与真实观的学理重述——兼评"程序共识论"》载《清华法学》2022年第6期，第23~28页。

本质属性。主张"P是真的",与直接陈述P没有实质性的差异。[1]①"张三实施了盗窃行为是真的",②"张三实施了盗窃行为",①与②并没有什么差异。与之对立的是膨胀式的真理观(Inflationary theories of truth),膨胀式的真理观认为,真是事实的本质属性,但是也存在着关于该属性的诸多争议。该理论的关注点是形而上学的,而非语言学的,主要研究真的内容、结构、本质与性质。"地球是圆的"是正确的,并不是因为地球是圆的,而是"地球是圆的"这一命题与现实或事实(reality or the"facts")相符,或该命题与其他命题相一致。[2]"张三实施了盗窃行为"这一命题为真,是因为该命题与事实相符,或者"张三实施了盗窃行为"与"以非法占有为目的,窃取他人财物的是盗窃"等命题相一致。收缩式的真理观,似乎缺乏方法论的贡献,如果我们知道"P",那么再主张"P是真的"就是冗余的。

但是,属性与真的概念之间也存在着重要的差异,是两种东西。我们了解了事物的概念,就可以进行判断,而无需诉诸事物的属性。比如,一个人知道水的概念,那么即便他不知道水的特性,也依然可以判断什么是水。同理,即便"真"是事实的属性,我们在不了解属性的情况下,依然可以合适地使用事实概念。[3]如此看来,对于事实的"真"的追求,没有实践意义,确定事实的概念更为重要。换言之,寻找"真"的功能意义,即确定事实的标准成为"真"的真正价值。

在不同的语境下,"真"的含义也不同。"皎洁的月光",在诗歌领域具有"真"的含义;证人声称,"在月光下看到被告的偷盗行为",在案发当时,是否有能见度足够强的月光成为"真"的判断要件之一;在天文学中,月亮本身不能发光,因此陈述月亮发出的光芒本身就是非真的。由此,在法律领域通过规定事实的认定标准,来寻求"真",就具有了当然的合理性。我国现行制度和规则也没有要求证明达到绝对的真实。在刑事诉讼中,通常的证明标准是事实清楚,证据确实充分。民事证据通常是采取优势证据的证明

〔1〕 Hock Lai Ho,"Evidence and Truth", in Edited by Christian Dahlman, Alex Stein and Giovanni Tuzet, *Philosophical Foundations of Evidence Law*, Oxford University Press, 2021, p.11.

〔2〕 Hock Lai Ho,"Evidence and Truth", in Edited by Christian Dahlman, Alex Stein and Giovanni Tuzet, *Philosophical Foundations of Evidence Law*, Oxford University Press, 2021, p.12.

〔3〕 Hock Lai Ho,"Evidence and Truth", in Edited by Christian Dahlman, Alex Stein and Giovanni Tuzet, *Philosophical Foundations of Evidence Law*, Oxford University Press, 2021, p.12.

标准。现有的证据制度要求我们证明达到高度的"似真性"，即向事实真相无限接近，但同时也没有100%的真实性的要求。对于事实的判断，通常仅有"真"与非"真"两个选项，不存在介乎二者之间的中间状态，因此法律规范追求的目标与客观的"真"存在差异。

二、事实真相是不是案件审理的目标

从功用角度考察事实真相，具有重要的现实意义。诉讼中，事实真相是不是法庭追求的目标？该问题讨论的意义在于，如果事实真相是法庭追求的目标，那么无可回避，必须寻求获取事实真相的路径和方法。反之，如果事实真相不是法庭追求的目标，那么就不必苛求必须查明事实真相；也就是说，即便没有查明事实真相，也可以作出公正裁决。

除了之前所述，学者们认为事实真相是法庭追求的目标外，理论上对于事实真相不是或并不是唯一目标，主要有四种观点：①非目标说。庭审并非确保事实为"真"，司法系统并不是确保裁决中的陈述为真，而是公众相信其为真。内森（Nesson）认为，证据规则的价值在于追求和确保公众对裁决的可接受性，即确保"展现"基于被告犯罪和有责任的实质命题为真。这一观点饱受批评，因为该理论将裁决的稳定性和可接受性置于追求事实真相之上，因而缺乏合法性。②非终极目标说。追求事实真相本身不是事实真相存在的理由，而是庭审存在的理由。在事实无争议的情况下，法院可以依法作出裁决，而无需庭审程序。在事实存在争议的情况下，就需要庭审解决，事实认定有更高层次的目标：实施法律、保障法律权利、确定法律责任。③非唯一目标说。温斯坦（Weinstein）认为，庭审不仅仅是为了认定发生的事实，还要实现有效利用资源、支持国家政策、平息纠纷等目标。我们不应当把目标与对实现目标方式的理想相当的期望相混淆。便利而可预测地运用程序法和证据法是我们的期待，但这本不是我们的目标。④非直接目标说。苏珊·哈克认为，抗辩式的庭审程序的目的，是作出是否有罪的裁决，而不是寻找和发现真相，当然并不否认事实真相在程序中的相关性。[1]

四种理论基于不同的视角，否定了事实真相是庭审追求的目标。第一种

---

〔1〕 Hock Lai Ho, "Evidence and Truth", in Edited by Christian Dahlman, Alex Stein and Giovanni Tuzet, *Philosophical Foundations of Evidence Law*, Oxford University Press, 2021, pp. 14~15.

理论"非目标说",强调了司法裁判的社会面向,裁决的公众可接受性与合理性是司法公正的检验标准之一,但不应因此而取代个案正义要求。而且,如果缺少事实真相,还能作出公正裁决并为公众所接受,显然该理论难以自洽。第二种理论"非终极目标说",其以诉讼的解决纠纷的功能和协商机制为基础,认为诉讼的终极目的是解决纠纷,如果纠纷得以解决,那么事实是否查清,也就不是那么关键,即便是当事人通过商谈确认的事实也可以接受。所以,查明事实真相就成为次要,甚至可以忽略的目标。该理论在民事诉讼中有适用的空间,而且民事诉讼中通过"自认"制度等确认事实,也是该理论的制度化。但是该理论在刑事诉讼领域和行政诉讼领域却难以适用,因为作为公法,几乎没有协商的空间,即便可以协商也仅限于责任层面而非事实部分。第三种理论"非唯一目标说",主张诉讼目标的多元化。诉讼除了实现个案正义,还有其公共职能:助力国家政策的推行与实施,维护社会道德和伦理规范等。诉讼的上述目标客观存在,但这些目标的实现更多的是通过法律适用,而不是漠视查清事实真相的必要性。第四种理论"非直接目标说",不否认查清事实真相在司法裁判中的地位,但在个案中作出公正裁决才是法庭追求的直接目标。该理论具有裁判结果正义的倾向性,在许多案件中,确实存在案件事实真相无法查清,但法院依然作出判决的情形。但是,其并不具有普遍性,特别是在事实不清情况下,若导致被告脱罪则无法说明法庭实现了个案正义。

我们的理论构建以事实为起点,进行逻辑推演,以及法律适用,最终得出结论。某些情况下,事实模糊不清,对于"真"的追求,似乎没有终点。既然以事实为起点的逻辑推演不是具有普遍性的方法,那么我们需要寻找其他方法。在司法审判中,不可或缺的元素是什么?案件事实的合理性与可接受性是法院认定事实的基本要求。庭审中,原告向法庭提交一份合同,并可以依据合同证实被告违约,或者被告欺诈,或者被告应当继续履行合同。那么,原告可以根据自己的意愿选择该合同的证明事实吗?对此需要探讨的问题是法律领域的事实,即事实与法律规范之间的关系如何?

三、事实与法律规范

一般关于案件的分析与论证,以事实为起点,证据的功能在于发现事实真相，在事实确定后进行推演，构建相对完整的事实，再适用法律，进而得出结论。事实认定通常会受到法律规范的影响。郑永流教授将法律判断形成的模式，即法律适用于事实的情形分为两类：其一，事实与法律相匹配，则通过推论的方式作出判决。其二，事实与法律不对称，则需要增加一个等置的环节，即将事实抽象化，或将法律具体化，进而适用法律，这就是等置模式。[1]此类论证模式，基于两个基本的预设条件：事实与法律规范相对独立、事实先于法律规范确定。事实具有特殊属性，其作为确定的现实存在，没有给人们留有讨论或质疑的空间或可能。事实从何而来？事实作为独立的社会性的概念，被认为是随着正式的法律的产生而生成的"副产品"（by-product）。事实概念在现实社会中广泛使用，作为赋予人类存在意义的必要理念进入了公众观念，法律对于这一概念的阐释发挥了重要的核心作用。一般认为，除了个例外，对于事实的反思不必然伴随着对法律的反思，虽然前者关涉后者，事实与法律共同构成了法律研究的总和，但法学家往往只注重研究法律。[2]

　　两大法系中，事实概念产生的路径各不相同。在英美法系，可以追溯至久远的年代。为了在全国范围内建立皇权，尽管力量有限，还是创设了巡回法庭，将国王的正义带给国家的每个人，同时还注意到不取代当地的风俗。法官被指令在某地召集成立一个法庭，听取控告，但起初并没有试图制定规则来规范纠纷的解决过程，而是由当地人组成的"陪审团"决定纠纷的裁决结果。在此过程中，并没有区分事实与法律，而是对于陪审员进行较为严格的筛选。对于陪审员主要考察两方面：对于当地风俗或习惯的了解情况，以及对涉及纠纷的当事人和事件的了解程度。渐渐地，令状中包含了详细而复杂的程序规则，甚至是实体法规范。相应地，法庭也不再完全依赖陪审团了解当事人和案情，而更倾向于通过证据审理案件。经过几个世纪的演化，法官负责审理法律问题，而陪审团负责审理事实问题。法律适用主要关乎法律的解释问题，存在出错的可能，因此又设置了上诉机制。而事实就是事实，被认为没有设置上诉机制的理论基础。英美法系国家诉讼制度发展过程中，有些案件中没有陪审团，或陪审团被边缘化，但是法律审与事实审的区分被

---

〔1〕　郑永流：《法律判断形成的模式》，载《法学研究》2004 年第 1 期，第 140~149 页。

〔2〕　Rene Provost，"Fact"，*McGill Law Journal*，2020，66（01）：67~72.

保留了下来。[1]

在大陆法系，事实是随着法律的规范化而产生的，具体受法律的书面化和立法的发展两者影响。大陆法系的形成过程，是将事实挤压出法律的结果。从可查阅的最古老的法律来看，它们是以叙事形式（narrative form）表述的，而没有从中析出法律规范的意图。《塔木德》（Talmud）是典型代表，存在神的或神圣的文本以及相应的注释或解释，但没有就此形成可以统率（overrule）整个故事的规则。罗马的《十二铜表法》（Law of the Twelve Tables），已经是更为抽象的表述，隐去故事的细节，而仅保留了被认为是规则的构成部分。罗马帝国的立法形式保留了数个世纪，并随着罗马帝国的扩张传到了法国。15 世纪的皇家法令，记载了所有的风俗。17 世纪，罗马特（Domat）精心设计了以法律概念构架的新的私法体系，这就是民法典的基本框架。这一演化过程，可以展现立法过程中事实要素的彻底去除。并非民法典的所有部分都是纯概念表述式的，但这一特征表现了民法典的高质量立法，是最为科学的立法方式。事实被从叙事中剔除，仅保留净化后的法律，可以适用于任何可以想象到的情况。[2]

因此，事实独立并先于法律规范的预设不成立。诉讼具有目的性，诉讼的目的是说服法院，支持己方的主张。为实现这一目的，通常我们会寻求法律规范的支持。而法律规范对事实提出了证明要求，为案件事实提供了论证框架，有学者称之为，要素事实。也就是说，必须证实了这些事实，相关的法律规范才能适用，当事人的主张才能得到支持。张明楷教授明确指出，应当根据犯罪构成要件，归纳和认定案件事实，而不是先就案件事实定性后，再寻找应当适用的法律规范。他以贷款诈骗罪为例，解释了采用不同的判断路径，可能得出不同的结论。假设甲公司通过伪造贷款申请材料，获取了银行贷款。如果从事实出发，甲公司是法人，而我国刑法中贷款诈骗罪的主体只能是年满 16 周岁的自然人，那么甲公司就不构成贷款诈骗罪。但是如果从贷款诈骗罪的构成要件出发，甲公司的行为已然符合贷款诈骗罪的构成要件，因此构成贷款诈骗罪。[3]

---

[1] Rene Provost, "Fact", *McGill Law Journal*, 2020, 66（01）: 67~72.

[2] Rene Provost, "Fact", *McGill Law Journal*, 2020, 66（01）: 68~69.

[3] 张明楷：《案件事实的认定方法》，载《法学杂志》2006 年第 2 期，第 30~34 页。

如果事实推演的方法论正确，那么也可以推论出这样一个观点：缺乏事实的案件，我们将无法得出结论，也就是说，事实是庭审不可或缺的要素。这一观点成立吗？司法实践中，这一观点似乎很难成立，理由如下：其一，案件事实是否查清，并不影响案件的审理或判决。若干案件中，在事实无法查清的情况下，法院也依法作出了判决。其二，案件判决之前，案件当事人也无法确定，事实是否能够查清并由法院作出认定。综上所述，在庭审中，学者们力图通过协调客观事实、法律事实、主观事实之间的关系，来解决司法实践中面临的困境。似乎总会出现顾此失彼的问题，其根源在于忽略了事实在现实中的呈现形式，以及我们从对事实一无所知到形成事实的确信的整个过程中的理性步骤与环节。因此，为解决该问题，只有超越既有的解决方案，寻求新的路径。事实认定者无须像科学家那样探求事实的真，而可根据双方的论述判断哪一方的证据更具有可接纳性。[1]

第三节　何以选择命题

既然对于事实的争议无法达成一致，我们似乎应重新寻找裁判的基础。可能的备选方案有：其一，将证据作为裁判的基础要素。事实认定的基础或依据是证据，而诉讼中的证据有实在与可感知的属性，可以消解多数因不确定性而产生的争议，那么证据是否能作为裁判的基础要素？其二，事实认定者认定案件事实，是一种理性活动，是基于证据对于命题形成信念的过程。那么命题是否能作为裁判的基础要素？

一、证据是否可以作为裁判的基础要素

证据是判断哪一方的论述成立，进而认定事实的主要依据，那么证据是否具有更为基础的意义，可以替代事实，作为裁判的依据？陈波教授对此提出了一个新颖的观点：证据作为裁判的依据。陈波教授从事实作为裁判依据的问题出发，给出了如下理由：首先，事实本身很难定义，在不同语境、不同关系中，事实可能被定义为外在对象、感觉经验、陈述和知识；甚至如罗素

---

　　[1]　[加拿大] 道格拉斯·沃尔顿：《法律论证与证据》，梁庆寅等译，熊明辉校，中国政法大学出版社 2010 年版，第 221~222 页。

（Russell）的观点，事实是不能被定义的。其次，司法活动和认识活动中事实概念发挥着重要的作用，在判定真假过程中不可或缺，是认识活动的出发点和检验器，是论证中的论据，也是法庭裁判的依据等。事实概念如此重要，因此需要对其进行清晰的界定和定义，但是如上所述，事实这一概念似乎总是令人捉摸不定。再次，如果赋予事实本体论的地位，那么会面临诸多困境：事实个体化的问题，事实符合论问题，以及未知事实过多因而无法发挥其"证据"作用。最后，基于认识论，事实是主体基于特定目的和意图构建而成，虽然具有客观性，但是更多的是主观因素使然，因此事实有时会"撒谎"，进而会影响裁判的公正性。基于此，应当将证据作为裁判的依据，而非事实。[1]

针对陈波教授的观点，舒国滢、宋旭光提出了反对意见，认为即便事实的客观性非常复杂，也不能因此抛弃事实，而以证据替代之，否则就无法进行有效的逻辑思考。[2]主要理由如下：其一，从本体论而言，事实区别于事物，是事物的性质或事物之间的关系。事实具有时态的稳定性，是进行论证的要素，而不能由事物等替代。其二，在认识论层面，虽然认识的事实经常会出错，但出错的原因不在于事实本身，而在于人们的认识。如果苛求完整的无瑕的事实作为裁判的依据，那么这实际上是不可能完成的任务。其三，证据无法替代事实成为法律规范适用的对象。法律推理的逻辑结构要求以法律规范作为法律命题，以证据证实的事实作为事实命题，通过推理而得出结论。其四，"以证据为依据"的观点主要认为发挥证据的客观性能避免出现错误，而在基本立场指出追求真相应当优先于避免错误。其五，即便"以证据为依据"，也不能摒除追求真相的目标，而且司法实践中，法官以证据证明的事实作为裁判的依据。[3]

证据的功能是什么？有必要澄清的是，在证据法和知识论中，均有证据这一概念，但其含义截然不同。证据法中的证据是在诉讼中当事人提交的，用于

---

〔1〕 陈波：《"以事实为依据"还是"以证据为依据"？——科学研究和司法审判中的哲学考量》，载《南国学术》2017年第1期，第22~38页。

〔2〕 舒国滢、宋旭光：《以证据为根据还是以事实为根据？——与陈波教授商榷》，载《政法论丛》2018年第1期，第43页。

〔3〕 舒国滢、宋旭光：《以证据为根据还是以事实为根据？——与陈波教授商榷》，载《政法论丛》2018年第1期，第44~51页。

证明其主张成立的，符合证据法规定的材料。证据主要包括书证、物证、证人证言等。知识论中的证据的概念要宽泛许多，是形成信念的依据，例如命题、记忆等。大概的结构是，法律证据支持命题，命题作为知识论中的证据支持信念。然而，并非所有的命题都是证据。证据是以事实或假定事实为基础的命题。但即便满足这一条件也不一定就是证据，证据应当具有一定的关联性（relative），与提议的结论（a proposed conclusion）相关联。证据的意义就在于确认或否定该提议的结论。只有从证据出发通过推论并得出结论，证据命题与提议结论之间的关系才得以确认。推论具有证明的功能，可以使某人确认或否定某一命题。[1]通过证据认定事实的社会规范，真相的认定是陈述与真相一致的事实。合法性的认定是将个人对合法性的判定与法律规范体系联系起来，其中既包含个体要素，也包含集合性要素。[2]证据与论证有共同的作用，支持某一命题，但是否就可以用论证替代证据？当然不可以，因为证据表明命题是建立在"真正的事实"之上的。[3]这使法律意义上的论证区别于疏离现实世界的理论论证，具有较强的实践意义。为确保事实建构为真，应当将事实建构建立在证据基础之上。事实陈述表明了证明主体（或证明目标），通过是否与证明目标相关联，将证据进行分类。邹利琴认为，英美证据法领域从关注证据规则转向研究证明理论。我国学者讨论较多的是证据规则，即证明的目标或证明的标准是什么？[4]

证据规则包含两方面的内容：确保证据的可靠性，以及证据推理的规则，因此，证据规则有两个基本任务：①一个案件中，法庭采信的证据必须为真；②事实认定者应当基于真的事实进行直接推论。这意味着所有采信的证据都是真的，或所有人认为所有证据都是真的。证据规则尽最大努力使真的或可靠的证据被使用。同样，证据规则也不能限定事实认定者，仅能从证据进行直接推论（direct inferences），其主要目的是避免事实认定者从推论开始推论。

---

〔1〕 Lyman Ray Patterson, "The Types of Evidence: An Analysis", *Vanderbilt Law Review*, 1965, 19 (01): 3.

〔2〕 Anna Maria Lorusso, "Between Truth, Legitimacy, and Legality in the Post-Truth Era", *International Journal for the Semiotics of Law*, 2020, 33（04）: 1005~1018.

〔3〕 [加拿大] 道格拉斯·沃尔顿：《法律论证与论据》，梁庆寅等译，熊明辉校，中国政法大学出版社2010年版，第209页。

〔4〕 邹利琴：《理性主义、证据规则与证明理性——英美法律事实理论的前提与问题转向》，载《法制与社会发展》2009年第5期，第82~94页。

直接推论，是以事实命题为基础的，而不能以一般推论作为得出结论的必要条件。例如，"D 给 H 的妻子写情书"这一证据命题，可以进行直接推论该事实"D 给 H 的妻子写情书"。但是，只能通过间接推理，得出"D 爱上了 H 的妻子"，之所以是间接的，是因为要得出该结论，必须借助一般推理，给一位女士写情书的男士爱上了这位女士。[1]

证据证明，主要追求事实的"真"。从形式上看，主要有两种目标：事实本身为真；以及符合法律规范的要求，已经达到"真"的标准。两种不同的立场：通过事实认定者的认识——自由心证，达到内心的确信，从而认定事实；依赖于证据规则，通过规范确证"真"的事实。知识论的两个传统问题是："我们认识什么？"和"我们如何确定我们是否认识"。第一个问题是认识的范围问题，第二个问题是认识的标准问题。这两个问题相互依存，互为条件。如果我们能够确定我们认识的范围，那么我们就能归纳总结出我们认识的标准。相应地，如果我们能够确定认识的标准，也就可以划定认识的范围。[2]英美证据法学中的两个核心问题：证据的相关性与证据的可采性。证据的相关性是证据的范围划定，而证据的可采性是证据的认定标准。但与知识论存在差异，证据具有相关性仅是第一步，经过检验很有可能不被采信。二者密切关联，证据的客观性之所以具有很强的吸引力是因为证据的客观性为客观事实提供了注脚，而客观事实具有无可辩驳的力量，因为客观事物不因主观因素而受影响，也不会因主观原因改变其固有的属性。如果否定了事实的客观性，那么事实真假的判断将无所依归。

证据法通过法律规范限定了证据采信的范围、证明力、证明标准，限定了事实认定的范围和方法。证据法可以较好地规范依据证据对事实的认定，但是，如果过分倚重法律规范而认定事实，那么很容易消减事实认定的主观能动性。张建伟教授分析了近几年我国出现的"气枪案""许霆案"等典型案例，认为在我国存在司法机械主义，司法人员办理案件固守法律和司法解释，搁置"良知"与"理性"，从而在办案过程中脱离了社会现实和公众的基本价值判断。[3]这一现象的根本原因在于法教义学的"帕斯卡尔困境"，当我

---

〔1〕 Lyman Ray Patterson, "The Types of Evidence: An Analysis", *Vanderbilt Law Review*, 1965, 19 (01): 16~17.

〔2〕 陈嘉明：《知识与确证：当代知识论引论》，上海人民出版社 2003 年版，第 2 页。

〔3〕 张建伟：《司法机械主义现象及其原因分析》，载《法治社会》2023 年第 1 期，第 68~85 页。

们构建逻辑严密的法律规范体系时，我们力图追求法律规范体系的普遍性、稳定性与可预测性，但将法律规范悬置于社会生活，法律规范的"冰冷"让人们不知所措，但是如果我们以价值、目的等弥补法教义理论的不足时，既有的法律规范体系的稳固性又受到极大的挑战。[1]因此，遵从证据法的规定来认定案件事实是客观要求，但并不是认定事实的必然路径，在特殊情况下法官的"内心确信"也具有相当的法律意义。

二、逻辑真理观与证成正义

在诉讼活动中，查明案件事实是我们的主要目标。事实具有结构性，我们认定的案件的事实并非单一的事实，而是具有结构的事实体系。例如，在诈骗罪的案件审理中，我们查明如下事实：①被告向受害人宣传虚假的投资项目；②被告诱导被害人向被告控制的账户汇款；③被告收到投资款后失联，携款潜逃。依据上述三项事实，我们才可以得出被告实施了诈骗行为，而任何单一的事实均无法得出这一结论。而且，这三项事实相互关联，相互支持，共同指向结论性事实。证明事实之间的"结构"关系是证明的核心，一旦证成，将发挥强大的整体功能。[2]因此，在诉讼中，应当提交能够证实该事实体系的证据并形成证据链；在刑法中，要求满足犯罪构成的事实要件的要求。但是，我们如何才能获得案件事实？

知识有四个基本的来源：陈词、知觉、记忆和推理。[3]一般情况下，我们会从几个来源处获得知识，几乎不存在仅依靠陈词、记忆、知觉和推理等单一来源就获得知识的情形。我们通过庭审中的证据，获取案件的事实。例如，通过鉴定人的鉴定意见书，可以知道，合同上的签字并非被告书写；根据周围人的记忆，可以认定在晚上12点，没有路灯等照明设施，而且没有月光的情况下，证人无法辨认盗窃玉米的被告；通过交警提供的监控录像，可以判断被告

---

〔1〕　陈辉：《解释作为法律的结构及其对法治的影响》，中国政法大学出版社2018年版，第79页。

〔2〕　栗峥：《证据链与结构主义》，载《中国法学》2017年第2期，第173~193页。

〔3〕　孟峰：《Testimony 信念的确证——超越还原论与非还原论的新途径及对该途径的补充》，载《科学技术哲学研究》2017年第3期，第36页。有的学者有不同的见解，认为知识的来源包括：感觉（perception）、记忆（memory）、知觉（consciousness）和推理（reason）。See Robert Audi, "The Sources of Knowledge", in Paul K. Moser（eds.）, *The Oxford Handbook of Epistemology*, Oxford University Press, 27 October 2005, pp. 71~94.

有闯红灯的行为。通过证据认定的事实具有局限性，而通过推理可以大大提高我们认定事实的可能性。查明案件事实过程中，推理具有不可替代的地位，这主要是因为：其一，少数事实可以直接获得，大多数事实只有通过推理才能获知。获得案件事实的基本方法是，从已知的事实，推论出待证的事实。逻辑成为从已知事实到达未知事实的桥梁。例如，我们在保险柜上发现了被告的指纹，那么我们通过推理，可以得知被告接触过该保险柜的事实。其二，推理是理性人认同的科学方法。推理是理性人均具有的能力，虽然存在该能力强弱的差别，但是对于逻辑方法鲜有分歧，因此可以较容易形成共识。应该没有人会反对，基于张三 2003 年 10 月 5 日 10 点在海南参加学术会议，可以推论出张三在同一时间不会在乌鲁木齐的这一事实。其三，事实之间的关系为推理提供了必要条件。事实之间具有结构性，这为推理创造了可能。例如，李四在理发期间，被割伤了耳朵，我们可以认定理发师实施了这一行为。因为在理发这一特殊情形下，只有理发师与李四近距离接触，而手持剪刀的理发师不当地修剪头发的行为与李四耳朵受伤有事实上的因果关系。

推理主要运用的是逻辑方法。在逻辑主义者看来，真理就是命题或语句为真，这就是逻辑真理观。[1]如果把逻辑简单地看作数理逻辑，就容易对逻辑真理观提出怀疑。但实际上，逻辑运行中使用了大量的概念，使逻辑与现实世界紧密关联，而非疏离世界。我们通过电动自行车正常环境下，按使用说明充电时发生爆炸这一事实，推理出电动自行车有质量问题。我们在推理过程中，使用的概念如"自行车""充电""爆炸""质量问题"等均是对现实世界的描述。因此，司法实践中，推理前提、推理过程与现实世界紧密关联，推理的结论也具有现实意义。逻辑的功能得到了普遍的认同。证据法学理论的重要转向是研究"证明"问题。事实得到"证成"，那么认定的案件事实结论就具有正当性与合理性，事实也成为司法裁判的必要条件。

推理具有如此重要的地位和作用，而逻辑推理的基础性要素是"命题"。这主要是因为，事实本身不具有逻辑构造，而证据需要对其意义进行阐释，只有命题可以表征世界，而且具有逻辑属性，才能作为推理的基本元素。

---

〔1〕 彭媚娟：《逻辑真理观与实践唯物主义真理观之比较》，载《广东社会科学》2022 年第 1 期，第 90~96 页。

三、法律规则的逻辑结构

法律规则的逻辑结构，主要是指法律规则构成要素之间的逻辑关系。[1]关于法律规则的逻辑结构的争议，主要集中在法律规则的构成要素方面，当然，构成要素不同，会呈现出不同的逻辑构成样态。传统的主流观点认为，法律规则由假定、行为模式与法律后果三要素构成。三要素说的困境体现在两方面：其一，无法区分行为规则和裁判规则；其二，在某些情况下，可能出现假定或行为模式冗余的情况，即在两要素的情况下，依然可以实现规则目的。在此情况下，学者们努力重构法律规则的逻辑结构。当然，重构的逻辑结构以克服三要素说的困难为直接目标。在舒国滢教授看来，法律的逻辑结构主要包括"行为条件""行为命令""行为构成要件"和"法律后果"四个要素。[2]雷磊教授赞成新二要素说，即法律规则的逻辑要素由"构成要件"与"法律后果"组成。[3]可以看出，学者们在取消"行为模式"这一要件上达成了共识。这主要是因为，法律规则既可能是行为规则，也可能是裁判规则。在行为规则下，行为模式归属于行为人，法律后果也归属于行为人；但是，在裁判规则下，行为模式归属于裁判者，法律后果却归属于行为人，这显然存在逻辑问题。新三要素说回归法律规则逻辑结构的逻辑属性，去除内容负担，较好地承担了行为规则与裁判规则两方面的任务。

一般情况下，法律规则的适用，是逻辑上三段论的模式。法律规则是大前提，而事实是小前提，经过逻辑推论，得出裁判结论。无论是行为规则，还是裁判规则，只有当"事实"部分与法律规则的构成要件部分耦合时，才能使用该法律规范。而事实认定者（法官和陪审员）的职能是，认定案件事实，并判断该事实与当事人主张适用的法律规范是否匹配。区别于与自然事实之间的因果关系，适用法律规则逻辑推论的事实与法律后果之间是一种"归属"关系。因而，更多地需要证明，案件事实是构成要件描述的事实类型。例如，《中华人民共和国民法典》第 1245 条规定："饲养的动物造成他人损害的，动

---

〔1〕 雷磊：《法律规则的逻辑结构》，载《法学研究》2013 年第 1 期，第 67 页。

〔2〕 舒国滢：《法律规范的逻辑结构：概念辨析与逻辑刻画》，载《浙江社会科学》2022 年第 2 期，第 27~38 页。

〔3〕 雷磊：《法律规则的逻辑结构》，载《法学研究》2013 年第 1 期，第 66~86 页。

物饲养人或者管理人应当承担侵权责任……"其中的"构成要件"是"饲养的动物造成他人损害",那么原告提起诉讼必须提交证据证实,在案件中"构成要件"成立,才能适用这一规则。在"刘某萍与高某财产损害赔偿纠纷案"中,刘某萍饲养的狗致使高某的泰迪受伤[1];在"王某、赵某等饲养动物损害责任纠纷案"中,王某被赵某家的牛顶伤[2];在"周某军与金某英、田某梅等机动车交通事故责任纠纷案"中,金某英骑电动车与周某军饲养的黑狗相撞[3];前述三个案件中,饲养动物造成的损害事实差别较大,有的造成他人饲养动物损害,有的造成人身损害,也有的造成交通事故,但均可以归类为"饲养的动物造成他人损害"这一类型化事实,因此,均可以适用《中华人民共和国民法典》第 1245 条的规定。但是,在"唐某琴、王某明健康权纠纷案"中,虽然唐某琴主张被王某明家的牛撞伤,但是仅能证明受伤的事实,而未能证明被牛撞的事实,不符合构成要件描述的事实类型,因此被驳回诉讼请求。[4]事实通过语言描述和表达,司法实践中,需要对"事实"进行判断,并留给裁判者进行评价的空间和可能。命题是对事物情况的断定,既涉及语句的真假,还涉及认知主体的判断。因此,命题构成裁判的基础要素。

第四节　命题与信念

一、命题的概念与意义

金岳霖先生,为命题作了定义:"思议内容之有真或假者,或意思内容中之肯定事实或道理者,或以陈述句子之所表示而又断定事实或道理者,因此而为有真假的思议底内容者。"[5]根据金岳霖先生的定义,命题是以事实或道理为内容进行真假判断的句子。

（一）命题是事实的存在形式

我们需要认定的事实大部分是历史事实,即已经发生过的事实,例如被告

---

〔1〕　参见北京市高级人民法院［2023］京民申 2302 号民事裁定书。

〔2〕　参见吉林省高级人民法院［2023］吉民申 461 号民事裁定书。

〔3〕　参见湖南省湘西土家族苗族自治州中级人民法院［2023］湘 31 民再 47 号民事判决书。

〔4〕　参见辽宁省新宾满族自治县人民法院［2023］辽 0422 民初 680 号民事判决书。

〔5〕　金岳霖:《知识论》,中国人民大学出版社 2010 年版,第 866 页。

实施了抢劫行为；正在发生的事实，例如被告对原告权利行使的妨害行为；还有将来的事实，例如预期可得利益损害等。无论是哪种事实，只有以某种形态呈现，才能成为认知的对象。张继成教授认为，物和事件均不是证据，只能作为证据的载体，而事实是以命题形式呈现的。[1]我们需要进一步分析，事实与事实的命题这两个概念。事实是存在的某个东西，而命题是谓语（the predicate）肯定或否定与主语（the subject）相关的某些东西。主语主张某事实，而谓语表明某人知道或宣称知道事实。由于我们经常认为事实可以证实某罪名的成立，所以证据包含事实；但更为确切地讲，证据包含事实命题，所有事实应当化约为命题（reduced to propositions）以便肯定或否定某一命题。莱曼·雷·帕特森进一步举例说明该观点。为了得出 D 杀了 H 的结论，提交一把手枪、一封情书、一顶帽子、一把钥匙，以及案发之前和之后 D 出现在 H 家附近的证言等一系列证据。仅提交这些东西是没有意义的。但如果将其转化为事实命题，那么就成为认定事实的基础：①那支手枪是 D 的；②D 给 H 的妻子写了一封情书；③D 的帽子是在 H 的房子里被发现的；④D 有一把 H 家的钥匙；⑤D 在谋杀发生前后都在 H 的房子附近。[2]证据表明一些事实，而这些事实使头脑中确信另外一些事实的存在。但是，如果进一步分析，我们会发现证据本身并不包含事实，但它又是使我们头脑产生确信的基础。通过这些命题，再根据逻辑规则推论，就可以得出"D 杀了 H"的结论。

就知识论而言，我们需要证明什么？什么是"真"？在知识论领域，事实与存在关联，命题才涉及真假问题。"杜鹃花开了"，只关涉"杜鹃花开了"这一事实存在，如果"杜鹃花没开"，那么"杜鹃花开了"这一事实就不存在。而某人说，"杜鹃花开了"，这是一个命题，存在该命题为真或假。事实与命题并非一一对应，有一个事实必然有一个命题，但是有一个命题，不一定有一个事实。我们知道一个事实，实际上就知道了一个命题。思想依赖于语言，知道一个事实，就对事实进行了语言建构，建构了一个命题，即便我们没有表达出来，实际上就是"发现一个事实总同时发现一个命题"。[3]因此，如果要正确地认定案件事实，非常重要的工作就是鉴别命题的真伪。判断命题

[1] 张继成：《事实、命题与证据》，载《中国社会科学》2001 年第 5 期，第 136~145 页。

[2] Lyman Ray Patterson, "The Types of Evidence: An Analysis", *Vanderbilt Law Review*, 1965, 19 (01): 2~3.

[3] 金岳霖：《知识论》，中国人民大学出版社 2010 年版，第 884 页。

真伪的非常重要的依据就是证据。"事实必须以命题的形式作为其确立的标志，所以证据也只能以命题的形式出现。"[1]大部分事实都具有历史性，是已经发生的。事实不能是后验的（a posterior），应当证明发生时的状态，事实仅有存在与否的问题，没有真假问题。只能说，曾经发生过的事实被证实，而不是事实被证实为真。所以，只能将证据与事实陈述联系起来，而不是与事实相联系。[2]

（二）命题是理解的前提

金岳霖先生以"凭借"和"样型"来分析命题与命题显现。"李四对王五实施了诈骗"，"李四对王五实施了诈骗"，这存在两个命题显现（凭借），但仅有一个命题（样型）。[3]这就决定了，不同主体之间可以分别占有命题显现，但命题仅有一个。这也为主体理解命题创造了前提。张继成教授区分了证明与证实，证实与命题之然相关联，证明与命题的所以然相关联。证实的标准，是命题与经验证据相符合；证明的标准，是命题与科学证据相符合。[4]江怡教授也认为，事实是命题的证据，而考察事实主要有两条路径：对命题或句子之外，具有独立性的事实的考察；作为命题构成的事实的考察。[5]根据上述学者们的观点，在命题之外似乎还有"独立证据"等理解的对象。这就涉及知识论中的争议，命题是否为唯一的理解对象？

"命题式的理解是理解的最终归宿。"[6]反命题主义认为，理解对象的存在，可以反驳命题主义的主张——意向态度必然关涉命题（或命题式的东西）。理解对象往往有展开为命题的可能与必要。[7]事实认定者需要对案件中的事实进行认定，扎格泽博斯基将认识界定为主体与客体之间的关系。根据主体与客体之间是否直接接触，认识可以分为两类：第一类，认知的知识。即主体与实在对象接触并依据经验而产生的知识，实在对象既包括外部的人与

[1] 张继成：《事实、命题与证据》，载《中国社会科学》2001年第5期，第144页。
[2] Giulio Ubertis, "Comparative Perspectives: Truth, Evidence, and Proof in Criminal Proceedings", *International Journal of Procedural Law*, Vol. 4, No. 1, 2014, pp. 79~96.
[3] 金岳霖：《知识论》，中国人民大学出版社2010年版，第876~877页。
[4] 张继成：《论命题与经验证据和科学证据符合》，载《法学研究》2005年第6期，第33~51页。
[5] 江怡、陈常燊：《分析哲学中作为证据的事实》，载《哲学分析》2017年第3期，第7页。
[6] 陈嘉明：《理解与"命题主义"》，载《东南学术》2020年第1期，第63页。
[7] 陈嘉明：《理解与"命题主义"》，载《东南学术》2020年第1期，第65页。

物，也包括主体自己的心灵状态。第二类，命题知识。有关事物的间接知识，包括关于世界的真命题。[1]反命题主义的主要理由是有认知对象的存在，似乎并不通过命题理解。但是，即便是认知对象，我们也需要通过既有的知识体系和框架，对其进行描述与表达，依然要以命题的样态呈现。

本体论诠释既可以视理解为本体，也可以视意义为本体；只不过前者是针对理解活动，后者是针对理解结果。[2]理解区别于认识，主要在于理解的"意向性"因素。理解具有二阶结构：认识位于第一位阶，即"我知道 P"，第二位阶为"我知道我知道 P"。作出"我知道我知道 P"陈述的我，应当回答：我何以"知道"我知道 P？因此，相对于认知，理解多了一个反思与确证的过程。要回答这一问题，必须从理由、信念等寻找根据。因此，理解是内在的、根据性的，主动的；认识是表面的、外在的、被动的。[3]"理解"理论对于事实认定具有重要的意义。事实认定者认定某一事实，不应当仅仅是认知层面的。否则，就成为没有根据的"断言"，因为缺乏事实认定者的反思与确证。事实认定者必须回答何以认定该事实是真实的，因为事实认定者如果进行了反思和内心确证，就可以给出相应的理由。理解何以可能？主要依靠理解的空间结构。理解可能是正确的，也可能是错误的。"理解"的评价标准是什么？"合理性"是重要的评价标准，具体而言包括形式上的"自洽性"与内容上的"可信度"[4]。

如何理解？理解的路径是什么？真正的理解是诠释者的实践活动，诠释者的理解并非局限于文本或事情本身。诠释者的前理解，作为诠释者诠释文本的基础和前提。[5]对于行为的理解，在认识论语境下应当从原因入手，而原因的核心就是行为人的意向。不同的意向，即便有相同的结果，行动的意义也不同。理解的通常路径是最佳解释（溯因推论），即通过现象，借助因果关系，推论出理由（命题）[6]。理解基于理由，而理由又包含主观要素，因而以客观性为特征的事实不具有成为理由的资格。因暴雪，导致交通受阻，公司不

〔1〕 陈嘉明：《知识与确证：当代知识论引论》，上海人民出版社 2003 年版，第 29 页。
〔2〕 潘德荣：《认知与诠释》，载《中国社会科学》2005 年第 4 期，第 69 页。
〔3〕 陈嘉明：《"理解"的理解》，载《哲学研究》2019 年第 7 期，第 118~125 页。
〔4〕 陈嘉明：《理解与合理性》，载《哲学研究》2017 年第 9 期，第 75~81 页。
〔5〕 傅永军、刘岱：《作为诠释学基本问题的应用》，载《山东大学学报（哲学社会科学版）》2021 年第 5 期，第 131~138 页。
〔6〕 陈嘉明：《知识论语境中的理解》，载《中国社会科学》2022 年第 10 期，第 25~43 页。

能营业。员工甲很高兴，因为可以在家休息；员工乙比较烦恼，因为这可能影响这个月的奖金。而命题可以成为理解的对象，这为人们相互交流、相互理解奠定了基础。

二、通过命题认定事实

事实认定者认定案件事实，是主观形成信念的过程，而信念是一种命题态度，即事实认定者对于命题的真假作出判断。我们不应当直接对事实作出判断，因为事实本身就具有真的属性，事实是我们信念的结果而不是前提。其基本结构是：命题—信念—事实。证据与信念之间连接的必要要素就是命题。[1]

法院支持了什么？法官通过庭审程序、双方的质证，形成了对事实的信念，而信念的内容是命题。证据的鉴真，是证据资格的基本要求。但"真"是什么？传统的方法是理想化的，即假定"真"的存在，证据认识的目的也就是探寻这一"真"的存在。这一假定是理想化的，对于部分证据适用，例如书证中印章的真假问题，但并不适用于全部证据形式。

如何认定事实？逻辑推理是非常重要的方法，而且逻辑推理只能在命题或信念之间进行。命题是主体之间传递信息的必要方式，通过命题可以发现事实。事实与概念相对应，命题由概念和连接词构成，表明概念之间的关系。假设这样一个场景：开庭时，公诉人向法庭提交一份证据——"一把镊子"。这把镊子是客观实在的，但是如果公诉人一言不发，法官也无法认定镊子是证据，更无法认定镊子是被告的作案工具。只有当公诉人向法庭解释，"这把镊子是被告盗窃的工具，被告用镊子将被害人背包里的钱包夹出，放到自己的口袋……"证据本身并不能展示自己的意义，而必须由公诉人揭示其意义。公诉人针对镊子的陈述，主要构成几个命题：①这把镊子是作案工具；②被告使用这把镊子盗取被害人的钱包；③被告用镊子盗取了被害人的钱包。法官需要判断的是公诉人陈述的这几个主要命题的真假。如果这几个命题均为真，那么就可以相应地作出如下几个具有法律意义的判断：①这把镊子是物证；②被告实施了用镊子盗取钱包的行为；③被告盗窃"了"钱包，构成

---

[1] Jordi Ferrer Beltrán, "Proven Facts, Beliefs, and Reasoned Verdicts", in Edited by Christian Dahlman, Alex Stein and Giovanni Tuzet, *Philosophical Foundations of Evidence Law*, Oxford University Press, 2021, pp. 40~50.

既遂。

案件审理过程中，事实认定者在求"真"吗？按照苏珊·哈克的观点，事实认定者并不是要弄清被告是否实施了相应的行为，而是使"被告做的"这一命题被证成，达到法律规定的证明标准，这一过程也是作出认知评价的过程。[1]但从认识论的角度来看，这恰恰说明事实认定者通过"命题的使真者"，来认定命题的真。而命题的使真者主要包括命题自身、其他命题，以及事件或事物。[2]

既然每一事实都有一个命题的存在，那么我们就可以通过命题，发现事实。金岳霖先生将这一过程称为"理中求是"，即我们知道命题以及命题之间的关系，就可以知道事实，而且随着知识的增加，我们知道的事实也随之增加。[3]之所以如此，是因为知识增加，可以使命题之间的关系更多样化。

命题一：2016 年 11 月 16 日 6 时 20 分，李某平安银行卡中的 3.5 万元通过手机银行转至苏某建设银行卡内。

命题二：2016 年 11 月 16 日 6 时 20 分，李某没有使用手机银行进行转账。

命题三：2016 年 11 月 16 日 6 时 20 分，除了李某，能接触到李某手机，知道李某手机银行密码，进行银行转账的只有史某。

命题四：苏某的建设银行卡在史某的掌控之下。

命题五：史某使用苏某的建设银行卡进行消费。[4]

通过命题一、命题二和命题三，可以推论出史某使用李某的手机将李某平安银行卡中的 3.5 万元通过手机银行转至苏某建设银行卡内。而通过命题四与命题五，可以推论出史某实际掌控和使用苏某的建设银行卡，表明史某有转账的动机，与前一事实能相互证明其合理性。

当事人是否有提出真命题的义务？这个问题，本身就有逻辑错误。因为，命题的真假应当通过庭审，最终由法官进行认定。而在庭审开始前，当事人提交命题的真假，如何判断？如果可以判断，那么庭审就没有进行的必要，

---

〔1〕　Susan Haack, "The Embedded Epistemologist: Dispatches from the Legal Front", *Ratio Juris*, 2012, 25（2）: 214~215.

〔2〕　舒卓：《证据是命题吗?》，载《科学技术哲学研究》2022 年第 5 期，第 20~25 页。

〔3〕　金岳霖：《知识论》，中国人民大学出版社 2010 年版，第 884~885 页。

〔4〕　参见上海市高级人民法院 ［2019］沪刑再 2 号刑事判决书。

如果不能判断，那么对当事人提出真命题的要求显然无法实现。另外，要求当事人提出真命题，很有可能使当事人被剥夺庭审中陈述的诉讼权利。因为，这一要求可以转换为，除非命题为真，否则当事人不得提出命题。在诉讼中，当事人的主张通常存在矛盾、冲突和差异。这就意味着，至少有一方当事人没有履行提出真命题的义务。

三、命题态度

信念是一种命题态度，也就是主体对于命题持相信、不相信、期望等主观状态。在庭审过程中，诉讼各方会提出相关的事实命题，并提供证据证实命题的成立。虽然有时，诉讼各方提供的命题相同，但是一般情况下根据证据规则，该命题规则自然成立；合意性事实是指，控辩双方共同确认，由法院确认的事实。[1]在民事诉讼中，当事人自认的事实也可以作为案件事实予以认定。但是如果该命题的成立与否非常重要，那么证据法还会进一步地要求证据的充分性，从而确保认定命题的正确性，避免命题的错误认定。例如，《中华人民共和国刑事诉讼法》第 55 条规定，只有被告人供述，没有其他证据的，不能认定被告人有罪和处以刑罚。在大多数情况下，诉讼中各方当事人提出的事实命题存在差异，而差异命题之间又具有竞争关系。事实认定者通过比较这些命题，权衡双方提交的支持命题的证据，认定其中成立的命题。

命题通常可以分为描述性命题和评价性命题，对于描述性命题的不同信念构成了信念分歧，而因评价性命题不一致产生（实质是价值判断不一致）的态度对立，是态度分歧。信念分歧关涉事实判断，信念分歧不能同时成立；而态度分歧，更多的是一种竞争关系，可以共存。[2]交警对于张三进行行政处罚，基于"张三违章停车"这一认定；而张三认为自己没有违章停车，交警与张三的信念分歧，就是对于"张三违章停车"这一描述性命题产生的，解决这一类分歧的方法，相对比较简单，就是判定描述性命题与事实是否相符。"张三闯红灯，送生病的路人去医院"，交警认为张三闯红灯错误，因此对张三作出行政处罚；而张三认为，自己闯红灯救助危难，是见义勇为，不仅不应当受到处罚，还应当受到表扬和嘉奖。交警和张三因评价性命题的不一致，产生

---

〔1〕 杨波：《刑事诉讼事实形成机理探究》，载《中国法学》2022 年第 2 期，第 180~183 页。
〔2〕 雍琦：《法律逻辑学》（增订版），金承光增订，法律出版社 2022 年版，第 79 页。

了态度的对立，其原因是评价规则和价值取向的差异，解决此类分歧的方法是统一评价规则，或者为规则的效力优先级排序。

在什么情况下，信念分歧有知识论的价值？一般会以"理想的分歧模式"作为分析分歧的方法，"理想的分歧模式"是指双方均等地持有认知的各要素，但没有一方能够胜出的状态。知识论学者们力图基于这一模式，构建可以解决全部信念分歧的框架。但是，"理想的分歧模式"成立的前提条件是认知德性对等与证据对等，这在现实中很难实现。因此，宋群提出，应当引入"源自信念自身分歧模式"，并将分歧分为证据分歧与信念分歧两种情形。[1]证据分歧，主要是通过对双方持有的证据进行检验与权衡来解决。例如，原告主张其持有的欠条上有被告的签字，被告提交证据证实欠条签字与其在其他材料中的签字有明显的差异。如果我们进行笔迹鉴定，引入新的证据，那么就可以依据鉴定报告确定欠条上是不是被告本人的签字。信念分歧相对比较复杂，很有可能分歧双方各据一方，但又很难超越对方。信念分歧有利于整合问题，通过问题的分析与解决，推动知识的进步与理论的丰富。

司法实践中，存在黑白分明的事实，但是大多数的事实模糊不清。对于清晰明确的事实，我们可以作出是与非的结论。但是，在事实模糊的情形下，我们往往会犹豫不决。这种犹豫不决是一种主观状态。从心理学角度分析，对于案件事实的认定，是主体基于证据，通过直觉和内省等心理活动，对证据的权重和可信度进行分析，进而针对事实真相形成信念。[2]事实认定的过程大致可以分为三个阶段：事实搜集阶段、证据评估阶段、认定事实阶段。事实搜集阶段，就是查找事实并且分享信息；证据阶段，就是将相关证据提交给事实认定者；认定事实阶段，裁判者权衡证据分量，认定案件的事实。在第二个阶段即证据评估阶段，最主要的是使逻辑学发挥作用[3]。这一理论主张，不应当通过揭示真实的概率，而应当通过信念度（degrees of beliefs）来描述该阶段的状态。这一观点有重要意义，因为该观点如果成立，信念将成为证据法领域不可或缺的概念，因为证据法中证明标准、证据力与证据采信等均与信念这一概

[1]　宋群：《何为有认知价值的"分歧"？》，载《科学技术哲学研究》2022 年第 5 期，第 54~59 页。

[2]　Kevin M. Clermont, "A Theory of Factfinding: The Logic for Processing Evidence", *Marquette Law Review*, Vol. 104, No. 2, Winter 2020, pp. 355~356.

[3]　Kevin M. Clermont, "A Theory of Factfinding: The Logic for Processing Evidence", *Marquette Law Review*, Vol. 104, No. 2, Winter 2020, pp. 351~410.

念密切相关。

传统的证据法理论的证明标准，虽然文字表述清楚，例如证据确实充分、盖然性标准，但其具体含义是什么？通常认为，证明标准的含义是某事物存在的可能性大于其不存在的可能性，但是如何确定可能性却语焉不详。对于可能性，既可以解释为①一方主张事实存在的可能性大于事实不存在的可能性，也可以解释为②一方主张事实的可能性大于对方主张事实的可能性。迈克尔·S. 帕尔多认为，如果原告主张事实 X 成立，除了应当证明 X 为真，还应当证明非 X 不可能为真，而非 X 有无数种可能，因此原告似乎不可能完成该证明任务。[1]第二种解释更难成立，即便一方主张事实比对方主张的事实更具有可能性，也不能推论出具有优势的事实主张具有真实性。因此，既有的证明标准理论不能实现认定案件事实、减少认知错误的目标。

相对合理理论（relative plausibility theory）是为了克服原有的"可能性理论"（或概率理论）而推出的理论，该理论认为如果双方当事人各提出一事实主张，该事实主张之间存在竞争关系，那么事实认定者可以对二者进行比较，从而认定其中更为合理的主张胜出。该理论通过采用人们较为擅长的合理性评价，取代人们并不擅长的可能性的精确判断。如此，就可以避开通过数字证明标准证明遇到的困境，而仅以庭审目标为导向认定案件事实。凯文·M. 克莱蒙特（Kevin M. Clermont）认为该理论的问题在于：无法提供某一陈述的合理性高于或低于另一陈述的确切依据；在一方没有法律义务提交证据的情况下，例如刑事案件中被告享有沉默权，而缺乏比较的对象；即便被告提供了具有竞争力的事实的版本，但是在该理论中，仅限于诉讼双方的事实版本之间的比较，其他可能性并不在考虑范围之内。[2]

凯文·M. 克莱蒙特认为，既有理论失败的原因在于将事实的认定分为对与错两种情形，因此，应该引入信念，即对命题的判断，进而说明对相关事实的相信的程度。[3]证据法中，证明标准具有重要的意义，为判断证明是否成立

---

〔1〕 Michael S. Pardo, "Second-Order Proof Rules", *Florida Law Review*, Vol. 61, No. 5, December 2009, p. 1093.

〔2〕 Kevin M. Clermont, "Trial by Traditional Probability, Relative Plausibility, or Belief Function", *Case Western Reserve Law Review*, Vol. 66, No. 2, Winter 2015, pp. 358~359.

〔3〕 Kevin M. Clermont, "Trial by Traditional Probability, Relative Plausibility, or Belief Function", *Case Western Reserve Law Review*, Vol. 66, No. 2, Winter 2015, pp. 360~361.

提供了权威性依据。但是，诉讼中不容忽略的是事实认定者的主观状态。"可能性"或"概率理论"将事实的存在的概率客观化，虽然避免了主观认定的不确定性，但无法回应的问题是，该概率从何而来，依据是什么。"相对合理性理论"虽然认同主体判断的重要性，但是"合理性"标准是外在于主体的规范要求，又没有确切的标准，而以"理性人"等的判断作为参照。这一标准看似回归社会的一般认知，但是限制了事实认定者的判断力，依照这一标准事实认定者不是基于自己对命题的判断，而应当考虑社会一般"理性人"的观点。一般"理性人"的判断标准，通常可以保证判断的可接受性，但是无法保证判断的正确性。

综上所述，通常作为判决基础的事实应当如何界定？理论上存在较大的争议，客观事实说、法律事实说、主观事实说各有合理性，但均未能击败其他学说，形成理论的共识。而学者们试图重新阐释相关理论，或者协调三者关系的努力，也未能实现理想的目标。因此，需要探究其他可能的依据。作为认定事实的基础，证据是否能成为裁决的依据？证据的客观性的保障功能不能忽视，但是证据不能单独发挥作用，缺少了主体的阐释，证据的意义无法呈现。因此，证据不能单独或直接作为裁判的依据。案件事实的认定，是理性活动的过程，认知与理解是必要的两方面。命题是事实的存在形式，是理解的归宿。而我们对于命题的态度，决定了我们认定的"事实"。

第三章

命题的确证

在我国刑事诉讼中，以"印证"证明模式作为认定案件事实的主要方法或工具，而且具有规范意义，是否遵循"印证"证明模式成为评价是否完成举证义务的依据，也作为是否达到证明标准的依据。但我国学者从理论和司法实践的视角对"印证"证明模式提出怀疑，并提出改进方案，甚至有学者提出新证明模式以替代"印证"证明模式。反思既有的证明模式主要是建立在逻辑基础上的，而逻辑方法有其固有的不足和问题，因此引入认识论理论，丰富证据的外延，才能完整展现证明的过程和方法，进而规范证明过程，减少不成功的事实认知。

第一节 "印证"证明模式的争论

一、"印证"证明模式的理论争议

在我国理论界和司法实践中，主流的证明模式是"印证"证明模式，而且"印证"证明模式已经具体化到证据法规范中。2010 年 6 月最高人民法院等五部门联合印发的《关于办理死刑案件审查判断证据若干问题的规定》规定，"对证人证言应当着重审查以下内容：……（五）证人证言之间以及与其他证据之间能否相互印证，有无矛盾。"据此，对证人证言的审查包括对证据能力和证明力的认证，然后决定采信与否。龙宗智教授认为，"印证"证明模式中的判断，并非基于法律规定，无论是个别证据，还是证据的整体，均由法官认定。从这个角度看，"印证"证明模式可归类于自由心证，但又区别于自由心证。[1]与自由心证相区别，"印证"证明模式有严格的证据要求，即便事实认定者能够在内心确认案件事实，但是如果该内心确认的事实缺乏证据与之"印证"，那么也不能认定为案件事实。这一证明模式有其优点：其一，避免事实认定者"任意"认定事实，进而增加认定事实的错误率，产生冤假错案。其二，提供了重要的发现案件事实的路径，基于案件证据，可以追溯案件事实。其三，为案件事实的"真"提供了具体可行的检验标准。但是，"印证"证明模式强调证据的"外部证明"，这就容易排除事实认定者内心确信了的案件事实，但因为没有相关的证据与之呼应，因此案件事实无法认定，案件无法得到公正审判。龙宗智教授也指出了"印证"证明模式这方面的不足。但他并未排斥自由心证，只不过主张对该模式应当采取审慎的态度。甚至主张基于"印证"证明模式的不足，应采用自由心证补足其缺陷。[2]

周洪波教授对"印证"证明模式提出怀疑："印证"证明模式理论，存在诸多不足。存在着印证证明的内涵模糊不清，对证明的规范力度不足，以及归因解释难以成立等问题，因此，"印证"证明模式理论不足以担负我国证明模式建构的重任，期待新的证明模式的出现。[3]"印证"证明模式的确在理论上和司法层面均存在不足。理论上，证据之间相互印证，得出的结论既可能为真，也可能为假；印证证明有类法定主义证明的倾向，压缩了自由证明的空间和可能。实践中，印证证明的内容与具体标准不准确，存在理解与适用的差异，这种差异与印证证明降低错案率的初衷相悖；印证证明有替代证明标准的倾向，但证据之间相互印证，并不能当然地认定案件事实的真实性。

二、对质疑的回应与再次质疑

针对"印证"证明模式的质疑，龙宗智教授进一步澄清该模式的内涵：主要是指"同一性"，即信息指向同一，信息内容同一，案件基本事实指向同一。印证证明的作用也是广泛的，既适用于证据资格的认定，也适用于单一

---

〔1〕 龙宗智：《印证与自由心证——我国刑事诉讼证明模式》，载《法学研究》2004 年第 2 期，第 107~115 页。

〔2〕 龙宗智：《印证与自由心证——我国刑事诉讼证明模式》，载《法学研究》2004 年第 2 期，第 107~115 页。

〔3〕 周洪波：《中国刑事印证理论批判》，载《法学研究》2015 年第 6 期，第 136~155 页。

证据证明力的认定，还适用于证据体系的认定。"印证"证明模式有坚实的理论基础：融贯论、符合论、归纳逻辑、溯因推论等。在司法实践中，司法人员违规取证，人为追求印证证明的标准，是对"印证"证明模式的"误用"。[1]

周洪波教授认为，我国之所以没有品格证据规则、污点证人规则等规则，原因在于我国的证明模式是"客观推断"模式，而在该模式下，"品格证据""污点证人的证言"无法为"客观推断"作出贡献，因而是无意义的。进而提出，在我国应当适用客观推理表象化、情态推理后台化的模式。[2]但是，司法实践中，我国证明模式运行的真实状况如何？仅仅是单一的"客观推断"模式？周洪波教授认为，情态推断模式正在我国的一些案件中悄然使用，但为避免脱离"客观推断"模式，因而导致错误或错误率升高的指责，在表述中又以"客观推断"的形式展现。[3]

三、"印证"证明模式的价值与不足

"印证"证明模式是建立在主客观二元论的基础上的，证据属于客观领域的事物，而法院认定的事实是主观活动的结果。法官认定的案件事实具有重要意义，部分决定了案件的判决结果。因此，保障案件事实认定的正确性是证据法制度的核心任务。"印证"证明模式将证据作为案件事实认定的起点、依据和检验标准。首先，案件事实的认定应当以事实为起点，以证据所"反映"的"证据事实"为起点，进行逻辑推演；其次，案件事实的认定以证据为依据，在形成完整的"证据链"的基础上构建案件的事实；最后，证据是认定案件是否正确的检验标准，既然案件事实的认定始于证据，因循证据链，那么认定的案件事实也能与案件证据相对应。否则，脱离了证据部分的案件事实的认定具有"纯主观性"，缺乏"真"的保障，而且因其主观的性质无法进行检验，因而无法确认其正误，也就不能作为案件事实。

"印证"证明模式主要遵循"符合论"的认识论模式。"为了确保真理的

---

[1] 龙宗智：《刑事印证证明新探》，载《法学研究》2017年第2期，第152页。
[2] 周洪波：《中国刑事印证理论的再批判与超越》，载《中外法学》2019年第5期，第1249页。
[3] 周洪波：《中国刑事印证理论的再批判与超越》，载《中外法学》2019年第5期，第1249~1251页。

客观性，符合论的如下核心洞见是任何合理的真理论都必须坚守的：不是我们语言中的东西，也不是我们心智中的东西，而是外部世界的东西，使得我们描述这个世界状况的命题为真或为假。"〔1〕符合论追求真的模式是：人的思想、人的语言应当与外部世界的某种东西、状况相符，符合论以此保证真理的客观性。〔2〕实际上，符合论具有规范性，即为人们追寻的真理提出了要求；而且，具有方法论意义，为真理的探究提供了模式。但是，有的学者指出，这一核心洞见难以成立，而且对于认定客观事物具有危害性，因为该理论诱导人们追求超越有限认识，去追求使真者（如事实）和符合关系，却使人类陷入了完全客观性的陷阱。〔3〕符合论对于主观认识坚持摒弃态度，力求从外部世界寻求"真"，而且追求这种客观性的"纯粹性"。

依据"印证"证明模式理论，证据属于客观事实，案件事实是主观确认的结果。在我国诉讼制度中，以事实为依据是案件审理的基本理念。那么，提出对于认定的案件事实应当与证据相符似乎就当然具有正当性。"印证"证明模式理论方面存在的问题是：①证据等同于事实？从哲学角度看，证据与事实是两种东西，虽然存在重要关联，但是还有一定的距离。〔4〕司法实践中，存在着虽然有证据，但是案件事实依然无法认定的情形；也存在着虽然缺少证据，但是法院依法认定事实的情形；对于同样的证据，不同的法院作出不同的事实认定。②证据是认定案件事实的唯一依据？虽然"印证"证明模式也意识到了一味追求证据的客观性可能面临的困境，主张法官可以通过"自由心证"认定案件事实，但是"印证"的要求，使证据成为认定案件事实的必要条件。在制度方面，通过司法认知、事实推论方式认定案件事实是合法的认定方式。在司法方面，在缺乏证据的情况下，法院也可根据经验、常识等认定相关事实。③认识论方面的问题。司法活动中，认定案件事实不必然是"符合论"的认识模式。自然科学领域一般遵循"符合论"的认识模式，科学理论与物理世界是否相一致成为判断科学理论是否成立的重要标准。而在司法活动中，大多数情况是依靠推论得出结论，更注重结论的合理性与可接受性。④对于法官认定事实的规范与指引。"印证"证明模式具有重要的制

〔1〕陈波：《没有"事实"概念的新符合论（上）》，载《江淮论坛》2019年第5期，第5页。
〔2〕陈波：《没有"事实"概念的新符合论（上）》，载《江淮论坛》2019年第5期，第8页。
〔3〕周志荣：《驳符合论的核心洞见》，载《河南社会科学》2021年第9期，第103页。
〔4〕此方面的问题，已经在第二章作详细论述。

度意义，通过"印证"的制度要求，避免法官肆意认定事实，减少冤假错案的发生概率，是"无罪推定""罪刑法定"等原则实现的重要保障。但是，该制度是把双刃剑，在防范认定事实因主观因素而出现错误的同时，也抑制了法官认定事实的能动性。法官为避免认定事实错误的评价，不得不考虑证据的印证要求，甚至放弃内心已经作出的判断和事实认定。

存在理论争议的同时，我们似乎可以看到这一共识：其一，"印证"证明模式发挥着重要功能；其二，"印证"证明模式存在缺陷或不足；其三，在合理范围内应当使用自由心证或情态推断。同样，人为地将我国的证据制度与英美国家的证据制度根本割裂，泾渭分明地区分为客观推断模式和情态推断模式，也漠视了证据法领域的共通之处。

另一视角下，"印证"证明模式是融贯论的模式，即结论的成立在于证据之间相互支持，指向一致。但融贯论无法回答的悖论是：融贯论是通过信念之间的关系保证信念的成立。这种关系是什么？需要凭借人的知觉。但知觉本身也是一种信念。那么知觉是推论性的，还是非推论性的？如果认为是非推论性的，那么就会返回至基础主义；如果是推论性的，那么又会无穷倒退，从而无所归依。此外，融贯论是在信念系统中证立的，但是如果在不同的信念系统中，产生的新信念可能就会不同。例如，在一起盗窃烟灰缸的案件中，富商是嫌疑人。参与审理此案的两位法官因为不同的信念系统，对于"富商有盗窃烟灰缸的动机"这一命题可能会生成不同的信念。①法官 J1 信念系统中，烟灰缸的价值低廉，富商不会盗取，因为对于富商而言烟灰缸一文不值。②法官 J2 信念系统中，出于癖好，富商会盗取烟灰缸，因为盗窃烟灰缸而获得的快乐才是富商所追求的东西，即使烟灰缸的经济价值不高。在信念系统①中，富商是否有盗窃的动机，取决于被盗窃物的价值、行为人的富裕程度。在信念系统②中，盗窃发生与否，取决于行为人的癖好、被盗窃物是否属于行为人的兴趣所在。因此，对于"富商会盗窃烟灰缸"，法官 J1 会形成不相信的信念；而法官 J2 会相信这一命题。最为重要的是，融贯论不要求信念与现实世界存在必然的关联，即便是悬置于现实世界的信念，如果符合融贯论的要求，也是成立的。[1]如此，将"印证"证明模式依托于融贯论，也无法成立。比如，证据1：证人甲说，"我看见，A 与 B 交谈了三分钟"；证据2：

---

[1] 费多益：《知识的确证与心灵的限度》，载《自然辩证法研究》2015 年第 11 期，第 19~25 页。

证人乙说，"我看见，B把钱包递给了A，A接到钱包后，迅速跑开"；证据3：钱包上有A的指纹。上述三份证据之间相互印证。但是我们无法因此推断出：A抢劫了B这一事实结论。

相互印证理论可能面临的最为关键的追问是：①如果满足相互印证的要求，是否就达到了证明标准。如果无法达到证明标准，还需要哪些方面的补充？②如果未达到或无法达到相互印证的标准，例如孤证等，是否事实就不成立？何家弘教授认为，印证类似于英美国家的证据补强的规定，而现有的"印证"证明模式理论扩大了其功能，却又没有提供充分的理论解释或依据。[1]因此，认识论方面的着力研究是完善我国证据法论证模式的重要方面。相互印证的证明方法，基于已有的证据认定相关的事实，并基于该相关事实的认定进行推论，进而"勾勒"出整个"案件事实"，但此处的"案件事实"仅仅是假定。"通过回溯推论所得出的结论是一种理智猜测。"[2]在刑事侦查中，回溯推论是经常采用的方法。我们根据案发现场获取的证据和其他初步证据，确认证据相关的基本事实，基于事实推论设想案件的基本事实，并基于该事实进一步搜集证据，从而印证设想的案件事实是否正确。通过修正、补充设想的案件事实，并不断补充、完善证据，循环往复，最终确认案件事实。但强行使案件事实与已获证据相符，往往会扭曲事实。例如，在"赵作海案"中，侦查人员根据既有的证据，"编造"了故事，让赵作海为自己的供述进行陈述。逻辑学家对回溯推论并不欢迎，认为其并不是逻辑，因为回溯推论缺乏精确的品质。[3]

四、"印证"证明模式的实证考察

我国司法实践中适用的"孤证不立"规则，是印证规则的反向表述。印证规则为事实证成提供了依据，即如果达到印证标准，那么可以认定相关事实。而"孤证不立"规则的内涵是，如果仅有单一证据而没有其他证据予以

〔1〕 何家弘：《司法证明模式的学理重述——兼评印证证明模式》，载《清华法学》2021年第5期，第18页。
〔2〕 ［加拿大］道格拉斯·沃尔顿：《法律论证与证据》，梁庆寅等译，熊明辉校，中国政法大学出版社2010年版，第106页。
〔3〕 ［加拿大］道格拉斯·沃尔顿：《法律论证与证据》，梁庆寅等译，熊明辉校，中国政法大学出版社2010年版，第106页。

支撑，那么相关事实就不能认定。从逻辑上讲，印证规则与"孤证不立"规则是相互支持或相互依赖的，印证规则可以为"孤证不立"规则的正当性提供基础和依据，而"孤证不立"规则是印证规则适用的具体化。如果"孤证不立"规则被推翻或限缩适用范围，那么印证规则也将限缩范围，甚至面临严峻挑战。因为，如果单一证据可以被法院作为认定事实的依据，那么印证规则的核心内容，即证据的有效性来源于其他证据的支持，也会受到侵蚀。这也是一些证据法学者从"单一证据"入手，质疑印证规则的主要原因。

（一）"印证"证明模式对于冤假错案的防御作用

案例3.1：张玉环案

江西省高级人民法院作出［2019］赣刑再3号刑事判决书，撤销原审判决，认定张玉环无罪。此案时隔26年，由死缓改判为无罪，并由国家对其赔偿。之所以出现错案正是因为没有遵循印证规则的要求。在原审采信的有罪证据中：①物证——麻袋和麻绳与案件缺乏关联性。因为，作为物证的麻袋与麻绳并没有其他有效证据证实其与本案的关联，主要理由是：首先，没有证据证实麻袋上有被害人的生物信息或衣服样本；其次，虽然公安机关作出了鉴定书，但是无法证明张玉环身上的黄麻纤维来源于该麻袋；再次，麻袋破洞是用麻袋补的，但证人宋某称麻袋上的破洞是用布补的，证据之间明显存在矛盾无法相互印证；最后，张玉环供述作案用的麻绳长2米，而作为物证提取的麻绳长5米，存在显著的差异。②张玉环两次供述中的作案过程、作案地点、作案工具等均存在矛盾。此外，本案还存在先证后供等情形。[1]张玉环案中的证据相互矛盾，未达到相互印证的证明要求，因此不能据此认定事实。

案例3.2：吴春红案

河南省商丘市中级人民法院认定，吴春红因用电问题与王某产生矛盾。吴春红将毒鼠药放到王某家厨房的面里，致使王某儿子王某1、王某2中毒，王某1经抢救无效死亡。河南省商丘市中级人民法院认定吴春红构成故意杀

---

〔1〕 参见江西省高级人民法院［2019］赣刑再3号刑事判决书。

人罪，判处无期徒刑。此案中，法院判决依据的证据主要有：①刑事鉴定书，从王某1与王某2的胃内容物中检测出毒鼠药；②现场勘验笔录和照片，证实王某家厨房内的位置与吴春红的供述一致；③王某2的证言，证实吴春红交完电费后在王某家中厨房停留了几分钟；④王某胜的证言，证实吴春红与王某因电费方面的问题产生矛盾；⑤吴某证言，证实吴春红在墙边烧了一张纸条；⑥吴春红的供述，不仅供述了整个犯罪过程，还特别说明，毒鼠药放在裤子口袋里，为了不被发现，裤子口袋洗了两遍，所以公安机关没有发现毒鼠药。[1]在该案中，除了吴春红的供述外，法院认定吴春红实施投毒行为，没有其他的证据。而吴春红的供述是单一证据，没有其他证据印证，按照印证规则，不能认定相关事实。原审判决错误地采信证据，认定事实，导致了错案的发生。

通过上述两个案例可以看出，法院之所以作出错误的判决，主要原因有二：其一，未能实质性地适用证据相互印证的模式，致使在证据内容相互矛盾的情况下，依然强行作出事实认定；其二，存在先证后供的情形，即在事实未查清的情况下，依据既有的证据"构建"案件事实，力图使"构建"的事实与证据"相符"，而法院也据此认定了案件事实。

（二）"印证"证明模式的证明模式单一，可能导致脱罪

案例3.3：陈某军案

北京市人民检察院第二分院以陈某军犯故意伤害罪向北京市第二中级人民法院提起公诉。检察院指控：陈某军因琐事与吴某发生争执，持镐把击打吴某头部，致使吴某死亡。北京市第二中级人民法院经审理认为，本案中检察院提交的证据中，仅有刘某一人的证言证实，陈某军持镐把抡了一下，但打在哪没有看清楚。在陈某军本人未供认打了吴某，也没有其他证据证实相关事实的情况下，对刘某的证言不予采信。因此，本案中指控陈某军犯故意伤害罪的证据不足，事实不清，判决陈某军无罪。北京市人民检察院第二分院提起抗诉，主要理由是：证据链完整，证据指向唯一结论，事实清楚。北京市高级人民法院维持一审判决。最高人民法院将此案作为指导案例，并提

---

〔1〕　参见河南省商丘市中级人民法院［2009］豫法刑四终字第00019号刑事判决书。

出审理此类案件的指导性意见,"直接言词证据为孤证,其他间接证据不能形成完整证据链的,应依法作出无罪判决"。[1]

对于此案,周洪波教授运用改良版的威格摩尔图示法对本案的证据进行了分析,结论是:基于证据,可以"确信无疑"地认定陈某军伤害吴某致死的事实。[2]

案例3.4:陈某案

陈某被指控故意杀害女友吴某。云南省昆明市中级人民法院经审理认为,检察机关证据不足,判决陈某无罪。周洪波教授对此案证据进行分析,认为如果按照"结论具有唯一性"的证明标准,那么认定陈某无罪是成立的。但是,如果按照改良版的威格摩尔图示法进行分析,得出的结论是:认定陈某构成故意杀人罪具有可接受性。[3]

基于上述案件的证据,法院判决被告无罪是否正确,存疑。如果运用改良版的威格摩尔图示法进行分析,均可以得出被告有罪的结论。之所以出现这种结论矛盾的情形,主要原因在于对证据分析采取了分析模式的差异。

第二节　证明理论

"在哲学意义上,方法高于模式,方法重于规律,是灵活而可变的,模式更重于技术,常为机械的固定的形态,更近于工学上的'模型'。理论可以降解为方法,但不应再低为模式。"[4]

---

〔1〕 中华人民共和国最高人民法院刑事审判第一、二、三、四、五庭主办:《刑事审判参考》(总第77集),法律出版社2011年版,第27~34页。

〔2〕 周洪波、熊晓彪:《改良版威格摩尔图示法:一种有效的证据认知分析进路——兼评最高人民法院刑事指导案例第656号》,载《证据科学》2015年第5期,第588~610页。

〔3〕 周洪波、熊晓彪、张志敏:《"昆明陈辉故意杀人案"之无罪判决说得过去吗?——基于改良版威格摩尔图示法和第三层次有罪判决证明标准的证据分析与评价》,载《中国案例法评论》2017年第1期,第158~184页。

〔4〕 张江:《阐释模式的统一性问题》,载《社会科学战线》2015年第6期,第138页。

一、证成事实与证成正义

(一) 证成事实

何为证成事实？证成事实主要有三方面的含义：其一，证成事实遵循了法定程序，是按照法律规定的程序证明的事实，由裁决确认并保障其效力，因而具有合法性；其二，证成事实遵循了逻辑规则，是通过推理得出结论的事实，具有合理性；其三，证成事实是主体之间进行辩论、确证的结果，具有正当性。

诉讼制度为当事人参与诉讼，最终确认案件事实提供了基本的框架，诉讼制度理论是建立在如下几个假设之上的：①当事人享有诉讼利益。这在制度层面，是通过起诉条件的法律规范予以限定的。当事人诉讼利益的竞争可以使陈述事实的一方胜出，因为通常而言，陈述真实情况的一方，有掌握更多证据的便利，而且就案件事实的陈述更具有说服力。②当事人是理性的。当事人会追求诉讼利益的最大化，该假设为自认等制度提供了依据，即当事人不会作出对自己不利的事实认可，一旦当事人作出了自认，那么该自认的真实性极高，可以推定该事实为案件事实。③当事人有诉讼能力。诉讼中，当事人有维护自身利益的能力。为确保该条件的实现，法律规定了律师聘请制度、指定律师制度、法律援助制度等。④法官是中立的、公正的。法律规定了法官回避制度，从而确保不因偏见等因素影响法官的公正裁判。

一般认为，追求事实真相是公正审判的前提，甚至追求事实真相本身就是公正的体现。事实真相为什么重要？首先，事实真相是认定"真问题"的基础。我们了解了事实，才能确认当事人之间需要解决的纠纷的客观存在，具有实践意义而不是理论争议。其次，事实真相决定了主体之间的关系，进而确定了适用的法律规范。最后，事实真相为分析问题提供了基本框架，可以分析主体之间的权利、义务与法律责任。但是，有理论对此提出了尖锐的批评：①诉讼目的的终极意义。波洛克（Pollock）、梅因（Maine）和摩根（Morgan）提出，解决当事人之间的争端，才是诉讼的主要目的。法官威尔伯福斯（Wilberforce）认为，实现正义才是法院的任务，而法院没有义务查明真相。②怀疑主义或相对论。案件事实是推论的结果，而推论这一方法本身的不确定性决定了事实真相的不确定性。事实真相不过是个人主观的建构，而不具有客观性。③真相的公共视角。以内森为代表的学者更加强调公众视角，认为公众相信事实真相被认定比客观事实真相被发现更为重要。[1]这三种理论，显然有其缺陷：其一，诉讼的目的当然是解决纠纷、实现正义，但是如果没有以事实真相为基础的案件事实，解决纠纷的对象如何确定？脱离社会关系的诉讼无法真正解决现实社会中的"真问题"。其二，事实真相的认定以规则、理性为保障。法律规范规定的证明标准为事实真相的确认提供了可靠的标准，仅以事实真相的发现为思维活动的结果为根据就否定事实真相的可确定性，这一推论显然难以成立，因为如果依此推论，我们将无法认识世界，也无法作出判断，基本的生活与交往也不可能。其三，一味迎合公众的真相观，也将使司法失去其基本职能，而且公众的认知模糊不定，无法为事实真相提供确定的依据。虽然上述理论并不完善，但是上述理论的提出为我们更好地维护与完善追求事实真相的理论提供了参照。首先，事实真相应当源于社会现实，事实真相的认定应当与法律规范紧密呼应，才能为公正处理案件、实现法律正义奠定基础。其次，事实认定过程中应当严格规范我们的思维活动，避免出现违反认知规律的情形，从而出现错判或误判。最后，事实真相的认定并不是处于封闭的司法系统中，而是具有社会面向性。事实认定过程中应当相应地考虑社会公众的判断或观点，即社会经验和常识是认定事实真相的重要依据。

（二）证成正义

无论是客观事实理论，还是法律事实理论，均过于理想化。即便存在初始事实，其客观性也无法保证在庭审过程中可以呈现完整、客观的事实；而法律规范的约束、指引也无法保证必然会促使当事人如实陈述全部事实。反观庭审诉讼过程，当事人举证、质证，通过庭审程序最终确认的事实是诉讼制度的产物。另外，当事人是整个诉讼程序中的重要组成，当事人具有"自主性"，陈述什么事实，提交什么证据，由当事人自己决定。基于自利、客观条件限制或其他考虑，当事人在庭审过程中经常仅提交对己方有利的证据，这一般为法庭许可。当事人也会仅陈述对己方没有不利影响的事实，法庭一般不会禁止，而且刑事案件中，不得强迫被告自证其罪原则也间接地保护了

---

〔1〕［新加坡］何福来：《证据法哲学——在探究真相的过程中实现正义》，樊传明等译，中国人民大学出版社 2021 年版，第 70~83 页。

当事人的这种庭审策略。但诉讼制度会通过发问等程序性规定弥补因事实呈现不足产生的负面影响。在庭审过程中，法官认定案件事实存在诸多客观限制，其仅仅依据庭审中呈现的事实和当事人提交的证据来认定案件事实。由此，法官没有义务查清全部案件事实，根据法律规范，公正地就庭审中的案件事实作出认定，法官就履行了自己的职责。即便此后发现，当事人陈述了虚假的事实，或未完整地陈述事实，而导致了裁决认定事实错误，也不应归咎于法官。因此，事实的查清，并非由法官保证。

案件事实的认定在很大程度上取决于诉讼当事人。在对抗制的诉讼制度中，通过当事人之间的观点冲突、争辩、妥协、协商等方式，最终确定案件事实。所以，案件事实的认定或无法认定结果，取决于当事人"自主"提供信息、诉讼利益自行维护和诉讼风险的激励作用。这主要体现在全部诉讼过程中：首先，在诉讼之前，公诉人或原告可以根据自己的主张自行搜集案件证据，并基于搜集到的证据评估诉讼风险，因为无法达到绝对的事实精确，只能按照法律要求的精确度，评估搜集到的证据可以证实的案件精确度，进而作出是否诉讼的决定[1]；其次，在诉讼过程中，当事人为了最大限度地维护自己的诉讼利益，确定自己的诉讼策略，向法庭提交证据，陈述案件事实；最后，在庭审过程中，当事人对于对方当事人提交的证据，通过质证确定该证据的资格和证明力。对于对方当事人的事实主张，通过反驳、认可等方式，剔除虚假的事实部分，凸显确定的事实部分。可见，在诉讼过程中，案件事实的认定主要取决于当事人的诉讼能力、诉讼策略、证据的力度等。

诉讼法和证据规则的规定，可以保障诉讼当事人的权利，维护庭审秩序和效率。但是，法律规范也无法确保通过庭审能够查清案件事实。既然当事人的诉讼活动成为案件事实认定的决定性因素，而且当事人之间具有抗辩的性质，那么如何判定哪一方当事人胜诉？"证成"可以作为基本的标准。莱纳·福斯特（Rainer Forst）提出了"证成正义"这一正义观。他认为，基本权利（basic rights）不仅表明 A 在道德观念上对 B 享有权利，而且表明个体享有权利并被规范秩序（a normative order）所保障。换言之，基本权利不仅是个体所主张

---

[1] Kenneth S. Klein, "Truth and Legitimacy (in Courts)", *Loyola University Chicago Law Journal* 48, No. 1 (Fall 2016), pp. 1~80.

的,而且被公权力所构建,为法律所保障并实质化。[1]在诉讼过程中,程序正义是重要的目标。在案件事实调查过程中,诉讼当事人不仅仅通过诉讼程序来寻求实体法权利的保护,而且参与到诉讼程序中通过诉讼程序维护权利本身,这已经成为司法活动的一部分。在庭审中,通过提交证据、发表观点、相互辩论确认当事人哪方主张的事实被证成,那么该事实就应当成为法院认定的案件事实。因此,经过庭审,法院最终确认的事实,可能无法归类于客观事实或法律事实,但是应当是被证成的事实。

二、事实的确定性

证据的证明方法主要包括:逻辑推理、司法认知与推定等。我们探究案件事实的实质是追求事实的确定性,获得事实认定的确定性,就可以顺理成章地适用法律规范,进而作出判决。如何获得案件事实的确定性?主要包括两方面:确定的案件事实认定方法和确定的案件事实认定目标。如果认同认定案件事实的方法,那么当然应当接受遵循方法而认定的案件事实;或者明确认定案件事实的目标,在证明结论达到该证明标准时,接受该事实。因而,通常会在认定方法和认定目标两方面对案件事实认定提出要求。证据法明确规定了以证明标准保障事实认定的确定性,但是对认定事实的方法并未作出规定。一方面,法律无法规定法官应当如何思维,如何认定案件事实;另一方面,逻辑推理等理性方法是"公知常识",具有当然的约束力和评价功能,因此法律再作规定是冗余的。在长期的司法实践中,人们通过经验总结出相应的规则,这些规则的适用可以提高人们认知的效率。学者们提出的"证明模式",实际上具有了规则属性。而具有普适价值的模式或规则是什么?学者们却难以达成一致。对此可梳理与检视既有的证明模式或方法,以期获得最优方法。统一论证方法是否可能?统一论证方法的必然要求是:其一,该论证方法具有普适性,可以适用于所有类型的案件。其二,通过该论证方法必然能得出正确的结论。其三,该论证方法优于其他可能的论证方法。有两个基本原则是司法系统必须遵循的:一致性原则(consistency)与公开原则(publicity)。一致性原则不仅适用于法律或实践推理,也适用于科学、新闻学、伦

---

[1] Rainer Forst, "What Does It Mean to Justify Basic Rights: Reply to Duwell, Newey, Rummens and Valentini", *Netherlands Journal of Legal Philosophy* 45, No. 3 (2016), pp: 76~90.

理学等。在道德伦理学领域，它主要体现为公平原则（principle of fairness），差异性地对待类似相当的情况是不公平的；在法律领域，它主要体现为公正原则（principle of justice），对于类似案件进行不同处理，被视为是不公正的。[1]

三、证明方法与证明模式

（一）概率论证与融贯论

融贯论是反对基础主义的，认为不存在基础信念，因而基础主义也不成立。基础论是线性结构，而融贯论是环状结构或系统化的。基础信念可以防止为寻找正当依据而无穷倒退，而融贯论是通过信念之间的相互证成保证了信念的成立。在批评强法律实证主义的过程中，出现了以融贯论为基础的法律推理（legal justification）；在关于曾经占据新证据学主导地位的可能性（probabilities）的争论中，则出现了以融贯论为基础的事实推论。[2]

新证据学（new evidence scholarship）是指，证据法学者们的研究旨趣从证据规则转向证明过程（process of proof）。此前，边沁和威格摩尔在证据规则转向证明过程的研究过程中已经做了卓有成效的研究，新证据学的研究是追随两位学者的步伐。证据法学者不再以证据规则作为主要研究目标，而更加关注推理的实质，即证明过程的分析以及事实推论的合法模式。新证据学关注概率推理（probabilistic reasoning）的性质与应用，主要研究司法裁判中的可能性（probabilities）与证明。[3]法律领域关于概率（probabilities）的争论主要经历了三个阶段：① "柯林斯案"的争论。在这个案件中，法官曾错误地使用数学推理来解决案件中的事实问题。这引发了激烈的争论，争论主要关于在法庭中使用数学推理来解决概率问题的范围、限度以及正确性等。支持者认为，如果正确使用概率，可以解决法庭中的事实问题。反对者认为，在法庭中使用概率是不当的（inappropriate）或危险的，主要理由是：其一，

---

〔1〕　Catherine Z. Elgin, "Impartiality and Legal Reasoning", in Edited by Amalia Amaya and Maksymilian Del Mar, *Virtue, Emotion and Imagination in Law and Legal Reasoning*, Oxford：Hart Publishing, 2020, pp. 47～58.

〔2〕　Amalia Amaya, "Coherence, Evidence and Proof", *The Tapestry of Reason：An Inquiry into the Nature of Coherence and its Role in Legal Argument*, London：Hart Publishing, 2015, p. 76.

〔3〕　Amalia Amaya, "Coherence, Evidence and Proof", *The Tapestry of Reason：An Inquiry into the Nature of Coherence and its Role in Legal Argument*, London：Hart Publishing, 2015, p. 76.

如果裁决者不懂数学，那么就应当以裁决者可以驾驭的语言来解决案件；其二，数学论据引导事实认定者过于看重数据，而忽略了软变量；其三，将某些问题数字化本身就存在问题，例如对于无辜者定罪概率的可接受性。尽管存在争议，但是所有参与争论者均认为，概率推理是数学推理。②科恩模式。科恩（Cohen）认为，并非所有关于概率的推理都是数学推理（帕斯卡利亚模式），还有一些概率推理是建立在非数学推理基础上的。科恩认为，培根（Bacon）的可能性理论为事实认定提供了正确的模式，其主要理由是培根模式克服了帕斯卡利亚模式可能遇到的问题。科恩的观点又引发了另一个争论，培根模式与帕斯卡利亚模式之间是否有明确的界限；如果有，那么哪一种模式更为适合于解决法庭中的概率问题。一些著名的学者支持培根模式，但是帕斯卡利亚模式仍然居于主流地位。③贝叶斯定理。这个阶段的争议，只不过是之前理论争议的延续。尽管支持贝叶斯定理的证据法学者们的观点差异巨大，但是他们的共同点是在法律的不确定背景下对于概率和推论的关注。形成鲜明对比的是，贝叶斯定理的怀疑论者提出区别于推论相关的概率论的概念，例如融贯性与合理性。这样就将贝叶斯定理，从曾经占据新证据学概率理论主要旨趣的位置中移除。此外，贝叶斯定理是原子主义的（atomism），证明力取决于每一个证据的证明力，整合这些证明力有利于认定案件事实。与贝叶斯定理相对立的理论，是以整体主义（holistic）为推论基础的，证据整体与证据证明力应当从整体上进行评估。整体主义对事实认定中概率理论的相关性提出了怀疑。新证据学被等同于审判中关于概率与证明的争论。[1]

贝叶斯定理对于法律人而言，为什么具有极大的吸引力？在处理法律事务时，贝叶斯定理给人一种符合逻辑、确定性，以及整个过程是科学性的感觉。存在这样一种广泛的认知，没有形式主义、演算法，剩下的只能是奇想、偏见以及非理性。所以，在面对理性与非理性的抉择时，贝叶斯定理当然胜出。关于贝叶斯定理的争论，远远超出了该问题本身，已经关乎事实认定制度的合法性问题。因为，贝叶斯定理曾经被认为是理性地认定事实的唯一途径，当质疑贝叶斯定理在法律领域是否适用时，随之而来的是对于能否理性地认定事实的怀疑。但贝叶斯定理并非理性的，理由是：其一，贝叶斯定理

---

〔1〕 Amalia Amaya, "Coherence, Evidence and Proof", *The Tapestry of Reason: An Inquiry into the Nature of Coherence and its Role in Legal Argument*, London: Hart Publishing, 2015, pp. 77~79.

过于理想化，在事实认定过程中缺乏规范性；其二，贝叶斯定理的理性过于狭窄，事实推论的很多方面都超出了贝叶斯定理所能涵盖的范畴；其三，贝叶斯定理体现了主观主义理性观，只要符合概率公理（axioms of probability），就认为受到了理性约束，而忽略了诉讼对事实的客观性要求。[1]

既然贝叶斯定理无法胜任事实认定模式的职责，那么应该选择哪种替代理论？学者们认为贝叶斯定理的问题根源在于不当采用了原子主义模式，因此提出以整体主义替代原子主义。虽然整体主义有不同学说，但是秉持整体主义的学者们均认为，证据的证明力，来源于证据所在的证据结构；一致性（coherence）是在若干证据系统中选择最优选项的标准；强调事实认定者构建事实备选项，而且从中选择其一作为裁决的基础；倾向于自由证明，而非规则制约。[2]

学者们提出了若干方案：在法律认定中关注故事性与叙事性的区别；重视合理性论述与合理性解释的性质；通过使用约束实现机制（constraint satis-faction mechanisms）来分析法律判决者实际使用的推理模式。虽然理论之间存在分歧，但这些理论都信奉整体主义，而且将融贯性的理念置于优先地位。因为缺乏融贯的概念，关于融贯在事实认定中的作用也存在不同的观点，因此没有一个统一的融贯主义的范式。但是，这已经显著区别于原子主义与概率论。[3]

近几十年，心理学家对法官和陪审团认定案件事实的过程产生了浓厚的兴趣。心理学家研究表明，很多案件中事实认定的模式是"自上而下"（top-down process），即事实认定者从假设出发，通过故事（stories）或叙事（nar-ratives）的方式论证，到达证据。因此，叙事融贯性在事实认定过程中发挥了重要作用。判决的认知过程，是通过建构因果模式（causal models）来解释相关的事实，模式的构建取决于决策领域（decision-domain）。实践中，主要有两种模式：故事模式和叙事锚定模式。故事模式（The story model）主要有三

---

〔1〕 Amalia Amaya, "Coherence, Evidence and Proof", *The Tapestry of Reason: An Inquiry into the Nature of Coherence and its Role in Legal Argument*, London: Hart Publishing, 2015, pp. 89~93.

〔2〕 Amalia Amaya, "Coherence, Evidence and Proof", *The Tapestry of Reason: An Inquiry into the Nature of Coherence and its Role in Legal Argument*, London: Hart Publishing, 2015, pp. 102~103.

〔3〕 Amalia Amaya, "Coherence, Evidence and Proof", *The Tapestry of Reason: An Inquiry into the Nature of Coherence and its Role in Legal Argument*, London: Hart Publishing, 2015, pp. 93~94.

个过程性要素：首先，以故事的形式构建关于证据的解释。在证据的基础上构建叙事，该结构是嵌入式的，具有层级性，因而可以凸显事实信息的相关性与重要性。其次，根据裁决的属性和法律的定义，提供可能的判决结果的选择集（choice set）。最后，将故事与判决结果相匹配，选择认同的故事和罪名之间的最佳匹配，例如认同的故事最好地实例化了"谋杀"的法律定义。叙事锚定模式（Anchored Narratives），认为每一份证据都应当得到普遍接受的常识规则（common sense rules）的支持，这也就是所谓的"锚定"。例如，对于目击者证言的信念"锚定"在通常目击者会陈述事实这一常识上。叙事锚定模式主要分为两个步骤：①评估检察官叙事的合理性；②评估这种叙事的适当基础程度。第一个阶段，实质上是评价故事的"好"的程度；第二个阶段，考量故事得到事实支持或"锚定"的程度。[1]

判决认定的事实似乎总与"真"事实存在一段距离，"精确"评估这一距离就可以评价认定案件事实的精准度与可接受性。以数学知识为基础建立概率论证体系似乎具有科学的禀赋，因而具有坚实的理论基础和很强的说服力。因此，概率推论曾经一度成为重要的理论。但是，以贝叶斯定理为代表的理论，体现出了强主观性和原子主义的弊端，因此学者们有针对性地提出了整体主义理论方案，而融贯论的本质是强化体系化的要求。故事模式与叙事锚定模式是融贯主义的方法的具体化。故事模式将可接受的"好"故事与可能的裁决结果进行最佳匹配，使案件事实与法律规范完美衔接。叙事锚定模式将叙事锚定在事实基础上，通过评价叙事得到事实的支持程度或与经验法则的符合程度，来判断认定事实的可接受度。

（二）说服性对话论证与程序理性

说服性对话论证追求案件事实的"真"，通过法律制度为当事人提供一种结构，当事人将自己的主张和论证展现在法官面前，法官根据双方论证的强弱，判断胜出一方。[2]

说服性对话类型中，正方成功完成论证任务必须具备以下四个要件：

---

[1] Amalia Amaya, "Coherence, Evidence and Proof", *The Tapestry of Reason: An Inquiry into the Nature of Coherence and its Role in Legal Argument*, London: Hart Publishing, 2015, pp. 103~107.

[2] ［加拿大］道格拉斯·沃尔顿：《法律论证与证据》，梁庆寅等译，熊明辉校，中国政法大学出版社 2010 年版，第 168~173 页。

①反方接受前提作为承诺；②这个论证链上的每个推论在结构上都是正确的；③这个论证链必须把正方论题作为其最终结论；④满足了前三个要件论证是正方实现对话的唯一途径。[1] 说服性对话的理想情形是：从反方接受的命题出发，环环相扣，直至到达目的地——特定的命题。当然，在缺乏反方接受的命题下，也可以从解释的命题出发，进行推理，从而得出结论。在刑事诉讼中，被告或辩护人的目标是证实上述四个要件至少有一个不成立，那么就可以得出正方提出的命题不成立，也就完成了论证义务。诉讼过程中，当事人的辩论是最为重要的部分之一。一方面，保障当事人辩论的权利，是诉讼制度的基本理念；另一方面，当事人一方的陈述需要接受检验与质疑，才能进一步澄清陈述的意义和内涵，而且也可以检验陈述的有效性。在论辩中，胜出者可以使其陈述更具有可信性，其观点也被进一步强化。说服性对话论证描述了庭审中认定案件事实的过程，强调论辩与逻辑的作用。通过论辩，探究"真"的案件事实。以对方接受的命题为基础，进行逻辑推论，认定案件事实。逻辑具有规范性，这使得逻辑与对人们实际上如何推理的描述相区别。好的逻辑聚焦于避免冲突、保持有效性、保持真理的论证能力，而不在于说服这个或那个听众的能力。现在逻辑一词经常在狭义的意义上使用，不涉及内容的形式推理。弗雷格（Frege）和皮尔斯（Peirce）发展出与之前逻辑不同的逻辑，即命题与谓词统一的逻辑，表示包含关系谓词的论证的有效性。说服性论证，强调了司法实践中诉讼当事人之间的交互作用，事实认定是动态的过程，在诉讼程序推进过程中，通过对方接受确证命题，再通过推论的方法认定案件事实。说服性论证较客观地描述了事实认定的司法过程，彰显了程序理性，但是似乎并没有强调认定事实的真实性。可能产生的质疑是，案件事实的认定在很大程度上取决于诉讼技巧和诉讼能力，因此案件的胜诉者往往是司法竞技的优胜者，而非基于案件事实权利应当得到维护的一方。

（三）图尔敏（Toulmin）的论证方法与论证结构

图尔敏细致分析了论证的要素：主张、数据、保证、支援、模态限定词、条件和反驳。其基本模式是："数据"在"保证"的基础上推论出"主张"，

---

〔1〕［加拿大］道格拉斯·沃尔顿：《法律论证与证据》，梁庆寅等译，熊明辉校，中国政法大学出版社 2010 年版，第 254 页。

"支援"为"保证"的成立提供了支持；由于"保证"的力度不同，因而对于"主张"的效力的证成也存在较大的差异，这种差异通过"模态限定词"来表述，例如"必然""可能"等；而论证结论的成立也受限于一定的条件，超越该条件论证将不再成立，论证的这一限度通过"条件和反驳"表达。[1]

以图尔敏论证方法为典型论证方法，通过构建稳定的论证结构，确保认定事实的可靠性。这种论证方法，通过分析论证中的要素，以及要素之间的关系，描述既有推论的逻辑结构，而通过补足逻辑结构中的要素，优化论证结构，提高认定案件事实的准确性。通过论证结构的固化，规范事实认定者在认定事实的过程中的行为，克服理性的不足，降低错误认定事实的概率。但是，论证结构的方法也存在诸多问题：在论证结果要素化过程中，忽略了可能影响案件事实认定的其他若干因素；而且，论证结构是不是认定事实的必然"路径"？这似乎并不符合现实中司法事实认定的思维习惯，如果把论证结构作为对法官认定事实的要求，就极大压缩了法官自由裁量的空间，难以应对现实社会纷繁错杂的情况。

综上所述，证据法学者致力于案件事实的证明方法，但着力点存在差异。概率论证力图依靠数学概率的坚实基础，获得认定事实的稳定性；融贯论更加关注事实认定的整体意义；故事模式和叙事锚定模式更加关注从整体把握认定事实的合理性以及与事实结合的紧密性；说服性对话论证更加关注诉讼当事人的相互作用，动态地描述命题提出、对方接受命题，以及认定案件事实的过程；图尔敏模型、威格摩尔模型等结构主义，通过优化结构，补足证明要素，以证明结构的规范性，降低认定事实错误的概率。

四、我国学者构建的证明模式

证据"印证"证明模式在理论上具有局限性，对此学者们有两个努力的方向：或是寻求替代性的模式，或是对"印证"证明模式进行完善与改进。

（一）证明模式的创新："验证模式"与"体系模式"

褚福民教授认为"印证"证明模式是形式化的、外在化的，未能反映法

---

〔1〕 ［美］詹姆斯·B.弗里曼：《论证结构——表达和理论》，王建芳译，中国政法大学出版社2014年版，第64~98页。

官认定案件事实的内在心理活动，进而提出了"验证模式"和"体系模式"两种证明模式理论。"验证模式"是对直接证据的验证，例如被告的口供，如果得到其他证据的验证，那么就可以认定直接证据，而直接证据是反映整个案件事实的证据，据此就可以确认案件的主要事实。[1]可以看出，"验证模式"是化约式的，即将案件事实的证明化约为直接证据的"验证"。实质上，"验证模式"是"印证"证明模式的一种特殊情形。虽然该模式有其规范基础，但很容易受到缩减证明责任，进而增加错误概率的怀疑。"验证模式"以存在直接证据作为前提条件，当不存在直接证据而仅有间接证据的情况下，如何认定事实？褚福民教授相应提出了"体系模式"，即通过间接证据的相互印证，形成证据体系，事实认定者基于该体系，通过推理而得出案件事实。[2]"体系模式"本质上与"印证"证明模式没有区别，都以证据之间的融贯性作为目标和标准。所以，无论是"验证模式"还是"体系模式"均关注证据之间的关系以及因此产生的意义，并未对事实认定者如何通过证据认定事实作出论述，进而也未超越"印证"证明模式。

在司法方面，证据"印证"证明模式也面临若干无法解决的问题。例如，能够清晰证明案件事实的"孤证"是否就绝对不能作为证据使用？对此我国司法界为突破既有的理论框架，做了大胆的尝试。戴紫君考察了我国司法现实并结合对具体案例的分析认为，我国法官在审理不同类型的案件中，对于"相互印证"证明模式的坚守出现了"松动"，依据经验的合理判断等方法也在司法实践中予以运用。[3]

（二）综合证明模式与回溯论证理论

向燕提出构建综合证明模式，而且将综合证明模式定义为："以'自然生活历程事实'为证明对象，依据司法推理过程所确立的、综合运用核心证据与补助证据并容许运用或然性法则的司法证明模式。"[4]"相互印证"证明模式采取的论证模式是溯因推论。向燕认为，"相互印证"证明模式缺乏对证据

〔1〕　褚福民：《刑事证明的两种模式》，载《政法论坛》2015 年第 2 期，第 93~103 页。
〔2〕　褚福民：《刑事证明的两种模式》，载《政法论坛》2015 年第 2 期，第 93~103 页。
〔3〕　戴紫君：《从严格僵化到相对自由：心证融合视野下印证证明的区分化适用》，载《证据科学》2022 年第 4 期，第 475~490 页。
〔4〕　向燕：《论刑事综合型证明模式及其对印证模式的超越》，载《法学研究》2021 年第 1 期，第 103~121 页。

的解释，而且局限于书面、静态，对案件事实的认定显现出理论的局限性。因此，应当借鉴"最佳推理理论"，通过动态的论证结构，构建案件事实。[1] 回溯推论来源于计算机学科，是在计算机知识库中得到一个结论。那么从这个结论出发，沿着推理的轨迹，逆流而上，就可以找到知识库。法学中的回溯推论主要分为三个阶段：首先，根据已知的证据确定相应的事实；其次，根据已知的事实推论未知的事实；最后，在若干推论的事实中，选择一个最佳解释，作为案件的事实认定。[2] 可见，最佳解释理论只不过处于回溯解释的一个阶段而已，是回溯推论的一部分，并没有超越"印证"证明模式既有的论证方法。另外，证据法学理论是一个体系，即便基于"最佳推理理论"构建了证据制度，但如果缺乏其他相应的证据法学理论支持，也无法彻底解决我国证据法中的问题。

（三）证明标准与证明技术标准

胡浪波法官提出了刑事裁判文书证据说理的新范式——"四部法则"分析验证（解决证据能力问题），三维对比（解决证明力问题），综合分析（解决事实认定问题），论证说理（解决从证据到事实的说理问题）。[3]

周洪波教授构建了证据证明技术标准，主要包含四方面的内容：① "所有实质证据的可信性属性皆已具备，科学证据的似然比达到较强以上"；② "推理链条上的每一项概括不被辅助证据否定"；③ "中间事实不被融贯性证成命题所削弱"；④ "所有次待证事实全部获得融贯性证成"。[4]

第三节　命题确证的必要性与确证方法

法院确认事实的基本路径可以描述如下：首先，公诉人或原告提出诉讼

---

[1] 向燕：《论司法证明中的最佳解释推理》，载《法制与社会发展》2019 年第 5 期，第 188~206 页。

[2] ［加拿大］道格拉斯·沃尔顿：《法律论证与证据》，梁庆寅等译，熊明辉校，中国政法大学出版社 2010 年版，第 44 页。

[3] 胡浪波：《四步法则：探知刑事裁判文书证据说理深层表达的新范式——以"威格摩尔分析法+图尔敏论证模型"的运用为楔子》，载胡云腾主编：《司法体制综合配套改革与刑事审判问题研究——全国法院第 30 届学术讨论会获奖论文集（上）》，人民法院出版社 2019 年版，第 856 页。

[4] 周洪波、熊晓彪：《第三层次有罪判决证明标准的技术性构建——基于现代证明科学进路的探索》，载《证据科学》2017 年第 2 期，第 150 页。

请求，同时提出该诉讼请求的事实基础；其次，法院根据被告或辩护人的答辩，将事实分为无争议事实和争议事实，争议事实成为法院审查的重点，当事人就自己主张的事实提交证据并说明理由，其主要目标是"说服"事实认定者；最后，法院根据对案件中提交的证据的理解、当事人对证据的解释以及当事人在命题证成与反驳中的合理理由，认定案件的事实。在此过程中，当事人提交的证据、书面材料、发表的辩论意见等均影响法官作出的事实认定，因此在知识论上具有"证据"的意义和地位。"相互印证"证明模式等以逻辑关系为基础的理论，主要通过证据之间关系的规范要求来认定案件事实，而未涉及其他可能影响法官认定案件事实的因素。法官对于证据，并非机械地反应；当事人提交证据后，并不当然地产生案件事实。法官的知识体系、审判经验、日常经验，甚至认知偏见均可能对案件事实的最终认定产生影响。如何防止法官错误地认定事实，在理论上和实践中均是重要的议题；这也是在诉讼程序中建立回避制度，建立错案追究制度的主要原因。由此，知识论的相关理论才能与案件事实认定过程相匹配，才能完整地描述认知活动，规范并评价认知活动，为制定相应的法律规范提供理论基础。周慕涵博士认为，对于"印证"证明模式的哲理解释主要有两种路径：真理理论与信念确证理论，原有的真理理论错误，应当秉持信念确证理论。[1]真理理论力求避免错误结论，而对"真"的担保过于依赖法律证据，但由于理论的张力不足，无法为司法实践提供有效的理论支持或理论解释。而对于案件事实的认定，是理性的认知活动，知识论是哲理基础。在知识论体系中，信念是对命题的态度，因此应以命题的确证作为研究的起点。

一、何以是命题的确证

若法院认定被告有罪，则可以因此推断出被告实施了违反刑法的行为。但是，当法院宣告被告无罪，意味着什么？如果认为法院基于事实作出判决，而该事实指向"自然事实"，那么无罪宣告就表明被告实施了犯罪行为的这一事实不存在，即被告是无辜的。但这一结论显然与诉讼程序和现有的司法制度有所出入。很多案件中，之所以宣告被告无罪是因为公诉人未能完成证明

---

〔1〕 周慕涵：《印证原理的知识论诠释：理论纠偏与认知重构》，载《法制与社会发展》2022年第6期，第181~200页。

被告有罪的证明任务，而不是被告没有实施犯罪行为的这一事实得到确证。例如，辛普森在刑事诉讼中被判无罪，但是在民事诉讼中，却被认定应当承担巨额赔偿责任。另言之，法律规定了认定有罪的法律标准，而且在一般情况下，仅有两种情形：有罪或无罪（苏格兰存在第三种情形"未被证明"[1]），所以如果秉持事实论，那么自然就得出被告实施了或没有实施犯罪行为两种情形。但这就为后来通过新证据推翻原有的事实认定设置了障碍，即事实不依赖于证据而存在，即便出现或提出了新证据也不能作为推翻原有事实认定的合法理由。但是，如果将证明的对象认定为命题，命题与证据密切关联，证据发生改变，那么命题也就会发生相应的改变，这将为原有案件事实的推翻或修正留有余地。当然，原有案件事实的改变的要求和标准也是相当高的，禁止随意改变事实，进而改变案件结果，其危害性不仅仅在于个案本身，还可能危及整个司法系统的权威性与可信度。

从认知心理学视角来看，事实认定主要基于两个认识框架：一个框架是无意识框架，即迅速的、无意识的；另一个框架下，需要付出努力，经过推论。在事实认定过程中，这两个系统相互交织发挥作用。这可以解释为什么在一些案件中，事实认定者会作出不合理的裁决。[2]

司法实践中，法院裁决一些案件时经常会涉及一些"隐蔽事实"的认定，而"隐蔽事实"在很多情形下，仅有行为人知道其真实的情况。这种情况下，一般认为行为人基于自身利益会作出对自己有利的陈述，例如"故意"与"过失"在刑事量刑方面有重要的意义，被告常常会更倾向于陈述自己行为的"过失"属性，从而获得较轻的刑罚。因而在制度上，不会将该部分事实的认定建立在行为人陈述的基础上，而更多情况下事实认定者会依据案件的证据和已知的事实作出认定，但这会出现矛盾的情形。一方面，事实认定者依据自己的经验和已知的事实作出事实认定，而结论具有不确定性，他人无法预测案件的结果。因此，自然而然想到的方案，就是通过法律细化规定、区分情况，来认定案件事实，从而以法律规范的明确性和稳定性，化解"隐蔽事实"的模糊性与不确定性。但问题随之而来，在法律有明确规定的情况下，

---

〔1〕　[新加坡] 何福来：《证据法哲学——在探究真相的过程中实现正义》，樊传明等译，中国人民大学出版社 2021 年版，第 35 页。

〔2〕　Mark Spottswood, "The Hidden Structure of Fact-Finding", *Case Western Reserve Law Review 64*, No. 1 (Fall 2013), pp. 131~200.

当事人往往会"制造"对己有利的事实要素，诱导事实认定者作出对自己有利的事实认定。[1]

案件审理过程中，事实认定主要是认识论的问题，但也不能忽略庭审程序、法律环境等问题。事实认定首先要回答的是对于认定对象的态度。如果将认定对象认定为纯客观物，必然走向自然主义认识论，这也催生了很多庭审中的倾向性态度，即事实是唯一的。但庭审过程中，既需要依靠自然主义认识路径，也需要依靠社会学的认识路径。庭审过程中，恰恰忽略了主观意识。知识探究是我们形成知识的着手之处，探究是我们发展出一种系统化的、回应认识论问题的方法或路径。[2]

二、事实认定抑或命题确证

事实建构凸显了主观性在案件事实形成过程中的作用。但是，却忽略了主观性对于事实构建可能偏离的可能性，因为主观性不可避免地涉及价值判断，因而事实认定者会按照自己的意愿构建事实。所以，需要对事实建构予以规范或限制。"事情本身"的客观性可以对主体的前见的任意性起到制约作用。[3]通过法律与规则的确定性来消解事实的不确定性，似乎是一条简便与高效率的路径。我国司法实践中，一般遵循证据法规范，认定案件事实；虽然也有规定可以根据日常经验等认定事实，但其功能还是作为证据规则的替代，为事实认定的正当性提供依据。

庭审过程中，我们在讨论什么？我们在研讨"命题"。检察官提起公诉，主张被告行为构成故意伤害罪，这一主张"被告行为构成故意伤害罪"即是一个命题，检察官就该命题的成立向法庭进行论述。为了该命题的证成，检察官还要论述若干子命题的成立：被告是具有完全刑事责任能力的主体；被告实施了侵害行为；被告有主观故意；被告致使被害人身体受到伤害，且已经达到轻伤的标准。被告及其辩护人可以根据事实和法律进行无罪或罪轻的辩护，如果被告方主张"被告行为不构成故意伤害罪"，此时这也是一个命

---

〔1〕　Andrew T. Hayashi, "A Theory of Facts and Circumstances", *Alabama Law Review 69*, No. 2 (2017): pp. 289~326.

〔2〕　Christoph Kelp, *Inquiry, Knowledge, and Understanding*, Oxford University Press, 2021, pp. 1~9.

〔3〕　洪汉鼎：《论哲学诠释学的阐释概念》，载《中国社会科学》2021年第7期，第139页。

题。被告方为使该命题成立，就需要论证若干子命题的成立：被害人有过错；被害人首先侵害被告的身体，使被告的生命受到严重威胁；被告采取了必要的自救措施；被告的自救措施是适当的、合理的。

显而易见，检察官提出的命题——"被告行为构成故意伤害罪"与被告方提出的命题——"被告行为不构成故意伤害罪"有相互竞争的关系。如果仅仅是讨论事实，那么结论应当具有唯一性，结论截然相反的命题是不可接受的，甚至可以说其中一方提出命题本身就是错误的，因为其与事实相悖。这一观点显然与法治社会的司法制度体系相矛盾。但这又值得我们反思：为什么基于相同的案件事实，会提出不同命题，并得出不同的案件裁决？问题在于，我们在庭审过程中，诉讼双方争议或讨论的对象，以及法院认定的对象是"命题"。司法活动中，主要有三种情形：其一，诉讼双方对于"命题"内容全部达成一致。即检察官提出命题——"被告行为构成故意伤害罪"，被告认可该命题的成立并认罪认罚。在此情况下，双方对命题不存在争议，一般情况下，法官可以确认"命题"的成立，除非案件证据明显不足，检察官的命题本身不能成立，而不是因为另一方当事人的反驳与抗辩。其二，诉讼一方对于部分"子命题"认可，而反驳部分"子命题"。如前所述，"被告行为构成故意伤害罪"由若干子命题构成，如果被告认可故意伤害的事实，但是被害人受伤轻微，不足以构成故意伤害罪。那么，被告认可"故意伤害"的子命题，但是对"被害人受到的伤害，已经达到了追究刑事责任的标准"的子命题不认可。一般情况下，对于无争议的子命题"故意伤害"及其确认的事实予以确认。而仅对存在争议的子命题进行辩论。其三，对于全部命题予以否认。这种情形又可以进一步分为两种情形：①通过对于全部子命题的否认，进而认定命题为假。如被告否定"故意伤害"等全部子命题。因为命题的正确，依赖于子命题的成立，被告否定了全部子命题，就当然否定了命题。②在原有命题之外，提出一个新命题，并通过新命题对原有命题的压倒性优势，而否定原有命题。如被告提出了新命题——"被告行为构成正当防卫"。一旦新命题得以证成，那么检察官提出的命题"被告行为构成故意伤害罪"就不成立。

三、命题确证的基本方法

"命题的确证之主流版本：S 相信命题 P 是命题的确证的，当且仅当 S 拥有理由 R 去相信 P。"[1]命题的内容是事实，而证据指向事实，当证据指向的事实与命题所包含的事实相匹配的情况下，命题即被证成。例如，公诉人在庭审过程中，提交物证——手枪一把、鉴定报告一份，就可以获得证据事实①手枪上有被告的指纹；结合我们的常识②持有枪支的人会在手枪上留下指纹，因此命题"被告曾经持有该枪支"可以被证成。

　　证据主义的基本立场是，仅依靠证据就可以实现命题的确证。证据主义又可以分为弱证据主义和强证据主义。弱证据主义（Weak Evidentialism）认为，如果有充分的且未被击败的（undefeated）证据支持命题 P，那么命题 P 是被确证的。之所以称为弱证据主义，在于弱证据主义容许在没有证据的情况下进行确证，而且也没有言明为什么拥有充分的证据就可以实现命题确证。[2]严格意义上讲，弱证据主义并不是纯粹的证据主义，因为它容许非证据作为命题确证的依据。另外，如果仅有充分的证据，却没有正确的方法，也无法实现命题的确证。如同图里（Turri）的比喻，木匠如果要制造好的家具，应当有好的工具和好的木材，但是即便有好的工具和木材也不必然造出好的家具。[3]因此，弱证据主义是失败的。保守主义（Conservatism）认为，认知者有知觉（命题）确证，只有当认知者的命题确证可以拒斥怀疑论者提出的与命题 P 不相容的怀疑假设时，相信命题 P。

　　命题主要通过证据进行确证，证据确证命题如何实现？即使我们基于特定的证据考虑，仍留有产生争议的余地，证据可能性的实质是什么？证据将可能性价值向命题传递意味着什么？证据外在主义和证据内在主义有不同的观点：证据外在主义认为，证据证明的事实的可能性取决于，在事实与反事实的情形下证据所描述的这种情形（the kind of circumstance）与命题所描述的此种情形相伴而生的概率。而证据内在主义认为，证据概率值体现了证据和假设之间必要的内在联系。[4]风险最小化（the minimization of error risk）理

---

〔1〕　呼文欢：《当代知识论中两种确证的优先性之争——以命题的确证和信念的确证为例》，载《自然辩证法研究》2022 年第 3 期，第 9~14 页。

〔2〕　Paul Silva Jr，"On Doxastic Justification and Properly Basing One's Belief"，*Erkenntnis*，2015，80（05）：937~939.

〔3〕　John Turri，"On the Relationship between Propositional and Doxastic Justification"，*Philosophy and Phenomenological Research*，No. 3（2010），pp. 312~326.

〔4〕　Martin Smith，*Between Probability and Certainty：What Justifies Belief*，Oxford University Press，1 January 2016，pp. 30~32.

论认为，如果有命题确证的基本内涵，那么可以认为认知者相信命题 P 是确证的，当且仅当命题确证在知识论上是被允许的。风险最小化理论是在知识论上确证命题所允许的路径。风险最小化理论还可以运用于命题的比较与选择：①认知者确证命题 P，当且仅当基于证据命题 P 是真的；②认知者相信命题 P，而非命题 Q，当且仅当基于证据命题 P 比命题 Q 更可能。[1]

　　马丁·史密斯（Martin Smith）认为风险最小化理论存在问题，他以"蓝色公交车案"为例，当蓝色公交车出现的概率达到 95% 时，我们作出判断的错误概率极低，是否就可以确证"蓝色公交车就是肇事车辆"这一命题？学者们已经论述该命题的确证是不公平的。[2]马丁·史密斯在反对风险最小化理论的同时，提出了"正常论证"理论，该理论并非将常识作为认定事实的证据，而是认为认定事实依然依据证据，只不过认定事实的结果如果和我们常识性预期的事实相符，那么对于支持命题的证据要求相对比较宽松；如果与我们通常期望的结果相悖，那么会提出更高的证据要求。该理论可以具体表述为，"一组证据 E 常规支持（normally supports）命题 P，意味着如果证据 E 为真而命题 P 为假，相较于证据 E 和命题 P 均为真需要提供更多的解释"。[3]如果将该理论运用到蓝色公交车案中，因为蓝色公交车在一地出现的频率是 95%，如果有目击证人或其他证据证实肇事车辆是蓝色公交车，那么这一结果与我们通常预期的结果一致，因此可以接受。但是如果呈现的证据证实，肇事车辆是其他公交公司的巴士，这与我们的普遍预期相悖，那么就需要更有力的证据以证实该命题的成立。如何处理证据概率与命题概率的关系？概率函数在可能世界集合里被标准化，在相同的可能世界里，命题是真的，也将具有相同的证据概率。如果命题在所有的可能世界为真的概率为 1，那么可以与任何一组证据相关联；如果命题在可能世界不可能为真，那么其概率为 0。

　　风险最小化理论，将可能性作为证据支持命题的判断依据。但是对于可

　　〔1〕 Martin Smith, *Between Probability and Certainty*：*What Justifies Belief*, Oxford University Press, 1 January 2016, pp. 29~30.

　　〔2〕 Martin Smith, *Between Probability and Certainty*：*What Justifies Belief*, Oxford University Press, 1 January 2016, pp. 37~39.

　　〔3〕 Martin Smith, Between Probability and Certainty：*What Justifies Belief*, *Oxford University Press*, 1 January 2016, pp. 40~41.

能性从何而来，却没有系统地表述或明确理论依据。因此，很难避免主观赋予概率值的随意性。马丁·史密斯提出的"正常论证"理论的意义在于区分了正常世界与可能世界。将命题的概率、可能世界、证据概率联结起来，因为我们的命题并非凭空存在，可能世界对于命题的概率会造成重要的影响。具体而言，我们基于通常情况对命题的判断，也被引入作为命题判断的重要因素。如果命题判断符合我们的常识，那么命题得到支持的力量加强；反之，违反我们预期的命题，否定命题的力量加强，因此如果要确证该命题，需要有更强的证据集。

四、似真推理与确证方法

我们是否可以认定全部案件事实？事实论证在司法实践中的基本样貌：原告（公诉人）起诉时，向法院递交起诉状，其内容的主要部分，就是案件基本事实的描述。接下来的庭审过程中，被告进行答辩，除了法律问题外，重要的方面就是指出起诉状中与事实不符的部分，当然也有可能存在被告认可的部分。原告（公诉人）就主张的事实提交证据证实主张的真实性，被告提供证据予以反驳或证实另一事实主张。整个论证过程是以原告（公诉人）的事实主张为对象的，但是，我们真的能获得真实的案件事实吗？法律的叙事方法的差异会产生不同的事实建构和裁判结果。[1]在一起交通事故纠纷中，原被告的车辆发生碰撞，原被告均有损失。虽然交警部门出具的《交通事故责任认定书》对双方造成交通事故的过错进行了"主要责任"与"次要责任"的划分，但是，具体责任承担的比例"1∶9""2∶8""3∶7""4∶6"却是留给法院裁判的空间。在若干交通事故中，事故发生时的实际情况已经无法还原，无法确定当时发生的事实。而且即便通过交通监控录像可以还原交通事故发生的过程，也无法要求法官"精确"地认定当事人的过错事实。因此，放弃绝对精准的案件事实幻想，追寻最接近案件真实的似真命题，更具有可行性和现实意义。

在案件事实的客观性被剔除的情况下，对于诉讼过程的描述与匹配的理论是似真推理。似真推理是指，命题本身不是确定的而是似真的，根据似真

---

〔1〕　段威：《法律叙事方法对裁判事实建构的影响》，载《法律方法》2019年第1期，第263～275页。

的命题推理出来的结论也是似真的。[1]区别于经典的科学推理、演绎推理和归纳推理，似真推理的前提与结论均具有不确定性。当似真推理的前提、推理过程、结论受到确凿的证据攻击，似真推理的结论就将不得不被放弃。既然如此，似真推理的意义何在？首先，必须澄清的是，似真推理的前提虽然是似真的但不是毫无根据的假想，似真推理的前提是必须有相应的证据或依据；而似真推理的推理过程必须遵循逻辑规则，因此结论具有逻辑可靠性。其次，似真推理符合认识论的一般规律。人们对于事物的判断，最先发挥作用的是直觉，根据直觉对事物作出初步判断，然后通过不断反思，理性分析，求证检验而作出判断，得出结论。再次，在绝对真实无法获得的情况下，似真推理是最优选择。宽泛而言，所有的推理都存在着不确定性，前提与结论均没有萃取到绝对真实的程度，因此也就有似真的属性。所以，归纳推理与演绎推理和似真推理仅是度的差异，而没有质的区别，因此没有必要凭借确定性的优势指责似真推理的模糊性。复次，司法是实践面向的，当事人通过诉讼维护自己的权利。当事人提起诉讼依据的事实的标准仅能是似真的。如果提出严苛的真实性要求，不仅可能使当事人的诉讼权利受损，而且在现实中也是无法施行的。最后，诉讼是当事人之间的对话。对于原告（公诉人）主张的事实，需要接受来自对方当事人或法官的严格检验。经过诉讼过程，当事实达到了"可接受"的要求或达到了证明标准所要求的证明程度，事实得以确认，否则对事实不予认定。这也是诉讼活动中的一般样态。

似真推理的优点在于抛弃了形式逻辑的羁绊，但问题也在于缺乏形式逻辑的可靠性。因此，弥补形式不足成为学者们努力的方向。似真理论形式化主要有两种方案：其一，概率论方案。通过概率的计算，评估与检验似真结论的可信性。其二，似真度方案。通过理性机制，测度似真的理性状态，即似真度。但魏斌认为，似真推理形式化本身就存在问题。主要理由是：似真推理是全新理论，可以解释包含演绎推理、归纳推理等传统的推理形式。而似真推理是从前提到结论的过程，适用一般推理形式，单纯研究似真推理没有学术意义。[2]关于证据和证明的好的理论，应当满足三方面的要求：其

---

〔1〕 ［加拿大］道格拉斯·沃尔顿：《法律论证与证据》，梁庆寅等译，熊明辉校，中国政法大学出版社 2010 年版，第 203 页。

〔2〕 魏斌：《论似真推理的形式化谜题》，载《科学技术哲学研究》2021 年第 4 期，第 27~31 页。

一，对于证据的相关性和证明力作出合理解释，这是微观层面的要求；其二，对证明标准作出合理解释，这是宏观层面的要求；其三，就第一层面和第二层面之间的关系作出合理解释，这是融合方面的要求。[1]似真推理，虽然并不完美，但是比较既有的证明理论与制度，似真推理是与司法现状最为贴切、最具可行性的证明制度。

综上所述，"印证"证明模式是我国司法实践中认定事实的主要规则。但"印证"证明模式在理论上受到强烈质疑，司法实践中也存在该模式失效的情形，因此我国学者在批判"印证"证明模式的同时，努力构建新的证明模式。无论是经典的证明模式，还是我国学者构建的新型证明模式，均主要建立在事实证成目标基础上。这一目标主要依靠逻辑规则和法律证据支持实现，但忽略了影响事实认定者认定案件事实的其他重要因素，因此这不能为司法实践提供全面的理论支持。而对于案件事实的认定，是理性认知活动，基于知识论构建事实认定的理论体系更具有合理性。案件的事实认定，是事实认定者形成的信念，而信念是命题态度。相对于事实而言，以命题作为确证的对象可以实现理论自洽，而避免出现悖论。命题确证主要依靠知识论意义上的证据，风险最小化理论为命题的确证提供了更为细致可行的规则。似真推理区别于传统的演绎推理和归纳推理，与命题的确证更为匹配。

---

〔1〕 Michael S. Pardo, "The Nature and Purpose of Evidence Theory", *Vanderbilt Law Review*, March 2013, pp. 547~614.

第四章

信念度与证明标准

一般情况下，我们需要将待证事实转化成命题，通过分析支持命题的证据等，形成对命题的真的信念，进而作出判决。信念存在真假，甚至程度的差别，如果要达到真信念，一方面受到知识的约束，另一方面受到"真"的约束。"证明标准"是证据法中的重要概念，在司法实践中发挥重要作用。达到证明标准，既是诉讼当事人努力的目标，也是事实认定者决定是否认定案件事实的重要依据。但是，当我们说达到"证明标准"时，意味着什么？是完成了逻辑的证明，还是对事实认定者信念状态的描述？这一问题的探讨，对于明晰证据法理论体系，指导司法实践均具有重要意义。

第一节　信念与知识之间的关系

一、盖梯尔问题与解决困境

（一）盖梯尔问题

传统的知识的定义是，"经过确证的真信念"，盖梯尔问题的出现对这一概念造成了极大的冲击。

盖梯尔案例一：假设史密斯（Smith）和琼斯（Jones）同时应聘某份工作。假设史密斯有强有力的证据支持以下联合命题：

（d）琼斯是将得到这份工作的人，琼斯的口袋里有10枚硬币。史密斯为（d）提供的证据可能是，公司的总裁使他相信，琼斯最终会被选中，而史密斯10分钟前已经数过了琼斯口袋里的硬币。命题（d）蕴含命题（e）：

（e）将得到这份工作的人口袋里有10枚硬币。

史密斯清楚（d）与（e）的蕴含关系，并基于（d）的理由接受了（e）。在这种情况下，史密斯有强有力的证据，有理由相信（e）是正确的。但再想象一下，史密斯不知道，他自己，而不是琼斯，会得到这份工作。而且，史密斯也不知道，他自己的口袋里有10枚硬币。

盖梯尔（Gettier）提出的问题是，史密斯清楚地确证命题（e）是真的，已经满足了知识定义中的所有条件。命题（e）是正确的，史密斯相信（e）是正确的，史密斯有理由相信（e）是正确的。但同样清楚的是，史密斯不知道（e）是真的；因为，（e）是真的应当基于史密斯口袋里的硬币数量，但史密斯不知道有多少枚硬币在自己口袋里。史密斯确证（e）是正确的，是基于有10枚硬币在琼斯的口袋，错误地认为琼斯将会得到这份工作。[1]

盖梯尔案例二：让我们假设史密斯有强有力的证据支持以下命题：

（f）琼斯拥有一辆福特汽车。

史密斯的证据可能是，在史密斯的记忆中琼斯曾经拥有一辆汽车，而且一直是一辆福特，而史密斯搭乘过琼斯的福特汽车。现在让我们想象一下，史密斯还有另一个朋友，布朗（Brown），他完全不知道他的下落。史密斯随机选择了三个地名，并构建了以下三个命题：

（g）要么琼斯拥有一辆福特汽车，要么布朗在波士顿。

（h）要么琼斯拥有一辆福特汽车，要么布朗在巴塞罗那。

（i）要么琼斯拥有一辆福特汽车，要么布朗在布列斯特。

这些命题中的每一个都由（f）蕴含。想象一下，史密斯认识到命题（f）对于其他命题的蕴含意义，在（f）的基础上接受（g）（h）和（i）。因为史密斯从一个他有有力证据的命题中正确地推断出了（g）（h）和（i），所以史密斯完全有理由相信这三个命题中的每一个。但是，史密斯并不知道布朗在哪里。

[1] Edmund L. Gettier, "Is Justified True Belief Knowledge?", *Analysis*, Vol. 23, No. 6, June 1963, pp. 121~123.

但现在想象一下，还有两个条件存在。首先，琼斯没有福特汽车，福特汽车是租来的。其次，纯属巧合，而且史密斯完全不知道，命题（h）中提到的地方恰好是布朗所在的地方。如果这两个条件成立，那么史密斯并不知道（h）是正确的。即使满足了知识的全部条件：（h）是正确的，史密斯确实相信（h）是正确的，史密斯有理由相信（h）是正确的。[1]

盖梯尔总结道：上述两个案例可以说明，原有的知识的定义并不是某人知道某一命题的充分条件。[2]

（二）盖梯尔问题的解决困境

盖梯尔问题对原有的知识概念，提出了有力的怀疑，也使原本信心满满的知识论学者们，迟疑不决。大多数知识论学者们的观点是，原有的知识论的定义，似乎遗漏了什么重要的东西，因此解决的最基本的方案就是把知识的定义在原有定义的基础上予以补足。大多数学者们采取的模式是"JTB+X"。争议的核心是 X 是什么？对该问题的回答，根据确证因素的决定者与主体之间的关系，可以分为内在主义和外在主义。认为确证因素是心灵决定的，属于内在主义，从认知者内在认知予以补充条件，主要包括基础主义和一致主义等流派。外在主义则认为，确证因素由外在于主体的因素确定，主要包括可能主义与可靠主义，与内在主义相区别，"真"外在于认知者。[3]虽然对于盖梯尔问题，在理论上存在着关于知识与信念之间关系，以及确证方法的其他观点和解决路径。但是，这些观点似乎总有适用无效区域，不能完全解决盖梯尔问题，因此学者们未能达成共识。

为什么在解决盖梯尔问题的过程中，会出现困境？扎格泽博斯基指出，之所以会出现这样的困局在于错误地处理了知识与信念之间的关系。传统观点中，知识的构成三要素中，"真"与"信念"依靠"确证"相联系。无论是内在主义还是外在主义，都无法确保"真"与"信念"之间的联结是紧密无缝隙的，这就为盖梯尔问题的产生预留了空间。而弗洛里迪（Floridi）认为，提

---

[1] Edmund L. Gettier, "Is Justified True Belief Knowledge?", *Analysis*, Vol. 23, No. 6, June 1963, pp. 121~123.

[2] Edmund L. Gettier, "Is Justified True Belief Knowledge?", *Analysis*, Vol. 23, No. 6, June 1963, pp. 121~123.

[3] 陈嘉明：《知识与确证：当代知识论引论》，上海人民出版社 2003 年版，第 17~20 页。

供"真"的主体与提供"确证"的主体存在着时间差异，除非能达成"协议"，解决因时间差异出现的问题，否则盖梯尔问题是无法解决的。[1]基于对盖梯尔问题无法根本性的和普遍的解决，学者们提出了新的解决思路，即"去信念"，知识基于信念产生的假设本身就是有问题的，因此应该消除该假设。可见，在知识必须经过信念的确证这一绕不开的坎，否则便无法得到完美的解决答案的情况下，有的学者提出直接去除信念使知识与世界发生关联。当我们看到桌子上有一个苹果，那么我们就获得了桌上有一个苹果的知识，似乎不需要信念在场。这一命题成立要么是经验主义的，要么是知识客观主义的。

信念这一概念是否可以去除？费多益教授认为，即便是直接感知，也需要日常经验，以及推论的使用，而其中均无法抛弃信念这个概念。[2]"消除主义"通过指责常识心理学，进而提出作为常识心理学基础的"信念"也没有存在的意义。魏燕侠认为，基于人的能动性与人对知识的探知，"信念"具有不可或缺性。[3]

鉴别信念是否得到辩护，取决于信念持有者的理由，因此就辩护本身而言具有推理的性质[4]，认识规范具有程序性意义，描述了我们认识事物的行为模式。[5]而信念是认识过程中必需的概念。

另一种解决方式是改变解决模式。克里斯托弗·凯尔普（Christoph Kelp）认为既有主流的研究方向存在问题。哲学分析有两种模式：分解模式（The Dismantling Model）和系统模式（The Network Model）。分解模式就是将复杂的结构分解为更为简单的要素，而且要分解到不能再分解为止。分解模式可将复杂的现象分解为可以独立理解的简单的要素，但该模式的基本要求是简单要素的解释优先于（enjoy explanatory priority）复杂结构，而且分解分析应当是非循环的（non-circular），否则简单要素将不再有优先性。对于知识的分解模

〔1〕 魏燕侠、郑伟平：《知识是一种信念吗？——基于葛梯尔问题不可解性的分析》，载《科学技术哲学研究》2021 年第 1 期，第 9~14 页。

〔2〕 费多益：《知识的信念假设》，载《科学技术哲学研究》2015 年第 4 期，第 11~16 页。

〔3〕 魏燕侠、郑伟平：《信念概念的不可或缺性论证》，载《江苏行政学院学报》2015 年第 6 期，第 20~25 页。

〔4〕 [美] 约翰·波洛克、乔·克拉兹：《当代知识论》，陈真译，复旦大学出版社 2008 年版，第 154 页。

〔5〕 [美] 约翰·波洛克、乔·克拉兹：《当代知识论》，陈真译，复旦大学出版社 2008 年版，第 162 页。

式分析就是例证,传统的知识的定义:一个人知道这个 p,当且仅当一个人确证地相信真实的 p。按照分解模式,可以将概念分解为三个简单要素:确证、真实、信念,这三个要素对于知识均享有解释优先性。[1]盖梯尔问题提出后,哲学家们就是基于分解模式对其进行分析,寻找补足原有知识定义的方法,但似乎均不成功,因为无论用什么方法补足似乎都能找到反例。因此,我们需要另辟蹊径。

克里斯托弗·凯尔普主张采用系统模式:每一要素和每一概念相互联系组成系统,只有查清要素或概念之间的联系以及其在系统中的位置,才能正确地理解该要素或概念。行为与目的之间的关系既可以是偶然的,也可以是非偶然的。某些行为既有建构性的目的(constitutive aim),也有建构性的规范(constitutive norm),克里斯托弗·凯尔普称之为 ACANs(there are activities that have constitutive aims as well as constitutive norms)。之所以称目的和规范具有建构的性质,是因为它们对于 ACANs 是必不可少的。在足球竞技中,建构性的目的就是将足球踢进对方的球门,建构性的规范就是应当遵守的足球比赛规则,例如在球场内不得用手触球(守门员除外),不得越位等。如果没有了建构性的目的或没有了建构性的规范,这项运动将不再是足球。知识论是一个特殊的网络,这个网络将知识、信念和探究联系在一起,因为知识是探究的构成目标,而信念是一种探究的行动的结果,探究以肯定或消极的方式完成它。探究不能以信念作为对问题的回答,因为信念仅是在探究过程中形成的,而非最终结果。克里斯托弗·凯尔普认为,信念应当在合适的环境中(a suitable environment)凭借认知能力得到确证,换言之,知识的两个条件是合适的环境与通过认知能力予以确证。[2]克里斯托弗·凯尔普将认为原有的解决方案不成功的原因归结于误用了分解模式,主张应当采用系统模式。他提出的方案可以克服原有解决方案面临的问题,将知识论看作一个网络,既有建构性的目的,也有建构性的规范,甚至这些也是知识固有的属性。这一解决方案具有重要意义,将探究、信念等概念内化于知识理论系统中,避免概念之间相互疏离产生空隙。

盖梯尔问题的重要意义并不在于盖梯尔问题本身,而是指出了原有知识定

---

〔1〕 Christoph Kelp, *Inquiry*, *Knowledge*, *and Understanding*, Oxford University Press, 2021, pp. 10~42.

〔2〕 Christoph Kelp, *Inquiry*, *Knowledge*, *and Understanding*, Oxford University Press, 2021, pp. 10~42.

义的基础性问题。学者们力图在原有概念基础上，进行补充或完善，重新限定知识的条件，但是无论是内在主义和外在主义均不成功。学者们反思失败的原因，一种观点认为，这是因为错误地处理了知识与信念之间的关系，信念与真之间空隙的难以弥合性导致该问题没有完美的解决方案。因此，有的学者提出消除信念这一概念，问题自然解决。但这种解决方法无疑是"因噎废食"，信念是通过命题认定事实过程中不可缺少的部分。另一观点认为，原有的解决路径错用了分析模式，应当用系统模式，而非分解模式。那么，系统化的知识模式如何运行？

二、美诺悖论与证据法规则

（一）探究的目标

认知的起点是"探究"，它不仅以信念为目标，而且受信念的导引。[1]探究具有目的性。而关于探究的目的是什么，却存在较大的争议。探究的目标主要分为如下几类：①解决问题（Question-Settling Aim），探究的目标就是明确 P 是否如其所说；②知识目标，探究的目标是知道 P 或非 P；③真信念目标，以相信 P 或非 P 为目标；④确证的信念目标，确证地相信 P 或非 P。[2]观点①与其他三类观点并不矛盾，或者说其他三类观点是观点①的具体化与实质化。

克里斯托弗·凯尔普认为，无论是真信念目标，还是确证的信念目标，均为完成探究义务，知识才是探究的目标。首先，克里斯托弗·凯尔普将探究的目标与义务相分离。探究的目标与义务并非总是同频，我们可以设定探究的目标，同时负有探究义务；但有时，我们可能放弃探究的目标或者认为已经完成探究的目标，但是探究义务依然存在。为了说明这种情况，克里斯托弗·凯尔普提出了一个"雇佣"案例：我准备收购一个钻石矿，雇用你两星期，去勘测矿中是否有钻石。你指派勘探队伍到矿里采集了样本，经过检测，你认为样本就是钻石。接下来的时间，你感觉无所事事，就回家与家人团聚去了。而我紧急赶往钻石矿，因为我得到消息：钻石矿的卖家有意将一些假的钻石放入矿

---

[1] Christopher Tollefsen, "Justified Belief", *American Journal of Jurisprudence*, 48, 2003, p. 293.

[2] Christoph Kelp, *Inquiry, Knowledge, and Understanding*, Oxford University Press, 2021, pp. 10~42.

中，而这些假钻石如此逼真，检测无法识别。不为人知的是，在钻石矿的角落，确实有钻石。此时，你已经放弃了继续勘测的努力，因为你认为已经完成了工作目标，但实际上你并没有完成勘测义务。在这个案例中，你有了"矿里有钻石"的信念，而且这个信念已经由采集的样本进行了验证，你拥有了经过确证的"矿里有钻石"的信念，但是我们可以看出，你依然未完成探究的义务。[1]克里斯托弗·凯尔普以此案例说明，真信念目标和确证的信念目标均不可取，唯有知识才是探究的目标。

克里斯托弗·凯尔普认为，在实现目标的过程中，有若干不同阶段的进程。他通过展现一个案例来进一步论证其观点：假设你是一名狱警，监狱得知一名囚犯非法持有毒品，现派你核实相关事实。你调查的第一个囚犯有贩卖毒品和滥用毒品的经历，你在他的床下发现一包白色的粉末。经讯问，该囚犯供认不讳。基于该证据，在此刻（t1）你确信囚犯持有毒品。而在另一时间（t2），你发现之前找到的那包白色粉末并非毒品。被讯问的囚犯可能认为有人陷害他，为了减轻罪责才承认持有毒品的事实。你不得不重新展开调查，发现确实有囚犯藏有毒品，只不过藏有毒品的囚犯并非之前你讯问的那个囚犯。如果按照"真信念"或"确证的信念"的观点，在时间t1，你就已经达到了探究的目标，但这显然是错误的。而"知识论"为目标的观点，就不存在理论上的障碍，即在t1，你并没有达到知识的目标，所以并未完成探究的目标。[2]

克里斯托弗·凯尔普认为，探究的目标低于知识的要求，就可能出现盖梯尔问题式的案例。同时，他也反对高于知识的标准，我们探究是否P（whether p）的目标时，对于是否P形成恰当的信念（proper belief）。[3]

（二）美诺悖论与证据规则的"设定"功能

美诺悖论的基本问题是："你连它是什么都不知道，又如何寻找呢？你会把一个你不知道的东西当作探索的对象吗？换个方式说，哪怕你马上表示反

〔1〕 Christoph Kelp, *Inquiry, Knowledge, and Understanding*, Oxford University Press, 2021, pp. 10~42.

〔2〕 Christoph Kelp, *Inquiry, Knowledge, and Understanding*, Oxford University Press, 2021, pp. 10~42.

〔3〕 Christoph Kelp, *Inquiry, Knowledge, and Understanding*, Oxford University Press, 2021, pp. 10~42.

对，你又如何能够知道你找到的东西，就是那个你不知道的东西？"[1]如果你不知道你寻找的东西是什么，你如何确定寻找的目标？如果你完全不知道一个东西，你如何知道寻求它的方法？如果你不知道你寻找的东西，如何能够验证你找到的东西，就是你要寻找的东西？

美诺悖论引发的思考是：我们是否可以在对被探究的事物一无所知的情况下进行探究，进而获得知识？以及我们如何知道我们已经找到的东西，就是我们需要探究的事物。美诺悖论的主要意义在于，让我们反思认知的目标，认知的方法以及认知结果的确证。

法律规范为事实探究明确了目标，而且提供了语境。事实探究的目标主要是通过法律规范的规定与起诉方的主张明确的。在刑事案件中，当公诉人起诉被告构成诈骗罪时，就已经为事实调查限定了范围与方向。依照诈骗罪的法律规定，要求诈骗罪要件事实的证成，被告的罪名才能成立；所以，庭审过程中，需要调查的是，被告是否实施了相关行为，而这些行为符合诈骗罪要件事实的要求。在民事案件中，当法院立案确定案由为"侵权纠纷"，那么原告就有义务根据侵权法律规范的事实要件，向法院提交证据，证实侵权行为事实、损害结果事实、因果关系以及过错等事实。原告在庭审中陈述的具体案情，应当是这些要件事实的具体化，否则原告的诉讼请求无法与法律规范相匹配，也不能得到法院的支持。民事诉讼中的释明制度，实际上就是对当事人举证方向错误的纠偏制度。如果原告依据借款的法律规范主张返还借款，那么应当就借款的事实进行举证，但是原告提交的证据证实了原被告之间构成股权转让合同关系，法官就可以向原告"释明"该问题，提示原告变更诉讼请求。

此外，证据规则具有事实"设定"的功能，区别于"假定"，"设定"具有法律意义，是事实探究的起点，为事实探究提供了语境。例如在刑事诉讼中，基本的"前事实"是被告无罪，由公诉人证明该"前事实"错误，而且公诉人举证证明的事实可信度极高，达到证据确实充分、排除合理怀疑等标准，因而可以推翻"前事实"。该前事实的设定与实体法律规范有密切的关联：其一，刑事责任严苛，刑法具有谦抑性，因此公权力机关只有在"必要"的情况下，才能运用刑事手段；其二，公权力机关既然采取了刑事手段，那么就可以当然地推定，其有相应的证据和相关的法律依据；其三，如果作出

---

[1] [古希腊] 柏拉图：《柏拉图全集》（第1卷），王晓朝译，人民出版社2002年版，第506页。

相反的事实设定，由被告承担证明自己清白的责任，那么自由将不复存在，人人惶惶不安，岌岌可危。其四，无论是被告还是国家都将付出极高的成本，而且刑法的功能与价值将极大受损。在行政诉讼中，"前事实"是行政机关的行政行为没有依据。行政机关应当提交充分的证据说明其依据所在，否定"前事实"。与刑事诉讼相类似，在法治语境下，行政机关对行政相对人实施行政行为本身，可以推定行政机关是有事实依据和法律依据的。行政机关针对行政相对人作出行政行为时，必须考虑到一旦对簿公堂其面临的举证压力与证明责任，因而必须谨慎为之。在民事诉讼中，一般情形下，"前事实"是被告不应当承担责任，原告应当从"零"开始，提交证据证明被告应当承担责任。与行政诉讼和刑事诉讼不同，民事主体的地位平等，更多应当考虑的是预防"投机"，降低因民事诉讼产生的国家成本。试想，如果民事诉讼中的"前事实"是被告承担责任，被告负有义务提供证据来否认"前事实"，那么随之而来的就是诉讼数量的大幅增加。国家有义务提供司法救济，因此国家也将承担巨额的成本。而民事诉讼中，原告承担证明责任，将使原告对于诉讼采取谨慎的态度，因为一旦未完成证明责任，原告将败诉并承担相应的诉讼成本（诉讼费、律师费等）。而且，证明责任的法律规范既然在原告起诉之前就已经公示，那么原告就应当对自己的诉讼行为负责，如果原告败诉，原告担责也就具有了正当性与合理性。当然，在民事诉讼中还存在举证责任倒置的规则，这一规则的设置主要出于两方面的考虑：其一，督促义务人履行实体法上的义务或激励权利人积极采取措施避免损害的发生；其二，被告提供证据的便利程度更高或原告几乎无法提供证据，便于案件事实的查清。

三、确证是必须的吗？

如前所述，有的学者认为信念概念应当去除，我们可以直接与世界发生联系，因而信念概念没有存在的意义和价值。这一观点不能成立，信念机制在我们认知过程中是不可或缺的部分。但是，信念也有真伪之分，假的信念没有价值，而形成真的信念必须经过确证。或者说，如果没有确证的信念，"真"的可能性无法确认。

与此类似的是司法裁判的直觉理论（hunch theory of judicial decision）。哈奇森（Hutcheson）法官主张法官应当欣然接受事实的复杂性，不应当仅仅依靠推理认定事实的法律意义。司法裁判的直觉理论类似于我们日常生活中对事务的判断模式，但这也与普通人所认为的法官的裁判方法大相径庭。因此，该理论引发的问题是，我们如何裁判案件？依靠猜测，还是依靠直觉？似乎法官的裁判方法缥缈不定。[1]法官处理案件，作出判决，应当依据理性或直觉作出。判断法官裁决是否正确，肯定不是依靠"客观确证"（objective justification），而是判决应当与法官信以为真的理论、法律以及事实与法律之间的关系相一致。区别于专断或随意决定，法院裁决应当具备理性属性。否则，起码可以判定法官裁决是有问题的。[2]直觉理论的理论基础是实用主义认识论（pragmatic epistemology）。理性主义局限于理论，经验主义局限于外部感知，詹姆士（James）的实用主义包容了理性主义和经验主义。直觉理论最大的问题在于，其具有"不可言说"的特质，而且是否基于直觉作出的判断也无从认定。因此，只能通过法律予以规范与约束。司法中，事实认定涉及当事人的利益，关涉司法的可信性与权威，因此事实认定结论从何而来，事实认定者需要给出理由并公开论证的过程。此外，为避免事实认定者因个体差异而导致认定事实标准的不同，证据法规定了证明标准，为其认定事实提供了具体的依据。

第二节　认知目标与证明标准

虽然法律规定了"证据确实充分""优势证据""排除合理怀疑"等证明标准，但是这些证明标准如何理解，取决于法律人的解释。而在个案中，判断证明是否达到了证明标准，更多地取决于法官的内心确信。而法官的内心确信意味着什么？

一、信念能否成为证明标准？

迈克尔·S. 帕尔多就司法判决什么情况下，达到认识论要求的观点进行了梳理。并按照知识论要求从弱到强，罗列了五种观点：信念标准、信念和知

[1]　Mark Modak-Truran, "A Pragmatic Justification of the Judicial Hunch", *University of Richmond Law Review*, Vol. 35, No. 1, March 2001, pp. 55~90.

[2]　Mark Modak-Truran, "A Pragmatic Justification of the Judicial Hunch", *University of Richmond Law Review*, Vol. 35, No. 1, March 2001, pp. 78.

识论要求、确证的信念、确证的真信念、知识。[1]

（1）信念标准。庭审的目标就是说服裁判者，或者相信，或者判断，或者支持特定的争议命题已经被证明。当裁判者针对争议命题形成了信念，就达到知识论的标准，而无须考虑是否有足够的证据支持，是否信念已经被确证，是否已经达到了知识标准。一般而言，只有当有充分的证据支持命题，命题才能被证明；而如果争议的命题被接受为真，那么证据也应当是充分的。[2]此类观点的问题在于，忽视了主体间的差异性，在案件审理过程中不同的法官可能形成不同的信念。司法实践中，合议庭未能形成一致性意见的案件也经常出现。在此情况下，存在意见分歧的法官们均持有自己的信念，但是最终的裁判依据是正反两方中的哪一方的信念？另外，如何面对证据不充分的事实？缺乏证据支撑的裁判者的信念，是否还能作为裁判的依据？

（2）信念和知识论要求。这一观点又被称为信念加强版（the belief-plus），庭审的目标就是只有达到一定的知识论标准，事实认定者才支持某争议的命题；只有在此情况下，才能认定事实已经被证明。依据该观点，虽然达到一定的知识论标准是不可或缺的，但是并没有要求达到确证或知识的程度。[3]对于该观点，似乎可以从两方面提出怀疑：其一，"标准"化的要求，是否有保真的意义或功能？其二，"标准"的依据是什么？"标准"的具体化有可操作性强的优势，但是否排除了不符合标准，但为真的信念？

（3）确证的信念。对于争议的命题，事实认定者形成知识论中的确证的信念。虽然法律证明有了知识论上的较强的确证要求，但是该要求并不一定达到知识的标准，当然也可能已经达到了知识的标准。[4]案件事实得到证明从而具有可接受性的前提是，基于证据认定事实，而可接受性与"确证的信念"或者"有充分证据的确证的信念"密不可分。然而，"真"的证明标准过高，因为在司法审理中，有些事实是"真"的，但却不能为司法程序所证实；而被司法程序证实的事实，有时却不是"真"的。这一观点并不要求事实认定者

[1] Michael S. Pardo, "The Gettier Problem and Legal Proof", *Legal Theory*, 2010, 16（01）：37~58.

[2] Michael S. Pardo, "The Gettier Problem and Legal Proof", *Legal Theory*, 2010, 16（01）：39.

[3] Michael S. Pardo, "The Gettier Problem and Legal Proof", *Legal Theory*, 2010, 16（01）：40.

[4] Michael S. Pardo, "The Gettier Problem and Legal Proof", *Legal Theory*, 2010, 16（01）：39~41.

相信相关的命题，但要求第三方视角下，命题是可以被证实的。

（4）确证的真信念。事实认定者形成确证的真信念，是司法审理的目标。确证的真信念，成为测度事实认定者结论的标尺，也成为司法判决追求的目标之一。这一观点并没有作出进一步的要求，从而将确证的真信念转化为知识。[1]该标准具有合理性，"确证的真信念"有两方面的要求：信念为真且经过确证。这实质上，既要求认知者内心确信，也要求与外部的现实世界相一致。

（5）知识。司法判决追求的目标是事实认定者拥有知识。如果司法判决的目标是追求确证的真信念，但是在无法达到知识的标准的情况下，这一目标很难实现。这是因为，即便判决基于经过确证的真信念，判决依然是不充分的，在偶然获得真信念的情况下，依然未达到知识的标准。在司法审判中，如果出现此类情形，而被告被定罪，即便信念为真，被告也可以要求撤销该判决。[2]

证据法通过证明标准，设定当事人最低的证明义务，但是无论是民事案件的盖然性标准，还是刑事案件的"事实清楚、证据确实充分"，仅作出了概括性的规定，是否达到了这一证明标准以及认定的案件事实是否具有可接受性，就落入了知识论领域。证明标准是不是唯一依据？换言之，是否达到了证明标准，就实现了案件事实认定的真的要求？

诉讼中，除对方认同等特殊情形外，一方的主张如果要得到支持应当提交证据，并达到证明标准。但是达到证明标准的具体含义是什么？理论上和司法实践中主要有两个方向：其一，提交证据的证明效果是否达到了证明标准的要求；其二，事实认定者综合庭审情况，以及案件中双方提交的证据，形成信念，即支持一方的主张的证据是否达到了证明标准的要求。二者存在显著的区别：证明效果主要是通过运用逻辑等方法，对事实主张与证据之间关系作出的评价。而事实认定者形成信念，主要是事实认定者的心理状态。前者主要由规则确定，而后者是事实认定者在内心形成的信念度。二者又紧密联系，证据证明了当事人的主张，在很大程度上，影响了事实认定者在内心形成的对事实的确信，即证明效果成为事实认定者认定事实、形成信念的"证据"。但是，信念的确证也未必依据证明效果，甚至会搁置证据。

---

〔1〕　Michael S. Pardo，"The Gettier Problem and Legal Proof"，*Legal Theory*，2010，16（01）：41~42.

〔2〕　Michael S. Pardo，"The Gettier Problem and Legal Proof"，*Legal Theory*，2010，16（01）：42.

信念主义认为，证据的证明标准通过对于事实认定者的信念度的评价实现。凯文·M. 克莱蒙特认为，传统证据法中的证明标准理论存在的最大问题是将理论建立在二阶假设（assumption of bivalence）上，认为事实只有真假之分。事实认定者认为，事实真的概率为"P"，那么事实假的概率为"1-P"。是非截然分明的情形，在司法实践中，并不占多数，所以二阶假设不具有适用的普遍价值。

二、信念确证的结构

如何确证信念？或者说，我们如何能保证我们的信念是可以对抗质疑的？在证据法领域，相应的问题是，我们如何能说判决结论中认定的事实是正确的？这些均是怀疑论者可能提出的问题。"认知闭合原则"在一定程度上，克服了"阿格里帕三难题"，但成为怀疑论攻击知识论的把柄。[1]"认知闭合原则"的简单表述是，S 知道 P，P 蕴含 Q，那么 S 知道 Q。[2]可以举例说明之：

（1）S 知道果树上的果实是苹果；（S 知道 P）
（2）如果果树上的果实是苹果，那么就不是梨；（P 蕴含 Q）
（3）S 知道果树上的果实不是梨。（S 知道 Q）

怀疑论反向运用了认知闭合原则：S 不知道 Q，而非 Q 蕴含非 P，那么 S 不知道 P。

（1）S 不知道果树上的果实不是梨；（S 不知道 Q）
（2）如果果树上的果实不确定不是梨，那么就不是苹果；（非 Q 蕴含非 P）
（3）S 不知道果树上的果实是苹果。（S 不知道 P）

更为麻烦的是，怀疑论提出的"缸中之脑"的假设等，使认知者似乎没有可以确定的命题。我知道我在工作，但是我不得不排除"幻觉"作用、"恶魔"操纵等可能性。问题出在哪？问题产生的根源在于，我们过于依赖"蕴

---

〔1〕 吕旭龙：《从确证的结构看回溯困境》，载《厦门大学学报（哲学社会科学版）》2010 年第 1 期，第 94~101 页。

〔2〕 尹维坤：《认知闭合原则在经验知识中的地位——从怀疑论的闭合论证谈起》，载《自然辩证法研究》2016 年第 9 期，第 15 页。

含关系"。因此，抛弃闭合论证，我们似乎就迎来了一片新天地。我们知道树上的果实是苹果，因为根据树上果实的形状、气味等，并结合自身的经验和记忆，可以作出判断，无须排除树上的水果不是梨、木瓜等其他东西。但随之而来的问题是，我们似乎又陷入了茫然的境况，我们需要的知识是什么，哪些理由可以为我们的信念提供辩护？我面前有一棵果树，如果这是我寻找朋友位置的地理性标志物，那么果树上的果实是苹果，还是梨，对我而言没有意义，我也没有知道的必要；但如果我要确认，该果树是否属于国家珍稀保护植物，那么我更期望知道该果树品种、树龄等知识；如果我要参加摄影展，那么拍摄这棵果树的角度、光线、布景等知识又是我必须获得的。由此可见，我们获得知识的目的与我们获得的知识之间存在必然的联系，我们获得知识的目的限定了我们探知的范围、获得知识的方法，以及获得知识的妥当性。戈德曼（Goldman）认为，认知者知道 P，意味着认知者可以区别于（discriminate or differentiat）备选项，而识别 P；但是，他又强调备选项应当具有相关性；而在筛选的过程中，规则（regularities）发挥重要的作用，例如，激进的和反常的（radical or unusual）选项就不应当纳入备选项。[1]戈德曼通过引入规则，按照"相关性"的标准，将怀疑论可能提出的冗余的，甚至是无聊的备选项排除在外，通过可靠性来替代传统知识论中的"确证"。戈德曼对于传统知识论的修正，似乎部分解决了怀疑论指出的不确定的困境。而对于我们如何"知道"，规范功能主义理论更具说服力。规范功能主义认为，认知主体经验的意义取决于在理由空间内的规范，规范引导主体进行判断和拥有概念。[2]信念并非凭空产生，也不是输入和产出的机械化运作的结果。理性人的概念和经验，形成信念的"法庭"。桑福德·C. 戈德堡（Sanford C. Goldberg）将"认知妥当"（epistemically proper）作为判断信念状况的标准，而妥当性既包括了可靠性的维度（reliability dimension），也包括了责任维度（responsibilist dimension）。[3]

有必要澄清的是，传统的知识论确证结构依然发挥重要作用，但同时也存

---

〔1〕　Alvin I. Goldman,"Discrimination and Perceptual Knowledge", *The Journal of Philosophy*, Nov. 18, 1976, pp. 771~791.

〔2〕　陈嘉明、郑辉军：《规范功能主义视域下的知识论——简论知识论中的匹兹堡学派》，载《哲学动态》2013年第10期，第54~59页。

〔3〕　Sanford C. Goldberg, *To the Best of Our Knowledge*: *Social Expectations and Epistemic Normativity*, Oxford University Press, March 2018, pp. 13~47.

在力所不及的领域和情形。学者们提出了许多修正的方案，其中应当重视的观点是：确证的意义应当重释，我们获得知识方法的多元化，目标与规范对于信念的重要意义，以及我们通过信念标准的确立来解决内在主义与外在主义对峙的僵局。

三、"真"的目标

诉讼活动过程中，我们力图查明案件真实情况。真目标的实现，需要主体在一方面尽到认知责任的同时，另一方面保证信念的真，如此才能形成对案件事实的恰当判断，进而作出正确的判决。知识论的重心在心灵世界，为主体拥有"真"构建哲理基础，探寻实现路径；法律规范通过制度的约束、正面激励或负面激励、禁止或处罚等方式，使主体遵循法律规范"规划"的路径，避免"误入歧途"，从而使事实认定者能更为便捷地拥有"真"的证据，作出正确的事实判断。

表面看来，法律规范约束人们的行为，具有外在性；知识论构筑主体的内在认知理论体系，似乎相互独立。但实际上，二者密切相关。知识论为案件事实认定提供了一般的、普遍的规范要求；法律规范为避免错误认知，提高认知的效率，将最为重要的、可能影响事实认定"真"的部分和可制度化的内容法定化。例如，知识论中的证据主义，认为认知者形成真信念必须拥有有效的"证据"，当然知识论中的"证据"比法学领域中的证据包含的内容要宽泛得多，它包括了在特定时间内，主体所拥有的所有相关信息，除了相关资料还包括主体的记忆内容与合理的信念。证据主义认为，证据如此重要，对于主体的认知具有决定性的作用。信念与证据之间的契合度，成为判断信念正误的重要标准。[1]因而对于证据材料的质量有较高的要求，但是知识论本身无法解决这一问题，应当依靠具有强制力的制度。我国刑事诉讼中"同步录音录像"的法律规定，一方面可以确保犯罪嫌疑人或被告没有因刑讯逼供等外在因素而作出"虚假"陈述，另一方面也可以抵御对于供述真实性的无端怀疑，干扰事实认定者的判断。

与"真"直接关联的是事实与信念，通过确证信念的"真"而最终认定具有"真"的属性的事实。对于证成的事实或信念能否作为裁判的依据，存

---

〔1〕 陈嘉明：《知识与确证：当代知识论引论》，上海人民出版社 2003 年版，第 241~243 页。

在较大的争议。对于证成的事实作为裁判的依据，通常会受到质疑的问题是：证成的事实不具有终局性的意义，法官的信念才应当作为裁判的依据。这就涉及证成的事实与法官确信的事实之间的关系问题。在许多案件中，证成的事实与法官内心确信的事实会出现不一致的情形，在此情况下如何确认案件事实？应当以证成的案件事实为依据作出裁决，主要理由如下：其一，如果以法官确信的事实作为裁判的依据，那么在此之前的庭审程序将失去其意义和价值。虽然当事人在诉讼中力图说服法官，采信己方的观点，但是，更为关键的是，当事人应当以其论证的命题已经证成作为说服法官的前提和要件。其二，法官的信念不应当成为证成事实的必要条件。法官认为事实发生的信念，与事实发生的可信度有实质性的区别。司法实践中，经常会出现的情形是法官在内心已经确信被告有罪，但是因为公诉人未能提交有效的证据（或关键的证据被排除）证实其起诉的罪名而判被告无罪。显然，不能因为法官内心确信，而认定被告有罪。其三，信念本身是无意识形成的。对此，威廉姆斯（Williams）曾经作过简短但有说服力的论述：假设我们可以自己决定有一个信念，那么我们就可能决定拥有一个错误的信念；而实际上，我们无法有一个错误的信念，那么我们不可能决定拥有一个信念；这实际上是由信念的概念决定的，信念是关于真理内在性的主张。但是，这并不意味着不能基于证据形成信念，二者有因果关系，当一组证据提交法庭，那么自然而然就形成了关于这些证据的信念。[1]

　　证实的事实与法官确信的事实不一致时，就会出现竞争关系，如果认为证实的事实更具有优先性，那么就需要提供理由支撑这一观点。乔迪·费雷尔·贝尔特兰（Jordi Ferrer Beltrán）认为，只有有意识的行为才能确证。如前所述，信念是无意识形成的，是无法确证的。确证"拥有"的一个信念与确证一个命题中内容的信念有本质区别。他坚决反对将事实认定者持有的信念——该命题为真，作为确证命题的必要条件，而不是基于证据确证命题。[2]

〔1〕　Jordi Ferrer Beltrán, "Proven Facts, Beliefs, and Reasoned Verdicts", in Edited by Christian Dahlman, Alex Stein and Giovanni Tuzet, *Philosophical Foundations of Evidence Law*, Oxford University Press, 2021, pp. 40~50.

〔2〕　Jordi Ferrer Beltrán, "Proven Facts, Beliefs, and Reasoned Verdicts", in Edited by Christian Dahlman, Alex Stein and Giovanni Tuzet, *Philosophical Foundations of Evidence Law*, Oxford University Press, 2021, pp. 40~50.

在现代司法语境下，事实认定者不应当依据信念作出事实的认定，因为这种方式不具有辩驳的可能，他人对于事实认定者的信念没有评价的基础，因而没有说服力。此外，信念的形成受诸多因素的影响，具有不稳定性，在不同的环境下可能形成不同的信念。在纷繁复杂的社会中，信息的获取方式越来越多，这些信息对于信念的形成均会产生或多或少的影响。例如，在庭审中，当事人提交的证据，虽然经对方当事人的异议申请被依法排除，但是这份证据的信息已经对事实认定者的信念形成产生了影响。另外，庭审之外，媒体的报道、相关人士对于案件的分析和评价，均会对信念的形成产生影响，但是这种影响是不适当的、不合法的。

以信念作为认定事实依据面临的另一个问题是，如果基于同一事实既涉及刑事案件，又涉及民事案件，所形成的信念是一致的，那么虽然在不同的诉讼程序中，证明标准存在差异，但是形成的信念是一致的，因而作出的事实认定也是相同的。但这显然与证据的证明标准制度相悖。因为基于同一事实，证明标准不同，认定的案件事实也可能存在差异。

解决这一问题的方法主要有两种：其一，事实认定者对于事实的"可能性"进行认定，即对于事实真实性的概率（可能性）进行评估，那么就会形成一个信念，即该事实的真实性的概率是 X，那么再对照证明标准的要求，即该概率是否达到了民事诉讼的证明标准或是否达到了刑事诉讼的证明标准，据此认定事实是否成立。其二，同时考虑证明标准，以及不同证明标准对于事实认定的确定性、可靠性的不同要求。据此，事实的认定者确证的命题是客观事实确证的命题，事实的真实性是事实认定者信念中认定事实发生的可信度。这种方法实际上是主观概率支持者，通过主体配置事实为真的可信度，或者说，是通过主观概率来进行证据推理。[1]

四、证据法规定的证明标准

证据的证明标准与证据的证明效果密切关联，事实认定者的信念不应当作为证明标准的评价依据。乔迪·费雷尔·贝尔特兰认为，大陆法系将法官的内

---

[1] Jordi Ferrer Beltrán, "Proven Facts, Beliefs, and Reasoned Verdicts", in Edited by Christian Dahlman, Alex Stein, and Giovanni Tuzet, *Philosophical Foundations of Evidence Law*, Oxford University Press, 2021, pp. 40~50.

心确信作为认定案件事实的标准，具有较强的主观性，而英美法系国家虽然明确了"排除合理怀疑"与"优势证明标准"，但在认定证据的主观性方面与大陆法系趋同。并分析其原因有三：其一，证明标准适用模式模糊不清，重要概念缺乏定义；其二，证明标准具有灵活性，其含义只有置于具体案件中才能相对明晰，而事实认定者将证明程度在案件中具体化，因而证明标准由事实认定者进行阐释；其三，证明标准通常被认为是事实认定者在认定事实假设已经被证明的确定性或自信程度（firmness or confidence）。[1]依据乔迪·费雷尔·贝尔特兰的考察和研究，在司法实践中，认定是否达到证明标准的主要依据是事实认定者形成的信念。

乔迪·费雷尔·贝尔特兰指出以事实认定者的信念作为达到证明标准的依据存在诸多问题：其一，信念具有自动生成的特质。[2]我们并非依靠自己的自主意志形成信念，而是搜集相应信息后在我们头脑中自动生成了信念。如果事实认定者自己对于自己的信念都无法把握，那么对于参与案件的当事人而言，其提交的证据能否达到证明标准，更是无法明了，这显然与法治的可预测性与稳定性的基本要求不符。其二，如果将信念作为终极目标，那么很有可能将证据的证明搁置一边。而在司法语境下，证据的证明具有不可替代的价值，特别是在刑事诉讼中，法官认定事实的过程和依据应当公开与透明，而"信念"作为认定事实的依据，显然不能满足这一要求。而且，信念内在于事实认定者，而我们缺乏对其进行检验的可能性，无法对于事实认定提出异议。[3]

证明标准是司法活动中不可或缺的必要因素，因为在当事人双方均提出通过强有力的论证证实主张的时候，需要判定采信哪一种主张。而且，法院判决需要说明哪种观点应当采信，同时应当给出有说服力的理由。证明标准

---

〔1〕 Jordi Ferrer Beltrán, "Proven Facts, Beliefs, and Reasoned Verdicts", in Edited by Christian Dahlman, Alex Stein and Giovanni Tuzet, *Philosophical Foundations of Evidence Law*, Oxford University Press, 2021, pp. 41~50.

〔2〕 Jordi Ferrer Beltrán, "Proven Facts, Beliefs, and Reasoned Verdicts", in Edited by Christian Dahlman, Alex Stein and Giovanni Tuzet, *Philosophical Foundations of Evidence Law*, Oxford University Press, 2021, pp. 41~50.

〔3〕 Jordi Ferrer Beltrán, "Proven Facts, Beliefs, and Reasoned Verdicts", in Edited by Christian Dahlman, Alex Stein and Giovanni Tuzet, *Philosophical Foundations of Evidence Law*, Oxford University Press, 2021, pp. 41~50.

应当以合理性与可接受性为依据，同时适用排除性标准。合理性与可接受性并非纯粹经验性的，其中也包含着符合逻辑性与合法性等规范层面的要求。通过庭审如何得出结论，大陆法系和英美法系有明显的差异。以德国为代表，当法官"内心确信"案件事实时，就可以认定案件事实。而在英美国家，认定案件事实的主要路径是：规定证明的概念或者以达到"证明标准"作为假设的案件事实（a hypothesis）已经得到证明的标志。这就在证据证明与事实认定者的信念之间建立了概念关系（conceptual relationship），即事实认定者认定案件事实的必要条件是，事实假设已经得到证实。乔迪·费雷尔·贝尔特兰对此提出了三条反对理由，而且每一个理由都足以推翻这项证明制度。其一，现实社会中，事实认定者作出的事实认定常常与他们内心确信的事实相背离。很多时候，因为证据不足、达不到证明标准而认定被告无罪，或者原本起诉方的证据充分，但因为部分证据被排除，因而导致证据不足，而事实认定者根据庭审情况内心却认定被告有罪。事实认定者不得不也必须搁置自己的信念，而将已证实的事实作为推理的依据。其二，应当在事实认定者获得事实的信念与事实证明之间建立联系，而不是建立事实的可信度与事实证明之间的关系。换句话说，除了事实认定者，普通人是不能对事实作出认定的，这使很多致力于法律证明研究的知识学家质疑，对于事实假设的证明的必要条件是某特定人的信念。其三，如果我们对于信念的概念（notion of belief）进行分析，就会发现，宣称证实事实，忽略了对头脑状况的考量。信念是产生于我们头脑中的东西，换言之，我们拥有信念是无意识的。我们不能对关于某一事实的信念确认，因为只有有意识的行为才能被确认。因此，事实认定者不能说已经确认，就某一证据证明的命题形成了信念，已经达到了内心确信（intime conviction）；同理，也不能对证据进行评价。[1]皮尔斯认为，真就是合理的可接受性。但该主张成立的条件是，必须置于群体的语境中，有听众对于主张进行确认。

证明标准本身缺乏量化的可能，虽然我们区分了民事诉讼的证明标准、刑事诉讼的证明标准，而且将民事诉讼的证明标准描述为盖然性标准，将刑

---

[1] Jordi Ferrer Beltrán, "Proven Facts, Beliefs, and Reasoned Verdicts", in Edited by Christian Dahlman, Alex Stein and Giovanni Tuzet, *Philosophical Foundations of Evidence Law*, Oxford University Press, 2021, pp. 41~43.

事诉讼的证明标准定义为"确实""排除合理怀疑"等标准，甚至还有学者试图将其量化，即刑事诉讼的证明标准为90%以上，而民事诉讼的证明标准为大于50%。但是，这一表述，仅仅是对证明标准的"描述"而已，并非在个案中对其进行的测度。因为，这一描述准确的前提是，必须确定标准——绝对真实100%的情形，因此证明标准的尺度如何具体化是能否完成证明任务的前提。信念有很强的语境依赖性（contextual independence），在环境 C1 的语境下，事实认定者可能作出 P 的判断。而在 C2 的语境下，事实认定者可能作出非 P 的判断。[1]从这个角度看，法官认定的事实与社会公众认定的事实存在差异也就不难理解了。解决这一难题，主要有两个方案：方案一，对于证明标准下证据要求尺度的解读。事实认定者的信念对象不是命题 P，而是基于提交的证据认定命题 P 的可能性。这样，事实认定者对于事实可能性进行判断，那么被告在民事诉讼中败诉，而在刑事诉讼中脱罪就不足为奇了。方案二，事实认定者信念的生成参考证明标准。不同的证明标准对证据有不同的要求，事实认定者对于案件事实的认定，应当根据不同的证明标准调整信念生成的标准。[2]

乔迪·费雷尔·贝尔特兰的核心观点是，事实认定者的信念不能作为证明标准，而应当以对证据不同程度的要求（require different levels of evidence）作为证明标准。该观点的核心前提是事实认定者判断是否达到证明标准的主要依据是内心的"信念"，而"信念"具有自动生成的特性，因此即便是事实认定者也不能理性地掌控。罗伯特·M. 桑格（Robert M. Sanger）主张，在法庭内盖梯尔问题并没有推翻传统的知识的概念，只不过是在信念与知识之间进行转换而已。[3]

凯文·M. 克莱蒙特主张，在庭审中，应当遵从多价逻辑（multivalent logic），事实认定者应当测度基于证据、事实确证的可能或者形成的信念。证明

〔1〕 Jordi Ferrer Beltrán, "Proven Facts, Beliefs, and Reasoned Verdicts", in Edited by Christian Dahlman, Alex Stein and Giovanni Tuzet, *Philosophical Foundations of Evidence Law*, Oxford University Press, 2021, p. 44.

〔2〕 Jordi Ferrer Beltrán, "Proven Facts, Beliefs, and Reasoned Verdicts", in Edited by Christian Dahlman, Alex Stein and Giovanni Tuzet, *Philosophical Foundations of Evidence Law*, Oxford University Press, 2021, p. 46.

〔3〕 Robert M. Sanger, "Gettier in a Court of Law", *Southern Illinois University Law Journal*, Vol. 42, No. 3, Spring 2018, pp. 409~420.

标准意味着应当依靠事实认定者的多阶信念（multivalent degrees of belief），而不是依据事实认定为真的可能性来确定。区别于二阶假设，依据多阶信念，事实认定者认定事实为真的可能性为零，事实为假的可能性也为零；事实为真的可能性与事实为假的可能性之和不等于一。[1]

凯文·M. 克莱蒙特将证据的认证过程分为两个主要的阶段：证据处理阶段（processing the evidence）和证据评价阶段（evaluating the evidence）。证据的证明标准主要规范证据评价阶段，而对于证据处理阶段并没有限制。我们对于命题的判断，通常只有两种结果，即正确或错误。但这种思维并不适用于案件事实认定，因为除了完全正确与完全错误，还有一种情况，即自由的信念（uncommitted belief）。在案件审理之初，对于案件的信念均处于自由的状态，在证明之前对于原告的主张是零信念（zero belief），同样对于被告的主张也是零信念。如果原告提交了证据，部分自由信念转化为原告主张事实存在的信念。但是，当被告作出有效证明，对于原告的证明无论是否定性的、替代性的或者逻辑性的反驳，事实不存在的信念将会增加。在特殊情况下，会出现信念间的冲突，这不仅会削弱事实存在的信念，也会削弱事实不存在的信念。在信念形成过程中，不应当量化信念，事实认定者通常根据案件事实，类似于模糊数学，形成整体的信念。如果不借助数学，如何表示信念的程度？凯文·M. 克莱蒙特主张可以分为七个等级：①最轻微的可能性；②合理的可能性；③实质性的可能性；④均衡；⑤较高可能性；⑥高可能性；⑦几乎确定等。通过七个等级表示信念的程度既符合认知的一般规律，也符合不同诉讼中证明标准的不同要求；刑事诉讼的证明标准要求的信念度更高，民事诉讼中的信念度要求相对较低。更为重要的是，可以克服原有证明标准不适用的尴尬境地。在民事诉讼中，如果按照"优势证明标准"，只要原告主张事实存在的可能性大于被告主张的事实不存在的可能性，那么原告就可以胜诉。但是如果原告主张的事实存在的信念度很低，只不过略高于被告主张的事实不存在的信念度，那么因此认定事实存在，也不具有说服力。对原告的主张或被告的主张，通过信念度来评价可以较好地适用证据的证明标准。对原告主张的事实或被告主张的事实认定是否达到证明标准，以信念度作为依据而非建立在非此即彼的二阶理

---

〔1〕 Kevin M. Clermont, "Staying Faithful to the Standards of Proof", *Cornell Law Review*, Vol. 104, No. 6, September 2019, pp. 1457~1512.

论上的比较优势，更具有合理性。[1]

第三节　信念规范

一、信念主义与证据主义

信念主义与证据主义两种理论针锋相对，信念主义认为，证明标准应当借助于事实认定者的信念度来评价，是否达到证据法要求的证明标准；证据主义认为，信念作为证明评价的依据，不具有可操作性，而且信念是主观状态，不具有可检验性，而证据的证明效果才是信念评价的依据。两种理论的争议主要可以归因于知识论中的如下几个问题：①信念是否可以被主体所控制？证据主义反对信念作为评价是否达到证明标准的主要理由是，主体无法掌控自己的信念，信念具有"自动"生成的特质，因此信念无法关联事实认定者的意志，不能作为评价的标准。而信念主义，不仅认为主体可以控制信念，而且可以形成不同程度的信念，而根据信念度可以评价是否达到证明标准。②相对于证明标准，证明是否具有终极意义？证据主义认为，证明标准主要是对证明效果的差异化要求，证明效果越好，其似真度越高。信念主义认为，主体对于证明形成的信念才是判断是否达到证明标准的直接依据，证明效果与信念关联，证明效果可以增减信念度。

二、信念与意志之间的关系

信念与意志之间是什么关系？根据对于这一问题的不同回答，可以分为信念意志主义与信念非意志主义，其争议的核心问题是主体是否享有信念自由。[2]认为主体享有信念自由，而且可以掌控信念的，是信念意志主义。反之，是信念非意志主义。

我们似乎都有类似的经历：我们对某事物已经形成了信念，但是当被问及这一信念如何得出时，我们却对信念形成的过程难以言明，而又不得不开始寻找支

---

〔1〕　Kevin M. Clermont, "Staying Faithful to the Standards of Proof", *Cornell Law Review*, Vol. 104, No. 6, September 2019, pp. 1457~1512.

〔2〕　郑伟平：《信念自由与信念伦理》，载《学术界》2018年第12期，第32~47页。

持我们信念的理由。扎格泽博斯基将其称为不认真的信念（unconscientious beliefs）。当我们长途跋涉，缺乏必要的休息时，我们会形成"我现在很疲劳"的信念。这一信念的形成，似乎是自然而然产生，并不是我们思考的结果，这种信念仅是信念的一种形式。在大多数情况下，我们对于未知的领域或未知的目标都采取探究的方式。当我们对无人驾驶汽车将信将疑时，我们可以搜集相关资料进行了解，甚至通过乘坐无人驾驶汽车，切身体验无人驾驶汽车的运行状况，最终形成无人驾驶汽车确实存在且运行良好的信念。在相对复杂的领域中，我们必须依靠理性，通过对相关信息进行筛选和分析，才能形成相应的信念。为什么如此？这源于我们对于某些事物的关注（care about），因为当我们在意某事物时，我们一定会关注该领域的知识、"真"以及其他认知成果。进而言之，如果我们关注某一领域的事物，我们一定会关注该领域的真信念。关注某一领域的知识，就要求我们像该领域的认真的知识探究者那样行事。如何行事？就是以合乎道德的方式，认真地尝试形成真信念。

庭审过程涉及繁复的事实，在存在利益冲突的当事人之间，通常存在相互矛盾的事实版本。如果没有理性参与，无法形成对案件事实的信念，而且在信念形成过程中，信念并非一成不变，信念的强度会随着证据证明效果的显现而增减，当证明发生变化时，既有的信念可能归零，而与之对立的信念却逐渐增强。

三、信念度与认真程度之间的关系

扎格泽博斯基通过列举两个例子，来说明除了知识，似乎还有重要因素影响我们的信念。一是"劫持者案"：如果我在 5 分钟之前，看到我的幼子在后院，那么现在我仍然会相信我的幼子在后院的信念为真。但是，当我知道我家附近有劫持者，我对幼子还在后院的信念就不那么确定了。二是"玫瑰花破坏者案"：如果不久前，我看到了花园里盛开的玫瑰花，那么我相信玫瑰花现在完好如初的信念为真。但是，在我得知周边有毁坏玫瑰花的人，我对于现在玫瑰花完好的信念就不那么确定了。[1]为什么信念会出现时间前后的差异？这就说明在知识外，还有其他重要因素在影响我们的信念。扎格泽博斯基认为，这个重要因素就是我们在意的东西，随着我们在意的程度增减，我们认识

---

[1] Linda Trinkaus Zagzebski, *Epistemic Values*, Oxford University Press, 2020, p. 201.

的认真程度（epistemically conscientious）也会发生变化。这也是为什么我们认为，持有未经确证的信念的人是非理性的，因为一方面关注某事物，但又不确证相关的信念，显然自相矛盾。认知价值在我们关心的事物中居于优先地位，因为它是因我们关心事物所产生的。当出现关注知识或信念与关注某事物发生冲突时，并不能基于更关注哪一个而解决问题，因为我们对知识或信念的关注源于对该领域的关注。[1]依照扎格泽博斯基的观点，我们的关注度与我们可以获得的知识的数量成反比。因为，我们对于某些事物越在意，如同上述"劫持者案"与"玫瑰花破坏者案"两个案例所表明的，我们对于形成的"真"的信念是否为真的确定越迟疑，我们所获得的知识的数量就越少。

　　这一理论也可以说明，不同种类的诉讼案件对于事实认定者的关注度有不同的要求。证明标准存在差异，例如刑事诉讼的证明标准明显高于民事诉讼的证明标准。直观的解释是，刑事诉讼涉及的刑事责任对于当事人产生的影响远大于民事诉讼涉及的民事责任产生的影响，因而在确定责任时对于证明提出了更高的要求。除法律制度中证明标准的差异以外，司法实践中事实认定者的谨慎程度也有差别。民事诉讼中，在民事权利保障的价值目标推动下，事实认定者更容易形成对于案件事实的确信与认定。刑事诉讼中，事实认定者会更加谨慎，反复斟酌是否能够形成内心的确信。相比于民事诉讼，刑事诉讼中事实认定者形成知识，确认事实的数量显然较少，这也是一种体现刑法的谦抑性的现象。刑事诉讼中的"疑罪从无"原则，除了诉讼利益分配与保障人权的价值追求，还有知识论上的意义。刑事诉讼中，事实认定者更加慎重，形成内心确信的标准也较高。当案件既有的证据、法庭调查等无法使事实认定者形成内心确信的真信念，那么法官就不应当认定公诉人主张的事实为真。如果"证据确实充分"主要是关于证据证明的要求，那么"排除合理怀疑"就是关于知识论领域的要求。"排除合理怀疑"是以事实认定者为视角的，即便公诉人已经完成了证明责任，证实被告实施了指控的犯罪行为，但是如果事实认定者根据既有证据和案情不能排除被告未实施，或犯罪行为由他人实施的可能性，从法律制度上，依然要求事实认定者不能确认被告实施了犯罪行为。显然这一制度，并不是基于证据证明的逻辑考量，而是对事实认定者形成内心"确信"的谨慎程度提出了更高的要求。

_____

〔1〕　Linda Trinkaus Zagzebski, *Epistemic Values*, Oxford University Press, 2020, p. 203.

四、信念伦理

证据主义描述的典型场景是：在庭审中经常会出现这样的情形：公诉机关指控当事人的证据不足，不能证明被告实施了犯罪行为，但是事实认定者形成了被告已经实施了犯罪行为的信念。现行通常的做法是，事实认定者放弃自己的信念，根据证据规则认定案件事实。[1]据此，证据主义认为，将信念作为认定事实的最终依据没有意义，或者说在证据证明的事实与事实认定者的信念相矛盾时抛弃证明，而以事实认定者的信念为依据，是难以接受的选择。

证据主义理论忽略的事实是，事实认定者受到信念伦理的约束，而信念受到规范的约束。信念的约束，主要分为知识规范、证据规范和真的规范。真的规范，因为缺乏对人们行为的指引，因而有关理论逐渐被学者们冷落。知识规范主要强调信念的确证，以及主体形成信念过程中，发挥作用的证据规范和非证据规范。[2]

证据主义力图排除信念对证明的干扰，通过证明来认定事实。但是，证明能否独立完成达到证明标准认定的任务？证据主义可能面临三大挑战：其一，证明认知问题。证据证明了什么，是否达到证明标准，都需要事实认定者形成相应的信念，这个问题的实质是事实认定者的能动性问题。该理论认为，只要证据已经证明，那么事实认定者就应当持有该信念。依照这种理论，事实认定者只能"接受"或服从证明结果，这显然与司法实践相去甚远。知识论中，对于证据主义的指责主要源于实用主义，认为其忽略了实用因素。[3]其二，证明选择问题。证据主义主张，当证据证明结果与事实认定者的信念不一致时，应当以证据证明结果作为依据。在诉讼中，通常诉讼当事人之间对于事实存在争议，而且均提交了证据证明。当存在两个完成了证明义务的证据体系，却没有信念在场的情况，如何形成案件事实？其三，认知责任问题。如果事实

〔1〕 Jordi Ferrer Beltrán, "Proven Facts, Beliefs, and Reasoned Verdicts", in Edited by Christian Dahlman, Alex Stein and Giovanni Tuzet, *Philosophical Foundations of Evidence Law*, Oxford University Press, 2021, pp. 42~43.

〔2〕 郑伟平：《论信念的知识规范》，载《哲学研究》2015年第4期，第93~98页。

〔3〕 郑伟平：《当代信念伦理学的"第四条道路"——论皮尔士的信念规范理论》，载《哲学分析》2014年第1期，第37~50页。

认定者对于证明的认知缺乏自主性，而事实的形成是自然而然的证明结果，那么事实认定者似乎不应当对事实的认定承担责任。但是，在现实交往中人们需要对自己的信念负责，这就构成了一个难题。在刑法哲学领域，有的学者提出了解决方案：我们对于自己的信念有独特的非自愿性控制，但是该理论并不成功，因为我们无法分辨应当对于哪些未确证的信念负责。亚历山大·格林伯格（Alexander Greenberg）提出，理由回应机制（reasons-responsiveness）对于确定我们对自己的信念负责起到了一定的作用。比照哈特（Hart）的过失责任理论，基于认知者对于"真"的关注，来区分是否应当对信念负责。具体而言，刑法中的可责性在于某人的行为漠视他人的利益，而认知责任就是某人对于"真"缺乏足够的关注而应当承担的后果。[1]

五、社会公众的可接受性

知识具有程度差异的性质，而不是仅能作非此即彼的二元化判断。知识程度的差异主要源于证据的差异、个体识别能力的差异、个体知识体系的差异等因素。[2]这也是司法实践中，为什么不同法官对相同的证据材料，会作出不同的事实认定的原因。一审法院与二审法院，甚至同一合议庭内的不同法官，都可能对案件事实作出不同的认定。证据法中的证明标准，为事实认定方面消除分歧，形成确定一致的意见提供了依据。费多益教授认为，"知识的真看作一种主体间的认识论承诺，不要求信念的'真'得到绝对的确证，而是只需实际上为真的信念有可能为真就够了"。[3]知识是主体间的理性承诺，是信念的保障。

在讨论个体对待某一命题的态度时，信念与承诺是两个重要的概念。信念是一个人或主体的内在心理状态，一个主体不能分辨或了解另一个人的真实想法。甚至主体自己对于某些事件或主题的真实看法也很难了解清楚。在社会活动中，如果一个对话的参与者，明确表明自己认为某一命题为真或接受该命题，那么对话者就承诺该命题。因此，可能出现的情况是，主体可能

---

〔1〕 Alexander Greenberg, "Epistemic Responsibility and Criminal Negligence", *Criminal Law and Philosophy*, Vol. 14, No. 1, April 2020, pp. 91~112.

〔2〕 曹剑波：《知识是绝对的，还是有程度的?》，载《哲学研究》2022年第6期，第87~97页。

〔3〕 费多益：《美诺悖论：知识何以拥有理性的保障?》，载《哲学研究》2022年第7期，第88~96页。

承诺某一命题，但并不相信该命题。每一个参与者都有一个"承诺集"，根据承诺规则，对于承诺集里的命题进行添加或删减。在对话中，一个主体说"雪是白的"，那就表明该主体承诺"雪是白的"这一命题。也就是说，承诺是一个公共性的概念，由参与者在对话中实际表达决定。而传统的认识机制与之截然不同，该机制是建立在信念基础上的，因而具有不确定性。承诺具有公共属性，是一系列的公共性的行为，在社会规则下，参与者的陈述具有社会意义。[1]

法官通过推理得出特定的结论，通常受到的质疑是推理过程会受到想象、情感、权利优势的影响，但实际上，合理的法律发现像科学发现一样，应当具有公众的可理解性（publicly accessible）以及主体间的可接受性（intersubjectively acceptable reasons）[2]。同时代的普遍社会经验应当是类似的，主要的知识结构是趋同的，因此对于相同的事物可以作出类似或相同的判断。

第四节 单一证据与犯罪事实规则

作为裁判的依据，信念与证据哪一个更具有优先性？二者是否具有可替代的关系？这些不仅是理论问题，也是司法实践中面临的具体问题。

一、孤证不立规则

我国司法实践中，将"印证"证明模式作为案件事实能否认定的必要条件。法官将没有印证的证据称为"单一证据"或"孤证"，因为缺乏相关的证据印证，因而对于相关的事实不予认定。《中华人民共和国刑事诉讼法》第55条规定："……只有被告人供述，没有其他证据的，不能认定被告人有罪和处以刑罚……"最高人民法院《关于适用〈中华人民共和国刑事诉讼法〉的解释》第91条第2款规定："证人当庭作出的证言与其庭前证言矛盾，证人能够作出合理解释，并有其他证据印证的，应当采信其庭审证言；不能作

---

〔1〕 Douglas Walton and Fabrizio Macagno, "Common Knowledge in Legal Reasoning about Evidence", *International Commentary on Evidence*, 3, 2005, pp. [i] ~40.

〔2〕 Catherine Z. Elgin, "Impartiality and Legal Reasoning", in Edited by Amalia Amaya and Maksymilian Del Mar, *Virtue*, *Emotion and Imagination in Law and Legal Reasoning*, Oxford: Hart Publishing, 2020, pp. 47~58.

出合理解释，而其庭前证言有其他证据印证的，可以采信其庭前证言。"

案例4.1：魏某盗窃上诉案[1]

魏某因盗窃电动自行车，被淄博市周村区人民法院判决构成盗窃罪，判处有期徒刑8个月。魏某提出上诉，上诉的主要理由是：魏某将电动自行车放在某商场周边并未骑回家，所以不构成盗窃罪。淄博市中级人民法院经审理认为，"该供述系单一证据，在案无其他证据相印证……本院不予采纳"。作为证据，对魏某的供述不予采纳的主要理由是，没有其他证据印证该证据。

案例4.2：游某朋、樊某等19人故意伤害罪、聚众斗殴罪、赌博罪案[2]

商洛市人民检察院起诉张某勇构成故意伤害罪。但商洛市中级人民法院认为，"对于张某勇的伤害行为仅有黄某证实，依据孤证不立原则，公诉机关指控张某勇犯故意伤害罪证据不足，应以聚众斗殴罪定罪量刑"。并指出，"孤证不立"在司法实践中，已经形成共识，可以规范事实的认定，即依据"孤证"不能认定案件事实。

通过上述两个案件，可以看出"孤证不能定案"规则已经在司法实践中适用，而且不仅适用于公诉方的举证，也适用于被告的举证。但该规则仅作了数量上的要求，较容易受到的质疑是：是否两份或两份以上证据证实的事实，优于一份证据证实的事实？

二、我国学者的理论创新

纵博认为，在我国司法实践中，"孤证不能定案"规则的功能是证据补强，预防证据的错误采信以及错误定罪。但实践中，存在机械化适用该规则的倾向，单纯以数量作为判断的标准，不区分证据出错概率，又概括式适用，偏离了该规则的功能。因此，应当重构该规则，建构新的规则适用模式。[3]

司法实践中，法官根据案件证据，结合经验、常识作出事实认定。在

---

[1] 参见山东省淄博市中级人民法院［2021］鲁03刑终73号刑事裁定书。

[2] 参见陕西省商洛市中级人民法院［2016］陕10刑初25号刑事判决书。

[3] 纵博：《"孤证不能定案"规则之反思与重塑》，载《环球法律评论》2019年第1期，第149~163页。

"永新县永恒服装服饰有限公司、洪某源等走私普通货物、物品案"中，南昌市中级人民法院基于被告洪某源与被告陈某业供述重合部分，认定永新县永恒服装服饰有限公司与深圳市万某服装有限公司共同走私生水貂皮9861张。南昌市人民检察院认为走私貂皮数量认定有误，提起抗诉认为：洪某源"指认的手册具有高度可信性，应当认定其走私的数量是102 626张"[1]。江西省高级人民法院结合案情，支持了南昌市人民检察院的抗诉意见。此案的特殊性在于，走私的生水貂皮物证已经无法调取。两被告洪某源与陈某业对于走私貂皮数量供认不一致，一审法院将供认重合部分（相互印证）作为走私的数量。而二审法院依法改判，指出虽然该证据没有其他证据与之印证，但是"手册"记载的数量"高度可信"，因此可以作为认定事实的依据。可见，在具体案件中，除了相互印证，还有其他证明案件事实的可靠方法与路径。虽然是一份证据，但是该证据的可靠性极高，足以使法官形成相关的信念，那么依然可以认定案件事实。

三、犯罪事实规则的演化

英美国家也有类似的制度，犯罪事实规则（corpus delicti rule）就是其中之一。该规则禁止采信法庭之外的认罪供述，除非有独立于该认罪供述的其他证据证实犯罪事实的存在。该规则的价值在于防止"被迫认罪"（conviction of the coerced）以及因为精神问题而"假想犯罪"，导致错误定罪。大多数学者认为，犯罪事实规则起源于17世纪英国的一些案件中，在其中一起案件中，被告因谋杀失踪的被害人而伏法，但后来发现被害人依然健在。虽然起源于英国，但是该规则并没有在该国推广适用，甚至在18世纪和19世纪被抵制适用，仅在杀人案件中能依稀看到其影子。[2]与之形成鲜明对比的是，在美国该规则广受欢迎，这发端于科尔文（Colvin）案。科尔文失踪，斯坦芬布姆（StephenBoom）被认为是凶手。虽然斯坦芬布姆起初并不认罪，但是当被告知检方证据充分、如果认罪可以免除死刑后，斯坦芬布姆认罪了。庭审中，除了斯坦芬布姆的有罪供述，检方没有提交其他证据证实科尔文被谋杀。虽

---

〔1〕 详见江西省高级人民法院［2017］赣刑终149号刑事判决书。

〔2〕 David A. Moran，"In Defense of the Corpus Delicti Rule"，*Ohio State Law Journal*，Vol. 64，No. 3，2003，pp. 826~829.

然被告抗辩，其有罪供述是在违反正当程序的情况下作出的，但是斯坦芬布姆依然被判处了死刑。命悬一线之际，斯坦芬布姆的律师刊登了寻人启事，精神错乱的科尔文随后被找到了。在律师的不懈努力下，佛蒙特州最高法院重新审理此案，检方撤回指控，斯坦芬布姆被无罪释放。这一案件一公布，便对美国的司法界产生了直接或间接的影响。美国司法领域普遍要求庭外供述应当有其他证据的支持（be corrobrated），检方也被要求遵循犯罪事实规则。

但近五十年来，犯罪事实规则遭遇重创。在"Opper v. United States 案"中，美国法院认为，独立的证据（independent evidence）如果可以证实有罪事实，无须遵循犯罪事实规则，但必须达到可信赖（trustworthiness）的程度。法院在另一个类似的案件即"Smith v. United states 案"中进一步阐明，独立的证据能够支持有罪供述（bolster the confession），这也是一种有效的证明模式，即通过被告的供词证明犯罪事实。此后，大多数州都拒绝适用或取消了犯罪事实规则，取而代之的是"补强或可信赖标准"（"corroboration" or "trustworthiness" standard）。[1]

理论上，对于犯罪事实规则的指责主要包括三个方面：①包容性不足（underinclusive），它不适用于对于真实犯罪的不可靠的供述；②过分包容（overinclusive），它压制了可靠的有罪供述；③过于陈旧而且没有必要，因为宪法作为基础的规则为不可靠的有罪供述提供了充分的防护。[2]但有学者对此提出了怀疑，认为犯罪事实规则虽然有若干局限性，但发挥了明线规则（a bright line rule）的作用，因此该规则很难被逃避或被操纵，检察官不能仅依据有罪供述的某些方面或者某些事实就认定有罪供述是可信赖的，而应当证明被告供述的犯罪事实确实发生。"Opper v. United States 案"中确立的规则，并未提供标准，对被告也未提供任何保护。[3]

可以说，"犯罪事实规则"的演化实质是信念主义与证据主义之间的竞争

---

〔1〕　David A. Moran, "In Defense of the Corpus Delicti Rule", *Ohio State Law Journal*, Vol. 64, No. 3, 2003, pp. 826~835.

〔2〕　David A. Moran, "In Defense of the Corpus Delicti Rule", *Ohio State Law Journal*, Vol. 64, No. 3, 2003, p. 835.

〔3〕　David A. Moran, "In Defense of the Corpus Delicti Rule", *Ohio State Law Journal*, Vol. 64, No. 3, 2003, p. 853.

在司法实践中的"演练"。如果固守证据主义，那么一份证据证明案件事实，显然不具有稳定性和可靠性，因而不能作为认定事实的充分依据。而如果依据信念主义，即便是只有一份证据但是足以使法官或陪审员形成内心确信，那么也可以认定案件事实，只不过该证据对法官形成的信念度提出了更高的要求。

综上所述，盖梯尔问题的提出，对原有的知识论概念造成了巨大冲击，进而波及了整个知识论体系。哲学中的美诺悖论提示我们认知目标确定的重要性。法律规范设定了认知的基本方向和基本的认知框架。知识论中，最为核心的问题是知识的"确证"，什么才是可靠的确证方法？而司法实践中面临的相应问题是，证明标准是什么？虽然法律规定了"证据确实充分""优势证据""排除合理怀疑"等标准，但是这些标准在司法实践中，主要依赖于法官的认定。法官的内心世界中，证明标准是什么？理论界主要有五种学说，其中"确证的真信念"观点最为合理。诉讼制度对于法官的信念有"真"的要求，而司法实践中，法官的信念几乎无法达到绝对"真"的标准。传统的知识论中，信念与概念的张力不足，无法回应该问题，"信念度"理论应运而生。我们如何获得信念，应当遵循什么规范？信念受到证据、意志、认真程度、伦理等因素的影响。而社会公众的可接受性也成为评价裁判结论的重要依据。信念是否可以突破上述的规范约束而依然有效？比如，在证据不充分的情况下，是否可以根据法官内心形成的信念作出判决？为防止证据过于单薄，增加错误认知的概率，证据法确立了"孤证不立"规则，与其类似的"犯罪事实规则"，实质上都是"证据主义"与"信念主义"对抗中，"证据主义"胜出的结果。知识论中，信念需要充分的证据支持；司法实践中，认定的事实需要充分的证据证明。

"信念的确证之主流版本：S 相信 P 是信念的确证的，当且仅当（1）S 相信 P 是命题的确证的，（2）S 拥有对 P 的信念，（3）S 对 P 的信念是基于理由 R 的，即，理由 R 和信念 P 之间有一种基础关系。"[1] 基础关系是什么？正确基础关系（Proper Basis）：①理由 R 是 S 相信 P 确证的原因，而且②S 将对 P 的信念正确地置于理由 R 之上，那么 S 对 P 已经信念确证。[2]

按照席尔瓦（Silva）的观点，有两个条件构成了信念的确证且必要条件：

（1）相信 P 有（命题）确证的原因，而且
（2）将自己对 P 的信念正确地（properly）建立在相信 P 的（命题）确证的原因之上。[3]

上述信念确证理论，是否可以作为司法实践的理论基础？张继成教授认为，信念在司法审判中发挥着重要的作用，法官的审判行为等应当建立在信念基础上。[4]但是，对于信念在司法审判中如何发挥作用，张继成教授没有展开论述。周慕涵博士指出，在我国刑事诉讼中占主流地位的"印证"证明模式，其实质是信念确证的方式，但既有的理论基础出现了偏差，应当将"内

---

〔1〕 呼文欢：《当代知识论中两种确证的优先性之争——以命题的确证和信念的确证为例》，载《自然辩证法研究》2022 年第 3 期，第 9~14 页。

〔2〕 Paul Silva Jr,"On Doxastic Justification and Properly Basing One'sBelief", *Erkenntnis*, 2015, 80（05）：945~955.

〔3〕 Paul Silva Jr,"On Doxastic Justification and Properly Basing One'sBelief", *Erkenntnis*, 2015, 80（05）：945~955.

〔4〕 张继成：《事实、命题与证据》，载《中国社会科学》2001 年第 5 期，第 137~145 页。

在主义"作为其理论基础。[1]既然信念如此重要，是否可以将该理论制度化，通过法律规定将信念作为证成的必要条件？有学者认为，法院作出裁决的基础是事实的认定，而事实认定的路径主要有两个：其一，规定事实认定的方法；其二，规定事实证明充分的标准，进而在证明与事实认定者的信念之间建立关系，即待证事实证成的必要条件是事实认定者相信事实如此（in that particular way）发生。乔迪·费雷尔·贝尔特兰认为这一观点是错误的，主要基于如下三方面理由：首先，事实认定者作出的裁决与自己的信念相悖的情况并不少见。其次，这一观点是建立在事实证明与事实认定者信念之间的关系，而非事实可信度与事实证明之间的关系上，而事实认定者的信念受到认知能力的限制，并且信念不具有可验证性。最后，从信念的概念分析，信念是命题态度，我们无法决定形成某个信念，因此也就无法充分考虑到证成事实所涉及的主观状态。[2]

回应上述问题与质疑，信念与理由之间是什么关系？理由对于司法实践的意义是什么？

第一节　信念何以需要理由

信念具有真的目标，需要理由的支持。提供理由是信念伦理的要求。有理由的信念是获得其他认知者认同的前提。

什么是理由？宽泛的事实主义（broad factualism）认为，理由是与事实、真命题相同的表征。心灵主义认为，信念的认知理由是（或包括）非事实性的心灵表征状态、知觉体验、内省体验、记忆、直觉体验以及某些信念。[3]认知者形成的信念是否具有正当性？这主要涉及信念伦理学的范畴。认知者对于信念是否应当提供理由，主要涉及我们对于信念是否具有自主性：如果我们能够自主形成信念，那么我们就应当对自己的信念负责；反之，如果我们的

---

〔1〕　周慕涵：《印证原理的知识论诠释：理论纠偏与认知重构》，载《法制与社会发展》2022 年第 6 期，第 181~200 页。

〔2〕　Jordi Ferrer Beltrán, "Proven Facts, Beliefs, and Reasoned Verdicts", in Edited by Christian Dahlman, Alex Stein and Giovanni Tuzet, *Philosophical Foundations of Evidence Law*, Oxford University Press, 2021, pp. 42~43.

〔3〕　Paul Silva Jr., *Awareness and the Substructure of Knowledge*, Oxford University Press, 2023, pp. 85~87.

信念并非被我们的意志所掌控，那么就不应当要求我们对信念负责。

信念与理由之间的关系是什么？主要可以分为三类：第一类，"相信命题P 的诸种理由"，这些理由的特点是具有规范性，以及非个人的；第二类，"使 S 相信的诸种理由"，这些理由具有个人的与规范性的特点；第三类，"S 具有的某个相信的理由"，这些理由是个人的、非规范性的。[1]理由可以分为辩护性理由和解释性理由。辩护性理由，是信念得以成立的理由，具有规范性，该理由不一定为认知者所持有。解释性理由，是信念形成的原因，不具有规范性。[2]真信念才具有价值，而获得真信念需要理由的支持或保证。这主要源于信念的可错性。

一、信念的可错性

信念是否可错？这决定了信念需要理由的支持这一命题是否成立，而且为真信念与假信念的鉴别提供了基本的方法和依据。信念的可错性的理论困难主要来自两方面：其一，"可控问题"（problem of control）。对于信念是否可控，知识论学者们尚存在争议，因为认知主体的信念可控是认定认知者"应当"形成何种信念的前提。如果我们不能区分"应当"相信和"不应当"相信的信念，那么我们对于信念错误的评判也缺乏相应的依据。较为合理的观点是，如果将"应当"适用于信念，"应当"应来源于我们信念所敏感的理由，而信念敏感于证据。证据是我们相信的最佳（par excellence）理由。依此推理，从认识论角度而言，我们的信念应当来源于证据。[3]在知识论领域与证据主义形成竞争关系的是实用主义，实用主义认为和信念具有敏感关系的是"正确"的道德考虑（moral considerations），考虑的并非信念的道德收益，而是错误所付出的道德代价。因此，要求我们在得出结论前获得更好的证据，这也是切实可行的。[4]我们似乎都有过因粗心大意形成错误信念的经历，究其原因是缺乏审慎的态度所致。其二，协调问题（coordination problem），即如何处理认知规范与道德规范之间的冲突。如果在道德上我们应当相信，而

〔1〕　陈嘉明：《知识与确证：当代知识论引论》，上海人民出版社 2003 年版，第 49 页。
〔2〕　参见李主斌：《知觉经验与信念的理由》，载《科学技术哲学研究》2016 年第 4 期，第 15～20 页。
〔3〕　Mark Schroeder, *Reasons First*, Oxford University Press, 2021, pp. 188～189.
〔4〕　Mark Schroeder, *Reasons First*, Oxford University Press, 2021, p. 189.

从认知规范出发我们不应当相信，这就会产生冲突，我们不得不在"理性"与"好"之间作出抉择。认知规范与道德规范之间存在紧张关系，实用主义认为我们有反对信念的道德理由，但是没有要求某人相信的道德理由。例如，从道德而言，可以要求不应当对某人的某些事情形成信念，但是不能从道德上要求对某人的某些事情形成信念。一般认为，信念错误源于对信念缺乏证成，但施罗德（Schroeder）认为只有当我们接受对信念的认知理性的道德侵犯（moral encroachment）时，我们才能发现信念错误的实质。[1]

信念受到认知规范与道德规范的约束，信念为真，必须有相应的理由支持。实践中，与信念具有密切关系的概念是行动。理由、信念、行动之间是什么关系？

二、理由、信念与行动

施罗德认为，我们应当理解，根据理由的平衡，什么使得信念理性或非理性，而不是依据信念理性或非理性，理解理由充分或不充分。施罗德将理由、信念、行动系统化，将理由"安置"在信念的上游，而将行动"放置"在信念的下游，信念是可错的可能源于理由问题，同时也会对行动产生影响。为说明其观点，施罗德提供了撒酒案例：在经历了若干次不成功的戒酒经历后，马克（Mark）已经数月保持头脑清醒。今晚，即便学术研讨会的发言人将葡萄酒溅洒在马克身上，马克闻了一晚酒香，仍然能克制远离酒精，他认为这是他取得的最大成绩。但是当马克回家后，妻子闻到了他身上的味道，认为他又开了酒戒。使妻子搞错的，是错误的"信念"，而信念形成之前的原因与基于信念的妻子的举动，均不是真正的错误所在。[2]撒酒案例中，马克的妻子基于命题①马克身上有葡萄酒的味道，②马克曾经有若干次的戒酒失败经历，推论出命题③：马克又重新饮酒了。马克的妻子相信前述命题。马克的妻子形成错误的信念的原因是，她没有将发言人把葡萄酒溅洒在马克身上这一命题作为形成信念的理由。马克的妻子为什么形成错误的信念？苏珊·哈克提出了"Petrocelli 原则"，我们判断事物在很大程度上依赖于我们掌握的证据，我们掌握的证据可以是决定性的，即我们基于证据对命题形成的信

---

〔1〕 Mark Schroeder, *Reasons First*, Oxford University Press, 2021, pp. 189~191.

〔2〕 Mark Schroeder, *Reasons First*, Oxford University Press, 2021, pp. 183~185.

念是确定无疑的，但是很多时候我们依据既有的证据，相信 P 与相信非 P 各占一席之地。[1]在证据已经固定的情形下，我们对事物的信念在相信 P，或者相信非 P，或者悬置判断之间分配。除了上述命题外，马克的妻子有过若干次马克饮酒后满身酒气回家的经验，因此在她的头脑中，马克又喝了酒的判断占据了绝对的优势，自然而然地形成了马克又喝酒了的信念。马克的妻子没有给马克没有喝酒的信念留有余地，原因在于既有的证据没有指向这一命题，而且她也没有马克身上有酒气是产生于喝了酒以外原因的经验。因此，马克身上的酒气这一证据唯一指向的事实是，马克曾经喝了酒。

按照费尔德曼（Feynman）的"获取证据原则"，马克的妻子并没有证成"马克又喝了酒"这一命题。"获取证据原则"是指："如果 S 的实际证据支持 P，但是 S 本应该有另外的证据，而这另外的证据不支持 P，那么 S 的信念 P 是没有证成的。"[2]在上述案例中，马克的妻子没有掌握学术研讨会的发言人将酒溅洒在马克身上这一重要证据，这一证据不支持"马克又喝了酒"这一命题，因而马克的妻子的信念是没有证成的。

三、降低信念错误的方法

证据对于程序法的重要意义不言而喻，证据法对于实体法也有不容忽视的意义。桑本谦教授认为，所有实体法问题终将回归证据层面。[3]证据法学者提出了我国证据法学理论存在的诸多问题。但是，如何完善既有的证据法理论尚在探索之中。对于事物的认识是理性人自身具有的能力，而且从证据法发展的历程来看，证据法是正确认识事物，避免出现错误的保障措施；而不是相反，认识论"服务"于证据法。因此，我们应回归认识事物的本来规律，在此基础上构建证据法的认识论基础，并重新审视相关的制度，通过理论纠偏使证据法在司法实践中更好地发挥作用。一般认为，认定事实的目标是我们拥有对事实的知识，知识的证成结构主要为：证据证明的命题—信念—

---

〔1〕［英］苏珊·哈克：《证据与探究：走向认识论的重构》，陈波、张力锋、刘叶涛译，中国人民大学出版社 2004 年版，第 24 页。

〔2〕［美］理查德·费尔德曼：《知识论》，文学平、盈俐译，中国人民大学出版社 2019 年版，第 57 页。

〔3〕桑本谦：《法律教义是怎样产生的——基于后果主义视角的分析》，载《法学家》2019 年第 4 期，第 1~16，192 页。

知识。处理证据主要分为如下几个步骤：①从某一证据推理，形成对于待证命题的信念或不相信的信念；②整合证据，形成对于命题达到某种程度的信念或不相信的信念；③综合信念或不相信信念，作出裁决。[1]

在对抗制的诉讼中，法律通过举证义务和举证责任的承担，来分配错误认定事实的风险。一般情况下，法官依据证据认定事实。在民事诉讼和行政诉讼中，当事人承担举证义务，如果当事人不能提交证据导致法官对案件事实形成了错误的信念，那么由负举证义务的当事人承担该不利后果。这在若干可能的制度安排中是最经济的，因为案件当事人搜寻证据并提交证据的成本最小也是最合理的，如果由法官负责搜集证据并查明案件事实，那么司法成本就会不堪重负。但是，在刑事诉讼中，公诉机关负有举证义务，而被告并没有举证义务，因此法官没有民事诉讼与行政诉讼中那样掌握双方证据的便捷方法。对此，法律要求公诉人证成"被告有罪"的命题，同时还要证明"被告无罪"的可能不存在。为实现这一目标，主要有两种方法：其一，"被告有罪"的证据足够强大，强大到几乎没有给"被告无罪"的可能留有空间，这也是我国证明标准中要求证据"确实充分"的重要理由。其二，在证成"被告有罪"的命题的同时，还需要证明"被告无罪"的可能不存在，因此英美国家规定刑事诉讼的证明标准是"排除合理怀疑"。本质上，两种证明标准的方法是类似的，被告有罪与无罪的信念此消彼长。证据"确实充分"的证明标准，通过规定有罪证明标准高要求，将被告无罪的可能性挤压为零。"排除合理怀疑"的证明标准，直接测度被告无罪的信念成立的可能性。这两种路径殊途同归，即将被告有罪的错误率降到最低。

四、信念理由与裁判理由

信念形成于认知主体的内心世界，但信念应当有"真"的品质，而信念的确证是获得真信念的路径。信念的确证，依靠理由的支持。理由具有规范性，通过理由确认获得的信念具有真的属性。确证的真信念，可以指引理性人的行为，基于理由的考虑（Reasons-Based Account）：主体 S 的行为是理性

---

[1] Kevin M. Clermont, "A Theory of Factfinding: The Logic for Processing Evidence", *Marquette Law Review*, Vol. 104, No. 2, 2020, pp. 351~410.

的，当且仅当被 S 的理由充分支持。[1]确证的真信念可以被其他理性人接受，基于真信念的行为具有正当性。因此，理由与确证对于真信念至关重要。

(一) 理由与确证

伽达默尔（Gadamer）否认真理的客观性，认为不存在一个等待我们发现的"自在"的真理。真理是在我们理解的过程中逐渐生成的。[2]陈嘉明教授认为，在知识论中，"真"与"确证"是两个概念，作用也存在差异。真是从结果角度而言的，并无过程的要求；"确证"要求以论证作为得出结论的必要手段。[3]论证手段的要求使确证与猜想或其他非理性方式获得结论的方式区分开来。确证的过程，也就是给出理由的过程。

陈嘉明教授认为，虽然麦克道威尔提出了"理由空间"这一重要概念，但并没有对理由空间作进一步的规定，因此陈嘉明教授构建了"理由空间"的结构。其一，理由空间具有规范性，是将具有普遍性的规则和理由运用到具有特殊性的对象上。这一运用过程就对主体提出了"理性能力"要求，即主体具有将感性质料赋予恰切的概念的能力。其二，概念应当在"知识体系"中运行，主体具有的知识体系不同，对于现象可以提供的解释选择就不同，具有相应的知识体系是对现象作出正确解释的前提和基础。其三，知识体系规定的对象是现象，而在理由空间中以"事实理由"呈现，与提供思想依据的"知识体系"相呼应，并且提供了判定认知真假的根本依据。其四，认知者应当具有"善的意志"，既然知识体系具有规范性，那么认知者就应当遵循相关规则，负有责任去追寻事物的"真"，对事物作出正确的判断。[4]理由在案件审理中起到了至关重要的作用，但并不是所有的理由都在诉讼案件中具有决定判决结果的实质性意义。陈景辉教授构建的理由理论为：首先，将理由与借口相区分，区分的主要标准是，是否具有正当化能力。其次，将理由大致分为说明性理由和正当化理由，二者的主要区别在于：说明性理由具有"解释"的性质，而正当化理由使行为具有"正当性"的辩护；说明性理

〔1〕　Gonzalez de Prado Salas, Javier, "Rationality, Appearances, and Apparent Facts", *Journal of Ethics and Social Philosophy*, Vol. 14, No. 2, December 2018, pp. 83~111.

〔2〕　潘德荣：《认知与诠释》，载《中国社会科学》2005 年第 4 期，第 69 页。

〔3〕　陈嘉明：《知识与确证：当代知识论引论》，上海人民出版社 2003 年版，第 76 页。

〔4〕　参见陈嘉明：《经验论的困境与"理由空间"》，载《天津社会科学》2015 年第 1 期，第 76~81 页。

由仅仅说明原因并没有道德判断，而正当化理由赋予行为"应当"的价值判断；说明性理由通常反映的是因果关系，而正当化理由提供了行为的规范化条件或标准。[1]这一理由理论，同样可以适用于当事人就自己的行为提供理由的情形。

刑事案件中，很多罪名是以"故意"为构成要件的。虽然理论上存在争议，但无论是客观要件说，还是主观要件说，公诉人都需要提供理由，"证实"被告的"故意"。而公诉人的理由主要是说明性理由，使法官相信其主张。

（二）裁判的公共属性与裁判理由

凯瑟琳·Z. 埃尔金（Catherine Z. Elgin）认为，一个站得住脚的法律事实认定（a tenable legal finding）就如同科学发现，应当是公众可以理解的，有主体间可接受的理由支持。[2]一般情况下，给出理由的过程，就是确证过程的呈现。

20 世纪后半期，英国法院逐渐接受了这样的观点：法院负有提供理由的一般义务，这是正当程序发挥功能（function of due process）的结果。为何要求法院提供理由？亨利（Henry）解释：其一，提供理由可以保证正确的判决；其二，当事人可以清晰了解案件胜负的原因，以及法院裁决是否存在错误；其三，提供理由可以帮助上诉法院更好地理解一审法院判决提供素材，进而作出公正的裁决。[3]

麦克休（McHugh）认为，提供理由主要有三方面的功能：其一，当事人获取信息的需要，使当事人知晓他们的论点被理解的程度，以及被法院采纳而作为判决基础的情况；其二，限制司法权力，确保司法人员履职；其三，为将来案件的裁决提供规则，为立法者、社会公众、司法实践者为将来案件的裁判预测提供基础。此外，理性是司法判决的特征，如果不能阐述理由就

---

〔1〕 陈景辉：《实践理由与法律推理》，北京大学出版社 2012 年版，第 51~57 页。

〔2〕 Catherine Z. Elgin, "Impartiality and Legal Reasoning", in Edited by Amalia Amaya and Maksymilian Del Mar, *Virtue, Emotion and Imagination in Law and Legal Reasoning*, Oxford: Hart Publishing, 2020, pp. 47~58.

〔3〕 Jason Bosland, Jonathan Gill, "The Principle of Open Justice and the Judicial Duty to Give Public Reasons", *Melbourne University Law Review 38*, No. 2 (2014), pp. 496~497.

无法将司法裁决与肆意专断区分开来。[1]司法公开原则要求，裁决应当提供理由。但是在一些情况下，基于实用、公平、成本等考虑，也允许有例外情形。主要包括程序性事宜和自由裁量范畴，例如费用承担的法官裁量、相关事宜期间的缩短或延长等。[2]当然，具体哪些裁决不需要提供证据，并没有明确的固定的规则。

公开理由规则（public reasons rule）要求裁判理由是公开的。随之而来的问题是如何公开？在我国，公开裁判理由主要有以下几种方式：首先，案件公开审理，公开宣判。公众可以旁听法院公开审理的案件，听取法官宣读的判决结果和判决理由。其次，在公开的官网上查询裁判文书，知悉判决结果及理由。法院裁决的意义是什么？法院裁决意味着彰显一个规则：如果违反法律规定，那么将会受到惩罚。这可以规范人们的行为，引导人们不作与实体法行为规范相冲突的行为。从证据法意义而言，裁决意味着只有通过法定程序认定有罪，才施以惩罚。因此，人们从事行为不是基于合法性，而是避免被"证明"违法。法院裁决的基本功能，是向社会投射（project）裁决依据的基本规则。[3]

法律具有社会性，它来源于社会，也要回归社会。之所以讲法律理由，是因为社会性主要是基于法律理由确立的行为模式，而法律要确立行为模式。那如何来确定事实？很多时候不仅仅是法律规范来规定的，因为法律规范多是笼统出现，而法律理由，展示了行为模式可能带来的后果。不同的理由可能会产生不同的后果。

法院裁判应当公正，而裁判公正的标准主要有两个：其一，法律的确定性，即裁判结果的可预测性。其二，裁判结果的可接受性。要实现这两个标准就要求法院裁判理由的恰当与充分，同时，要求裁判应当具有说服力，说服的对象除了案件当事人，还包括社会上不确定的人。说服职能是否完成，对司法的公信力有至关重要的影响。既然裁判以社会公众为说服对象，那么

---

〔1〕 Jason Bosland, Jonathan Gill, "The Principle of Open Justice and the Judicial Duty to Give Public Reasons", *Melbourne University Law Review 38*, No. 2 (2014), p. 499.

〔2〕 Jason Bosland, Jonathan Gill, "The Principle of Open Justice and the Judicial Duty to Give Public Reasons", *Melbourne University Law Review 38*, No. 2 (2014), p. 503.

〔3〕 Charles Nesson, "Evidence Or the Event—On Judicial Proof and the Acceptability of Verdicts", *The Harvard Law Review*, Vol. 98, No. 7, May 1985, pp. 1357~1392.

就不能仅仅以法律规范作为唯一依据。虽然法律规范具有重要地位，但是一般而言，法律规范表述的专业化与抽象性，使法律规范与社会相疏离。因此，以社会公众的视角分析、理解、评价案件成为裁判公正的重要方面。社会公众在评价、分析案件时，除了依据法律规范，对其他道德规范、效率标准等也予以采用。可见，裁判的依据除了法律规范，还应当包含其他规范。社会公众对于特定事件的评价，往往会得出对与错的结论，而其中的评价依据却是多元化的，其中包含法律规范。一般而言，公众对于法律规范具有遵循的趋向，但是如果因法律规范而推论出的结论过于离谱，甚至达到了"令人大吃一惊"的程度，那么法律规范本身的正当性就会受到质疑。这种质疑为法律规范合理性的审视创造了可能性，一方面，可能法律规范本身的专业化和立法目的与社会公众的理解存在偏差，那么需要裁判加大说服的力度；另一方面，可能法律规范本身因为过于陈旧或者偏离现实社会，需要进一步完善，而公众的反应为法治的完善创造了契机。

法律现实主义，批评了规则的封闭性，指出规则体系悬置于客观事实或行为上，因此不切实际地将标准化的行为模式适用于复杂多样的社会行为。司法裁判的公共性，使司法活动具有了社会面向。法官对于判决结果负有说理义务。司法裁判的主要任务，是论证裁判结果的正当性。裁判结果的正当性主要涉及两方面内容：得出裁判结果的理由的充分性与正当性；裁判结果的可接受性。司法裁判的功能除了解决具体纠纷，还有消解社会分歧。具体言之，主要包括三个方面：其一，消解理论（观念）分歧；其二，消解行为分歧；其三，推崇理性思考的范式。社会公众对于裁判进行评价本身具有重要社会意义：司法裁判具有创设社会规范的功能。这一创设过程不是裁判者个人意愿，而是社会公众的意志表达，这为该规范的正当性提供了前提性的基础。社会公众基于"内在视角"对于裁判的服从，也便于司法裁决的执行与司法创设规范的遵循。

事实是被构建的，而不是自发生成的。证据规则在事实构建过程中，仅发挥了部分作用。更为宽泛的事实构建影响因素，包括技术与习惯等，以及来自法官、律师、法学教授等的影响。复杂的多元化的要素构建了事实，正如格尔茨（Geertz）所言，法律所关注的是正在发生的事情，而不是已经发生了什么（not what happened, but what happens）。这就存在一个悖论：我们依法将某些事物界定为事实，而界定依赖的规范却隐而不现；我们声称某些事物是事实，就意味着，事实依赖的规范性基础不应当受到质疑，同时要求我们以规范作为认定事实、理解事实的基础。[1]为了适用法律而构建的事实，既有共有维度，也有个体维度（collective and individual dimensions）。一方面，它是集体性质的事业，因为没有任何一个人可以单独构建一个意义体系，并将该体系施加于他人。我们不得不与他人建立各种关系，而法律规范是我们交往的一种方式。建立一个社会，意味着我们选择性地忽视一些分歧，而宣称我们有一致的世界观和价值观。在此基础上，社会中的人以相同的方式看待世界，至少是在某种程度上。[2]不可否认的是，根据现有的证据，可以肯定曾经发生过若干事实，但是在法庭上呈现的，或法官审理的，是"另一个"事实。"前事实"具有"真"的性质，而对于"真"的追寻，成为法庭努力认定事实的目标。

法院裁判具有公共属性，主要理由在于：其一，裁判职能的公共性。司法裁判是国家为权利救济提供的公共资源。需要特别说明的是，裁判似乎是法官个人的行为，但实际上，裁判过程是法官履行职能实现司法正义的过程。而正义评判的标准除了法律规范以外，包括道德规范、效率考量等，因而具有社会属性。其二，裁判过程的公开性。司法裁判的整个程序过程向社会公开，为社会公众监督、评价提供客观可能。其三，裁判结果的社会性。司法裁判具有强制力，可以创设、变更、消灭当事人之间的权利义务关系；更为重要的是，可以创设调整社会关系的行为规范。

第二节　基础主义与基础证据

知识论中，核心问题是如何确证信念？证据法学中，法官或陪审员的主要任务是认定案件事实。这一任务的实现，依赖于前一问题的有效回答。克里福德认为，在任何情况下（in all cases），没有充分证据的相信都是错误的，推测性的怀疑与研究比推测性的相信更坏。[3]证据对于信念的确证具有核心意义。

---

〔1〕　Rene Provost, "Fact", *McGill Law Journal*, 2020, 66（01）：67~72.

〔2〕　Rene Provost, "Fact", *McGill Law Journal*, 2020, 66（01）：67~72.

〔3〕　Originally published in *Contemporary Review*, 1877; reprinted in William K. Clifford, *Lectures and Essays*, London：Macmillan and Co. , 1886.

一、知识论中的基础主义

当理性人宣称相信命题 P 时，就应当给出相信命题 P 的理由，即应当确证命题 P。但怀疑论对确证提出怀疑，该怀疑被归结为阿格里帕三难题：S 为确证 P 给出理由 R1，随之而来的问题是 R1 为何能成立？对此可能的解决方案为：①S 为支持 R1 成立，给出理由 R2，依此类推，S 需要给出理由 R3 支持 R2，如此就形成了"无穷倒退"的困境，因为没有"终极"理由存在，那么之前的理由也没有得到支持，因此命题 P 无法得到确证；②S 给出理由 R2 支持 R1，给出理由 Rn+1 支持 Rn，S 将命题 P 作为理由支持 Rn+1，虽然可以终止无穷倒退，但是构成了"循环论证"，确证过程可以化约为命题 P 得到命题 P 的确证，显然不能成立；③S 给出理由 R2 支持 R1，给出理由 Rn+1 支持 Rn，如果 S 给出 Rn+1 的理由，那又启动了①"无穷倒退"的引擎，如果 S 不再继续给出理由，那么 S 无法支持 Rn+1 成立。如此 Rn+1 成立仅仅是 S 的"任意假设"而已，如同倒下的多米诺骨牌，如果 Rn+1 不成立，那么 Rn 也不成立，结论是命题 P 不能成立。[1]

为解决阿格里帕三难题，学者们提出了若干可能的解决路径：基础主义、一致主义。其中，与认定案件事实密切相关的是"基础主义"，因为在事实认定过程中不可或缺的方式就是推论，而推论必然涉及两个基本的问题：推论的起点是什么？如何保障推论起点成立？

知识论中的基础主义，解决的是认识论中的一个关键问题，即无穷倒退问题。我们确认知识 P 的正确性是基于证据 Q，而证据 Q 的正确性又依赖于证据 R 的支撑。如此无穷倒退，似乎无法找到其根基性的依据。而基础主义，将某一命题建立在经验基础之上，因而不需要依赖于其他命题的确证，可以自我确证，此类命题就是基础证据。奥斯丁（Austin）对此提出批评：其一，基础主义是将基础证据建立在不可错的基础之上的，而我们作出判断，不一定依靠证据；其二，命题的提出需要语言的表达，而语言的表达是一种行为，因此命题不仅涉及对错问题，还涉及是否恰当的问题；其三，我们以感知作为基础证据保证命题的正确性，但"物体对象""感知质料"论证太过混乱，而且现实中存在大量我们感知到但无法归类其中的东西，并且经验存在较大

---

[1] 王聚：《当代知识论导论》，复旦大学出版社 2022 年版，第 33~34 页。

的差异，因此基础主义不成立。[1] 基础主义主要可以分为笛卡尔式基础主义和温和基础主义。笛卡尔式基础主义的核心观点是：信念可以分为基础信念和非基础信念。存在证成的基础信念，非基础信念基于与基础信念之间的关系获得以证成。随之而来的问题是，什么信念是基础信念？笛卡尔式基础主义认为，心灵状态的信念和关于简单逻辑真理的信念是基础信念。基础信念如何证成？笛卡尔式基础主义的观点是，基础信念具有"不可错"的属性，即我们不可能将基础信念搞错，因此基础信念是被证成的。非基础信念如何证成？笛卡尔式基础主义的回答是，非基础信念基于基础信念演绎出来而获得证成。[2] 笛卡尔式基础主义面临自身难以克服的困难：其一，因为基础信念范围限定过窄，因而基础信念的数量过少；其二，基础信念"不可错"的假定，无论从理论上，还是从经验角度均可以举出若干反例；其三，如果仅以基础信念演绎作为非基础信念证成的方式，那么可以证成的基础信念数量过少。而温和基础主义似乎可以克服笛卡尔式基础主义的诸多困难。首先，温和基础主义对基础信念重新作了界定，将"自发形成"的信念定义为基础信念。这就扩大了基础信念的范围，除了心灵状态的信念，还包括对外部世界的信念。其次，证成的条件有两个：信念是对经验的恰当反应，未被其他证据推翻。最后，证成的要求是：非基础信念从基础信念出发，得到枚举归纳和最佳解释推理的支持。[3]

二、司法中的基础证据

证据的主要功能是支持命题。在庭审中，大多数案件中，当事人应当向法院提交一系列证据，而证据之间应当具有相应的逻辑关系，进而能与其支持的具有逻辑关系的命题相匹配。基础证据是指能够确定当事人之间基础关系的证据，而依据确定的基础关系，可以认定原告对被告是否享有实体法上的权利。亚历克斯·斯坦（Alex Stein）指出，法院审理案件所需的基础证据，

---

〔1〕 参见陈嘉明：《知识与确证：当代知识论引论》，上海人民出版社 2003 年版，第 8~12 页。

〔2〕 ［美］理查德·费尔德曼：《知识论》，文学平、盈俐译，中国人民大学出版社 2019 版，第 63~73 页。

〔3〕 ［美］理查德·费尔德曼：《知识论》，文学平、盈俐译，中国人民大学出版社 2019 年版，第 85~95 页。

就是能够证明案件当事人具体（specifics）关系的证据。[1]如果没有该具体关系的证明，法院就无法确认原告有权（a valid authoritative demand）要求被告向其承担责任。证据的论证主要是基础主义模式的。也就是根据基础命题，由基础命题推论出其他命题，而这些命题构成了认定事实的核心命题。反而言之，在诉讼中证据之所以重要，就在于证据对于基础命题而言是不可或缺的。司法实践中，法院的判决时常会使用"基础证据"这一概念。

（一）基础证据对于案件事实的认定起到基本作用

在"吴某春与肇某江、刘某铭、刘某、调某山市金鹏龙置业有限公司（以下简称'金鹏龙置业公司'）、开原金鹏龙房地产开发有限公司（以下简称'金鹏龙房地产公司'）股东损害公司债权人利益责任纠纷案"中，吴某春主张鑫空间公司、金鹏龙置业公司、金鹏龙房地产公司人格混同，但吴某春未能提交"基础证据"证实该主张，而仅仅是根据三公司股东关系作出的逻辑分析，因此，法院对于吴某春关于公司人格混同的主张不予支持。[2]

（二）基础证据对于案件其他证据的效力有重要的影响

在"东莞市鹏捷五金制品有限公司（以下简称'鹏捷公司'）与被上诉人施某宁侵害实用新型专利权纠纷案"中，上诉人鹏捷公司为证实其销售的产品有合法来源，提交了证据"戴某基经营的公司及阿里巴巴店铺信息截图"。但最高人民法院认为，鹏捷公司提交的该证据涉及案外人及其交易信息，且未能提交交易发票等"基础证据"，难以证实其与本案的关联性，因此不予采纳。[3]

（三）基础证据作为进一步查证必要性的基础或依据

在"自诉人严某炜诉被告杨某阳犯诬告陷害罪案"中，严某炜申请调取景宁畲族自治县公安局、监察委相关材料，但浙江省丽水市中级人民法院认为，严某炜在未提交被告犯罪的"基础证据"的情况下，申请调取上述资料未说明调取的理由，且申请调取的资料也不属于必须调取的资料。因此，原

[1] Alex Stein, "The New Doctrinalism: Implications for Evidence Theory", *University of Pennsylvania Law Review*, Vol. 163, 2015, pp. 2085~2108.
[2] 参见最高人民法院［2022］最高法民再89号民事判决书。
[3] 参见最高人民法院［2022］最高法知民终144号民事判决书。

审法院不予调取并无不当。[1]

（四）　基础证据缺失，很有可能导致案件事实不清

在"四川省宜宾市翠屏区人民检察院指控原审被告人刘某甲犯交通肇事罪案"中，四川省宜宾市中级人民法院认为，指控刘某甲犯交通肇事罪的基础证据是现场勘验笔录，而该勘验笔录"简易大略"，真实性存疑，无法认定刘某甲应当承担主要责任。四川省宜宾市中级人民法院最终判决刘某甲无罪。[2]

基础证据是认定案件事实的前提和基础，只有基础证据确定之后才可以确定基础案件事实，然后通过推论等方法，认定案件事实。虽然信念的基础主义受到了若干质疑与批评，但是基础证据却免于职责。因为证据法与诉讼法的强制力锚定了基础证据的地位，确定基础证据，实际上就确定了基础命题，在此基础上再进一步推论，从而认定案件事实。因此，司法实践中，法院立案时，要求当事人提交与案件有关联的"初步"证据，也是为了确认基础命题成立，避免浪费司法资源，提高诉讼效率。

第三节　证据的诠释

对基础主义提出挑战的是证据的自然主义认识论。传统的认识论者想知道如何管理我们对世界的信念，对于结论而言什么才算得上好的证据，根据给定的信息可以推论出什么？按照传统的知识论的观点，这些问题的回答具有先验的性质，即依靠纯理性而无须诉诸经验知识。与之相反，自然主义认识论认为，一个好的认识方法应当是可靠的，可以确定地导向真实，而方法是否可靠取决于关于世界的事实而非纸上谈兵。认识应当是后验科学，应当始终坚持实验科学。[3]在自然主义认识论视角下，研究对象是"真实"的事实，运用科学的方法，得出科学的结论。有学者对此提出了反对意见，主张只有当哲学系统出现混乱和崩塌时，用自然科学体系替代哲学系统才是合

---

[1]　参见浙江省丽水市中级人民法院［2019］浙 11 刑终 309 号刑事判决书。
[2]　参见四川省宜宾市中级人民法院［2015］宜刑终字第 430 号刑事判决书。
[3]　Gabriel Broughton and Brian Leiter, *The Naturalized Epistemology Approach to Evidence in Philosophical Foundations of Evidence Law*, Oxford University Press, 2021, pp. 25~26.

理的。[1]自然主义认识论虽然未成为主流的认识论，但是其强调的主体的能动性，应当引起我们的思考。即便是同样的证据，但是如果事实认定者不同，也可能得出不同的结论。

一、阐释对象的确定

知识论基础主义及反对意见中呈现的智识，可以启发我们在证据法学中的研究。我们通常会期望证据能提供无可争议的、客观性的、真的命题，依此命题推论出案件的整个事实。但从证据到命题，在绝大多数情况下依靠感知是无法解决的。因此，需要对证据进行诠释。实践诠释学的关键在于对实践本身的理解，而实现这一目标主要有两个路径：说明和解释。说明主要借助理论框架对实践进行分析，而解释是将实践作为独立的整体，理论或规则则作为该整体的组成部分。解释才是实践的真正意义上的理解。[2]

确定阐释对象是阐释的必要前提。脱离确定的对象的阐释是否合法？张江教授以海德格尔（Heidegger）阐释《一双鞋子》为例，海德格尔阐释自己的思想是合法的，但是脱离特定的对象进行的阐释，是非法的。[3]伽达默尔诠释理论中的一个重要的概念——"视域融合"，不仅要看文本的内容，而且应当看解释者的主观观点。

证据本身具有独立的意义和价值，因此具有理解的开放性。而司法程序以作出公正裁决为最终目的。证据的阐释，在司法审判的语境下，更多的是回应规范适用中对于事实建构的需要。例如，在刑事案件中，要求不同的罪名有不同的构成要件。而这些要件事实，需要证据支撑。除要件事实及可能对定罪量刑产生影响的事实，其他事实的认定似乎没有必要或冗余，会影响审判效率。因此，"相关性"或"关联性"成为证据审核的重要方面。但是，对于案件审理的逻辑顺序，通常是认定案件事实，进而适用法律规范，最后得出结论。这自然产生的问题是，如果法律规范框定了事实范围，那么会忽略若干重要事实，造成错误地认定罪名或错误定罪。而如果从事实出发，在

［1］ Mark Greenberg, "Naturalism in Epistemology and the Philosophy of Law", *Law and Philosophy*, Vol. 30, 2011, pp. 419~452.

［2］ 参见刘宇：《实践哲学之诠释学路径——以叙事逻辑为中介》，载《社会科学辑刊》2021年第5期，第32页。

［3］ 张江：《再论强制阐释》，载《中国社会科学》2021年第2期，第4~23，204页。

确定案件事实的前提下再适用法律规范，那么事实的认定就会漫无边际，而不具有可操作性。证据法中事实认定的过程，实质上是对特定的事实对象形成信念的过程。庭审的实质是法官对案件涉及的事实形成信念，诉讼当事人在庭审中陈述事实、提交证据的主要目标，也是协助法官形成真的信念。诉讼过程看似是诉讼当事人之间的攻守竞技，但其内核是对自己主张的信念进行辩护或确证的过程，或者为否定对方主张的信念提供依据（证据或理由）。可见，提交证据并非终极目标，诉讼的最终目的是法官对案件事实形成真的信念。

对于证据，终极意义是使法官理解，认可其意欲证实的事实。诉讼双方基于各自的立场对证据进行解释，在该阶段主要运用的是修辞学的知识与理论。诉讼中，证据认定的大概模式是：举证一方基于对证据的"理解"，对证据进行阐释；法官对证据进行审核，对证据进行"内心"理解，法官对证据的理解与内心阐释将与当事人的阐释相比照，如果形成共识，证据的内容和意义将予以认定，如果存在差异，那么法官享有决定权，而诉讼当事人负有"说服"义务。曾经存在较大争议的问题是：法官是否有独立于案件当事人的合同解释权？对于合同或合同条款，诉讼当事人各有解释，而若法官对于合同条款的解释不同于任一合同当事人，法官是否有权作出区别于诉讼当事人的合同解释，毕竟合同是当事人协商签订的。

对于证据的理解，主要受两方面的影响：经验与知识。经验可以场景化地体验，实现"感同身受"，理解事实的场景、当事人的感受、策略或行为的合理性。而知识为分析事实或特定事物创造了条件。在某些情况下，知识可以弥补经验的不足。证据的生成，主要包括证据的描述以及在此基础上的证据的"诠释"。在日常生活中，我们探讨的领域主要分为"自然因"与"目的因"，"自然因"主要探讨人与自然之间的关系，而"目的因"主要关于人与人之间的关系。自然因具有客观性，因此我们通常用解释的方法，而"目的因"涉及他我、自我等问题，应当用理解的方法。

如何实现理解？理解具有规范性，主要包括三方面：其一，义务原则。从伦理层面，要求认定者有求真的切实追求。其二，还原原则。从方法论层面，主张理解可以还原为事实。其三，合理原则。该原则对于还原原则具有补充意义，即理解无法还原为事实的情况下，可以通过推论等方式，得出可接受的结论。[1]

二、司法中的证据解释

当我们举出证据来证实某一命题时，我们首先必须回答的问题是：为什么这个证据是这一命题的证据。道格拉斯·沃尔顿（Douglas Walton）认为，应当通过三元关系予以证明：其一，基础证据，例如事实、实物等；其二，通过基础证据可以推论或显现的东西；其三，对基础证据与证据解释的应用。[2]

案件事实具有历史性。虽然很多时候，证据具有相应的痕迹，具有历史延续性，例如当事人在合同中的文字，作案工具上留下的指纹。相关的可感知和可体验的事实本身，具有当然的真实性。案件事实是庭审之前特定环境下发生的，在时空上区别于庭审的语境。事实调查阶段，主要调查的问题就是发生了什么。其实质就是从案件发生时的语言世界转换至当下的语言世界，这恰恰是诠释学的功能。但是，不应当把诠释学认定为工具。诠释学是对话式的，是理解过去与现在的中介，是理解解释者与文本的对话但又超越了理解解释者的自觉控制。[3]诠释对象不仅包括文本，也包括行为。保罗·利科（Paul Ricoeur）认为文本具有独立性，可以对其进行诠释，而且行为也具有类似于文本的独立性。[4]

证据的解释规则已经在法律规范中被规定，例如关于当事人的意思表示的"意义"的解释，《中华人民共和国民法典》第142条规定："有相对人的意思表示的解释，应当按照所使用的词句，结合相关条款、行为的性质和目的、习惯以及诚信原则，确定意思表示的含义。无相对人的意思表示的解释，不能完全拘泥于所使用的词句，而应当结合相关条款、行为的性质和目的、习惯以及诚信原则，确定行为人的真实意思。"杨代雄结合司法实践中的判例，对该法条进一步阐释：在无相对人的情况下，应当适用主观解释原则，

---

〔1〕 陈嘉明：《"理解"的知识论》，载《哲学动态》2016年第11期，第69~75页。

〔2〕 ［加拿大］道格拉斯·沃尔顿：《法律论证与证据》，梁庆寅等译，熊明辉校，中国政法大学出版社2010年版，第205页。

〔3〕 洪汉鼎：《诠释学：它的历史和当代发展》（修订版），中国人民大学出版社2018年版，第2~5页。

〔4〕 ［法］保罗·利科：《从文本到行动》，夏小燕译，华东师范大学出版社2015年版，第199~230页。

探究行为人的主观意思；在有相对人的情况下，应当根据相对人对于行为人的意思是否清楚进行区分，如果相对人清楚行为人的主观意思，应当进行自然解释，以行为人的主观意思为准；如果相对人不了解行为人的主观意思，应当进行规范解释。[1]

　　将意思解释划分为主观解释、客观解释与规范解释本身就是值得商榷的。因为，就解释主体、解释方法和解释对象而言，并没有主观和客观之分。对于行为人意思表示的解释，最为"权威"的是行为人自己的解释。但是因为显而易见的原因，不能将其作为意思表示解释的优先依据，理由在于：行为人作为诉讼当事人一方，意思表示的解释可能因涉及其自身利益，而使其解释的中立性减损。因此制度上，也未将行为人自己的解释作为解释的依据。更为重要的是，意思表示本身是行为，而行为具有历史性和独立性。所谓历史性，是指行为人曾经作出的意思表示对于正在进行的诉讼活动是已经发生的事情，具有时间的先在意义。所谓独立性，是指行为人作出意思表示后，该意思表示对于行为人而言并没有主体附随性，而是作为事件漂流在历史长河里。对于文本的解释，人们很容易接受解释主体和解释对象之间的关系；而对于意思表示，因为其具有的历史性和独立性，其也具有了与文本类似的地位与性质。因此，对于意思表示的解释，也离不开探究主体和对象的关系。

　　如何获得意思表示的意义？应当按照意思表示的"历史遗迹"——证据，来呈现或构建其意思表示的事实。然后再通过法律规范对其意思表示行为进行评价，进而获得意思表示的意义。因而，对于意思表示的解释主要分为两个步骤：其一，通过证据或历史，推论出事实；其二，通过法律规范对于事实进行评价，阐释其法律意义。《中华人民共和国民法典》第 142 条虽然规定了"有相对人"和"无相对人"两种情形，但基本的关系架构、解释方法是相同的，差别在于解释目标。上述两种情形下，解释的基本依据都是使用的词句、条款、行为、习惯与诚信原则。在"有相对人"的情况下，合同的词句、条款、意思表示行为等均是共同作用的结果，因此虽然行为人作出意思表示，但是其中也掺杂了相对人的意愿。可见，基于证据作出解释才更为真实。在"无相对人"的情形下，行为人的意思表示具有单方性，因而探求行为人的意思表示成为唯一目标，除证据外，行为人的"真意"涉及的其他因

---

〔1〕　参见杨代雄：《意思表示解释的原则》，载《法学》2020 年第 7 期，第 41~56 页。

素也应当考虑在内。因此，两种情形下的解释并没有主客观之分，也不存在行为人、相对人视角的转换。[1]

三、典型案例

案例 5.1：左某诉北京鑫丰汇川投资顾问有限公司股权转让纠纷案

2009 年 11 月 9 日，泛珠泉公司注册成立，左某持有该公司 10% 的股权。2014 年 8 月，温某富等人持左某"出具"的委托书等材料到陕西省宁强县市场监督管理局办理股权变更登记，将左某名下的 10% 的股权变更至北京鑫丰汇川投资顾问有限公司名下。左某提起诉讼，主张办理过户中的委托书、股权转让协议等上的签名并非其本人的签名，因此诉请法院确认股权转让协议无效。

一审庭审的焦点问题是：温某富办理股权变更登记时，是否持有左某的身份证。陕西省宁强县市场监督管理局证明，办理股权变更登记时，温某富持有左某的身份证。一审法院认定了该证据的效力及相关事实，并据此认定：温某富办理股权变更登记时，持有左某的身份证，足以推定左某对于股权转让予以认可，因此驳回了左某的诉讼请求。[2] 二审法院北京市第三中级人民法院认为，即使温某富到陕西省宁强县市场监督管理局办理股权变更登记时持有左某的身份证，但因为委托书和股权转让协议上的签名均不是左某本人的签名，不足以证明左某同意办理股权变更登记，因此支持了左某的诉讼请求。[3]

当事人是所涉案件的直接参与者，但并不意味着当事人对于行为的解释具有排他性的权利。这个案例争议的焦点在于，左某是否有同意办理股权变更登记的意思表示。这属于事实问题，而非合同条款本身的解释。一审法院与二审法院裁判的结果截然相反，关键在于基于庭审中相同的材料作出了不同的认定。一审法院以左某将身份证交给温某富这一行为，推定左某同意办理股权变更登记。二审法院却结合股权转让协议、委托书等证据，认定现有证据不足以认定左某同意办理股权转移手续。为什么一二审法院作出了相反

---

[1] 参见杨代雄：《意思表示解释的原则》，载《法学》2020 年第 7 期，第 41~56 页。

[2] 参见北京市怀柔区人民法院［2017］京 0116 民初 2174 号民事判决书。

[3] 参见北京市第三中级人民法院［2017］京 03 民终 14093 号民事判决书。

的证据解释？一审法院采用的是主观主义的方法，即探究左某"同意"或"不同意"的心理状态，不当地运用了缺省规则。二审法院则是按照客观主义方法，通过既有的证据判断左某是否同意办理股权变更登记。

案例 5.2：深圳乐新恩玛电子有限公司等与香港日隆投资有限公司等中外合资经营企业合同纠纷案

深圳乐新精密工业有限公司与马来西亚恩玛公司合资成立深圳乐新恩玛电子有限公司（以下简称"乐新恩玛公司"或"LE"）。2010 年 7 月 20 日，赖某民、香港日隆投资有限公司（以下简称"日隆公司"）、李某伟及陈某新签订《LE 重组框架协议》，约定了各股东的义务。同时约定，乐新恩玛公司向日隆公司支付相关转让费用 1150 万美元，但每年的支付上限为不超过乐新恩玛公司盈利总额的 40%。此后，因乐新恩玛公司出现严重亏损，合作终止。但就 1150 万美元是否应当返还问题产生争议。日隆公司起诉至法院，主张乐新恩玛公司应当返还 1150 万美元，并提出其他诉讼请求。该案争议的焦点问题是：乐新恩玛公司偿还 1150 万美元，是否以乐新恩玛公司盈利为前提条件。

一审法院认为，偿还 1150 万美元，应当以乐新恩玛公司盈利为前提条件。主要理由为：①根据涉案争议的合同条款以及往来邮件可以看出，技术转让金是以利润分割的方式支付的；②从商业交易的一般惯例来看，涉及的技术价值为 738 万元人民币，而转让费用为 7000 余万元人民币（1150 万美元，按当时的汇率 6.15 计算），不合常理；③从合同签订的目的看，外方的真实意图是并不实际投资，而是通过乐新恩玛公司的盈利逐步收回投资。故，驳回了日隆公司的诉讼请求。

二审法院认为，偿还 1150 万美元，不应当以乐新恩玛公司盈利为前提条件。主要理由：①合同条款约定，每年支付金额的上限为不超过乐新恩玛公司盈利总额的 40%，并不能因此推出以盈利为付款的前提。②乐新恩玛公司使用的技术是马来西亚恩玛公司提供的，技术的市场价值是 1150 万美元，马来西亚恩玛公司与日隆公司的股东均是曾某逢、李某昌，因此约定乐新恩玛公司向日隆公司付款，也在情理之中。③乐新恩玛公司董事长曾经向日隆公司出具《承诺函》，也印证了乐新恩玛公司应当履行还款义务。故，判决乐新恩玛公司支付 7072.50 万元及利息给日隆公司。

最高人民法院对此案进行再审，认定偿还 1150 万美元应当以乐新恩玛公司盈利为前提条件。最高人民法院分四步确认了该事实：①《LE 重组框架协议》第 5 条约定了 1150 万美元的返还事宜，但是从文字表述上并不能认定乐新恩玛公司返还日隆公司款项，以盈利为前提。②通过合同的体系解释，确定合同的真意。从合同结构来看，《LE 重组框架协议》第 5 条约定了返还 1150 万美元；《LE 重组框架协议》第 6 条约定依据《LE 重组框架协议》第 5 条转让设备、技术等。因此，《LE 重组框架协议》第 6 条的约定是《LE 重组框架协议》第 5 条的结果。日隆公司主张该 1150 万美元系设备、技术等的转让费用不能成立。日隆公司是基于乐新恩玛公司盈利的预期才签订的《LE 重组框架协议》，因此乐新恩玛公司主张该 1150 万美元系对日隆公司的补偿款以盈利为前提具有一定合理性。③根据交易过程中，合同各方商业往来邮件等可以确认，合作之初，各方对于合作前景是非常乐观的，同意以乐新恩玛公司的盈利偿还 1150 万美元。以此印证了《LE 重组框架协议》第 5 条的真实含义。④根据交易习惯和诚实信用原则，乐新恩玛公司系各方合作的项目，在出现巨额损失的情况下，中方损失严重，而日隆公司继续主张乐新恩玛公司返还 1150 万美元，违反风险共担的商业惯例和法律的公平原则。[1] 基于上述分析，结合案件事实，最高人民法院驳回了日隆公司的诉讼请求。合同解释必须回答三个问题：合同解释要实现的目标是什么？什么解释规则可以最好地实现这些目标？解释规则是强制性的，还是默认的？第一个问题，合同解释实现的目标。法院要实现的解释目标是目标中立性（goal neutral），合同当事人对于合同内容存在争议的情况下，呈现当事人签订合同时的意图。换句话说，合同相对方在订立合同时，合理地理解另一方的意图是什么。合同订立自由使目标中立性具有正当性，既然当事人可以创造合同，那么解释者的作用就是阐明当事人达成的"合同"是什么。第二个问题，实现目标的最佳解释规则。为了更好地探究当事人的意图，应当建立在宽泛的证据基础上，这是语境主义者（contextualist）秉持的观点。文本主义者（textualist）的观点与之相反，认为法院可以基于较窄的证据基础，再现当事人的意图。第三个问题，解释规则是强制性的，当事人无权就解释合同适用的理论进行约定，而

---

[1] 参见最高人民法院［2017］最高法民再 370 号民事判决书。

应由法官依据相关的理论进行解释。[1]

第四节　敏感原则与安全原则

知识论中，信念以命题为内容，是通过提供相应的理由并进行辩护而形成的。信念有程度之分，即便形成信念，为确保信念为真，也要受到敏感原则与安全原则的保护。

"盖梯尔定理"中提出的一个重要问题是，如何避免得出的结论是依靠运气，而非真正的知识。史密斯认为，将获得工作的人口袋里有 10 枚硬币，其最终应聘成功，且恰好口袋里有 10 枚硬币。虽然结论正确，但是我们也不能认为史密斯获得了知识。因为史密斯可以得出正确结论的唯一解释，就是运气。为避免"运气知识"，知识论学者提出了两种应对理论：敏感理论与安全理论。敏感理论是：S 相信 P，当且仅当 P 为真；如果因为语境或其他原因 P 已经不真，那么 S 就不应当相信 P。安全理论为：S 相信 P 是安全的，当且仅当在现实世界中信念形成使用了方式 M。[2] 两种理论主要运用于"信念"相关领域，考察信念是否具有知识的资格。学者也尝试将该两种理论适用于证据法领域，以鉴别证据资格。在证据法领域，敏感原则与安全原则有不同的关注点：安全原则关注关于事实的信念是否会轻易出错；敏感原则更在意如果信念为错，是否依然会作出事实认定。迈克尔·S. 帕尔多通过一个案例来进一步说明二者的区别：陪审团基于被告认罪的证据，认定被告有罪。安全原则考量的是，是否能够轻易获得被告无罪的证据，如果答案是肯定的，那么认定被告有罪是不安全的；如果答案是否定的，那么认定被告有罪是安全的。敏感原则更加关注，在被告无罪的情况下，是否依然可以得出该结论，以及如果被告是无辜的，证据是否会发生变化。[3] 可见，敏感原则强调信念与证据或语境等之间的紧密关系，即信念应当牢固地建立在证据或语境基础之上，证据或语境发生变化，信念应当随之变化。安全原则更多考量的是信

---

〔1〕　Alan Schwartz and Robert E. Scott, "Contract Interpretation Redux", *Yale Law Journal*, Vol. 119, No. 5, March 2010, pp. 926~965.

〔2〕　王聚：《当代知识论导论》，复旦大学出版社 2022 年版，第 97~112 页。

〔3〕　Michael S. Pardo, "Safety vs. Sensitivity: Possible Worlds and the Law of Evidence", *Legal Theory*, 2018, 24 (01): 50~75.

念确证的可靠性，如果信念能被轻易击败，那么信念就是不安全的。

一、敏感原则是否适用于证据的论战

大卫·伊诺克（David Enoch）、李维伊·斯佩克特（Levis Spectre）和塔利亚·费舍尔（Talia Fisher）等学者通过"购买彩票案"来说明敏感性对于知识的重要性，乃至对于证据的重要性。情景一：假设你购买了彩票，中奖概率是百万分之一，你几乎认为不可能中奖。因此，在开奖时即便你已经中奖，但是你仍然认为自己没有中奖，因为你是将中奖的概率作为你信念的依据。情景二：你购买的彩票，中奖率相对较高，大约千分之一。开奖的当天，你通过看报纸，确定自己是否中奖。[1]前后两种情景的差异在于，我们形成信念的依据不同。虽然在两个情景中，均有概率作为判断的依据。但是，在情景一中，你是通过一般概率形成信念，而该信念对于"真"缺乏敏感性。而在情景二中，除了中奖概率，还有当天的报纸可以作为你形成信念的依据。在没有中奖的情况下，两种情景的差异并不明显。但是如果你中奖了，在情景一中，你依然会认为自己没有中奖；而在情景二中，你会根据报纸上的信息确定自己是否中奖。反事实条件的陈述（counterfactuals）在两种情景下，产生的真值存在差异。差异的原因在于在情景一中，你的信念为真，体现了敏感原则——"如果命题为假，你将不再相信，此时知识在场"。而在情景二中，即便命题发生了变化，你的信念并没有变化，因此你的信念为假，因为知识缺席。[2]敏感原则强调信念对真的追踪性质，在条件或语境发生变化而致使命题的"真"随之发生变化的情况下，如果信念依然没有变化，那么信念显然没有敏感性，因此不是知识。大卫·伊诺克等学者以数据证据为例，将敏感原则运用于证据分析。在"逃票者案"中，假设入场的观众有1000人，其中仅有10人买了票。约翰（John）因未买票而被起诉，如果起诉的证据仅仅是约翰逃票的概率，那么这一数据证据是不被接受的。因为，该认定是不敏感的，即便约翰买了票，该数据证据依然没有发生变化，而依据该数

---

〔1〕 D. Enoch, L. Spectre & T. Fisher, "Statistical Evidence, Sensitivity, and the Legal Value of Knowledge", *Philosophy and Public Affairs*, 40（03），2012, pp. 197~224.

〔2〕 D. Enoch, L. Spectre & T. Fisher, "Statistical Evidence, Sensitivity, and the Legal Value of Knowledge", *Philosophy and Public Affairs*, 40（03），2012, pp. 197~224.

据认定约翰逃票的事实显然是错误的。这也是我们应当区分数据证据和个别证据，以及数据证据不能采信的原因。

迈克尔·S. 帕尔多提出了相反的观点，认为敏感原则不应当适用于证据。从哲学角度分析，敏感原则不应当适用的理由主要有：首先，敏感原则不能追踪证据的可靠性（track the reliability of evidence）；其次，在相邻的可能世界，敏感原则不能追踪基于证据作出错误推论的风险。[1]为了说明上述观点，迈克尔·S. 帕尔多提供了三个案例。

案情一：我在去电梯的路上，将一个垃圾袋放在了高层公寓的滑槽里。我知道我的垃圾袋将会掉落到地下室里。但是，如果我丢了垃圾袋后，它仍然（令人难以置信地）没有到达那里呢？这可能是因为它在下降的路上被困在了滑槽里，或者是因为一些非常蹊跷的事件。但当我丢垃圾袋时，这并不会影响我的信念，我仍然会预测这个垃圾袋很快就会到达地下室。因此，我的信念似乎并不敏感，但无论如何都构成了知识。[2]

该案例说明，即便存在若干不确定因素或可能，但我们应当将自己的理性思考限定在合理的范围内，否则我们将滑向怀疑论，对所有可能遇到的问题均无法得出结论，这使得我们的思考繁复不堪，甚至无法形成信念，进而无法行动。因此，如果过分夸大敏感原则的意义，甚至将其作为真信念的必要属性，那么实际上已经超过了理性能力的范围，也不可能形成信念。

案情二：你就苹果的产品问题，调研 100 万名服务运营商。假设其中一个人是准备给出错误答案的说谎者，其余的人都是诚实可靠的。在打电话是随机的情况下，当你打电话时，你有可能会收到一个可靠的服务运营商的真实答案。你可能从一个"坏苹果"那里收到了一个错误的答案，这是否意味着你不知道你确实收到的真实答案？同样，如果是这样，那么这将使大多数日常知识几乎不可能实现。然而，请注意，你的信念是不敏感的：在最近的可能世界里，你收到了一个错误的答案（"坏苹果"），你很可能会形成一个

---

〔1〕　Michael S. Pardo, "Safety vs. Sensitivity：Possible Worlds and the Law of Evidence", *Legal Theory*, 2018, 24 (01)：50~75.

〔2〕　Michael S. Pardo, "Safety vs. Sensitivity：Possible Worlds and the Law of Evidence", *Legal Theory*, 2018, 24 (01)：50~75.

错误的信念。[1]

该案例说明，即便环境或条件发生了变化，但信念并不一定发生改变。100 万名服务运营商中，即便有一名服务运营商撒谎，也并不会因此影响对苹果产品的判断。

案情三：假设我不善于估算车速，我打算估算一下经过我家门口的汽车的速度是否超过了 35 英里/小时（这是速度上限）。一辆汽车以 10 英里/小时的速度驶过。虽然我并不善于估算车速，但我可以判断这辆汽车没有超速，如果有需要，我也愿意为此提供证言。然而，我有低估车速的倾向，当车速达到 36 英里/小时时，我依然倾向于认为车辆没有超速。[2]

该案例说明，信念受到认知能力的限制。在一般情形下，我们可以对车辆是否超速作出经验性判断，但是，我们不能苛求信念像测速仪一样精确，从而否定信念的价值或认为信念为假。否则，我们甚至没有形成信念的资格。

迈克尔·S. 帕尔多力图通过这三个案例说明，仅仅是某件事可能出错（无论多么遥远），但并不一定会破坏知识。他认为这些案例揭示了关于证据的一般观点：仅仅从证据得出的推断可能错误这一事实并不能告诉我们证据是否可靠，或者推断错误的可能性有多大。迈克尔·S. 帕尔多进而认为，敏感原则既不能区分数据证据和个别证据，也不能对法律证据提出理论要求。

为回应迈克尔·S. 帕尔多的指责，大卫·伊诺克、李维伊·斯佩克特首先表明了自己的立场：法律的实践价值取决于其可靠性，因此法律没有必要为了达到知识论上的某种地位（知识或知识论上的确证）而牺牲可靠性或精确性，虽然法律的可靠性具有优先地位，但是对认为知识论没有法律价值的观点也持怀疑态度。敏感原则是知识的条件，这意味着不符合敏感原则就不是知识，但是符合敏感原则也不一定是知识。迈克尔·S. 帕尔多误解了敏感性，主张探究其动机和直觉，而非仅仅探究敏感性本身。敏感性条件与安全性条件是协同发挥作用的。如果 P 为真，那么应该有好的证据或好的程序将

---

[1] Michael S. Pardo, "Safety vs. Sensitivity: Possible Worlds and the Law of Evidence", *Legal Theory*, 2018, 24 (01): 50~75.

[2] Michael S. Pardo, "Safety vs. Sensitivity: Possible Worlds and the Law of Evidence", *Legal Theory*, 2018, 24 (01): 50~75.

P 与非 P 区分开来，这直接自然导致了敏感性。而敏感性与法律必然发生联系，例如当事实认定者武断地认定被告构成犯罪，即便与被告无罪的相邻的可能世界相距遥远，也依然认为事实认定者的态度有瑕疵。为什么有瑕疵？我们可以很好地运用敏感原则来解释，即要求我们不能教条化地认定犯罪，如果被告是无辜的，事实认定者就不应当作出有罪判决。[1]

　　论战的焦点在于：①敏感原则对于知识论是否有价值；②敏感原则对于证据是否有价值。在知识论领域，敏感原则是对主体就 P 的"真"的相信提出了理论要求，当且仅当 P 为真时，主体才能相信 P，如果 P 为假，那么主体就不应当相信 P。因此，认知者应当保持对 P 的敏感度。这对信念跟踪真提出了要求，实际上也是信念保持真的必要前提。当然，敏感原则并不完美，因而在某些情况下并不适用，例如其无法适用于归纳知识，无法解释必然命题，面对怀疑论问题时，不得不放弃闭合原则。[2]但瑕不掩瑜，我们依然能够通过敏感原则审视我们的信念是否为真或是否得到确证。同时，敏感原则对于证据法也具有重要意义。司法实践中，确保事实认定者的信念为真同样重要。首先，事实认定者应当对认知对象的确信保持一种谨慎的态度，敏锐地感知认知对象的"真"是否发生变化。其次，敏感原则为信念的确信提供了分析框架，我们将现实世界的信念与可能世界中的信念相比较，从而测度信念的真实性。特别像刑事案件中的"排除合理怀疑"，可能有效的方法就是在可能世界中分析，在同样的证据与语境的基础上无罪的信念出现的可能性。

二、安全原则与可靠性

　　在知识论领域，安全原则主要用于真信念为假的难易程度。证据法领域，安全原则主要用于评估证据。迈克尔·S. 帕尔多更加推崇安全原则，认为若干案例中的问题均可依据安全原则迎刃而解。在"购买彩票案"中，通过"报纸"获知是否中奖与通过中奖概率认定是否中奖的差异在于，前者比后者更为"安全"。在"丢垃圾案"和"汽车测速案"中，安全原则似乎更能完美地解释为什么信念在场。因为在相近的可能世界中，信念是真的。安全原

　　[1]　D. Enoch, L. Spectre, "Sensitivity, Safety, and the Law: A Reply to Pardo", *Legal Theory*, 2019, 25（03）：178~199.

　　[2]　参见王聚：《当代知识论导论》，复旦大学出版社 2022 年版，第 101~103 页。

则在证据法领域可以适用，原因在于安全原则追踪证据的可靠性（tracks the reliability of evidence）。在"蓝色公交车案"中，见证者的证言更加可信，在于见证者的证言比事故是由其他公司的公交车造成的说辞更"安全"。这是因为，在相近的可能世界中，如果该起事故是另一个公司的公交车造成的，证人（即便其准确率仅有70%）不会作证造成事故的是蓝色公交车。与此相比较，在可能世界里即便另一个公司造成了损失，关于市场份额的数字证据保持不变。[1]据此，迈克尔·S. 帕尔多认为，如果事故是由非蓝色公交车造成的，那么仅依据市场份额的数字证据的正确率是零，错误率是100%；而依据证人证言的正确率是70%，错误率是30%。迈克尔·S. 帕尔多还主张，安全原则还可以解释许多疑难案件中证据的证据力，或者说即便不具有敏感性的情况下，为什么一些证据还可以采信。迈克尔·S. 帕尔多认为，安全原则对于证据法之所以重要，是因为安全原则与证据的证据力、采信规则、证明标准、证明过程密切关联。如果证据是"安全的"，那么该证据会有较高的证明力。反之，如果证据是不安全的，那么基于该证据会作出错误的推论，进而作出错误的事实认定。采信规则可以提升认识论中的安全性，而证据安全性的审核，可以将不安全的证据排除在外，因为这些不安全的证据，很有可能误导事实认定者作出错误的事实认定。是否能够认定某一事实取决于基于案件中的证据推论出该事实的力量有多强。证据的力度（The strength of the evidence）取决于该证据是否有效地排除其他可能的选项。安全性检验可以鉴别依据现有的证据的推论是否达到了证明标准。在事实认定过程中，安全原则的贡献在于区分不同的事实可能性，进而作出正确的事实认定。具有安全性的证据可以筛选可能世界的可能性，进而得出更好的结论。[2]

倾向于敏感原则的大卫·伊诺克、李维伊·斯佩克特指出了安全原则存在的问题。假设知识是多前提逻辑，主体知道P，主体知道Q，主体知道P与Q之间的联系（conjunction）。假设我认为每次我把垃圾袋扔进滑槽时，都知道它已经到达了地下室，而且事实上它确实到达了地下室。随着这种联系不断出现，我得出结论，把垃圾袋扔进滑槽，垃圾袋每次都到达地下室。进而

---

〔1〕 Michael S. Pardo, "Safety vs. Sensitivity: Possible Worlds and the Law of Evidence", *Legal Theory*, 2018, 24（01）：50~75.

〔2〕 Michael S. Pardo, "Safety vs. Sensitivity: Possible Worlds and the Law of Evidence", *Legal Theory*, 2018, 24（01）：50~75.

我会"知道"事实如此。但是垃圾袋每次都能到达地下室的概率很低。问题源于这样一个事实，如果在一个垃圾袋投掷事件中最接近实际世界的可能世界是垃圾袋到达地下室，而这个模式中事实在越来越多类似事件中保持不变。如此，"丢垃圾案"与"购买彩票案"似乎没有实质区别，在购买彩票的时候我们会判断不会中奖，而丢垃圾的时候我们会判断垃圾袋会到达地下室。安全原则似乎没有给我们任何指引，也无法解释我们知道一个命题，而不知道另一个命题。迈克尔·S. 帕尔多的"蓝色公交车案"并不能成功地说明安全性条件的作用，因为迈克尔·S. 帕尔多选取的案例全部是蓝色公交车不承担责任的情形。但是如果换一种情形，即发生事故的全部案件中蓝色公交车都要承担责任，那么依据大数据认定案件事实的正确率可以达到100%，而依据证人证言的正确率仅有70%。而在我们并不预知事故的责任方时，我们只能按照概率去判断，就此而言市场份额的数据证据与证人证言并没有本质的区别。即便安全性条件成立，其严格尺度也很难把握。我们既不能太严格（too strict），要求在所有可能世界中的真实性；也不能太宽松（too loose），许可类似于中奖概率类的信念作为知识。虽然大卫·伊诺克、李维伊·斯佩克特反驳了迈克尔·S. 帕尔多主张的安全原则至上的观点，但他们并没有绝对排除安全原则的适用，而是提出了更为缓和的方案，在某些案件及语境中，安全原则更加适用，在另一些情形中敏感原则更适用。[1]

　　无论是敏感原则还是安全原则，均为证据法的适用提供了理论资源。我们在认定案件事实时，很多情况下要面临选择，只有选择最优的证据，才能作出正确的事实认定，避免出现错误。安全原则要求主体在形成信念时，应当选择"安全的"依据，依据不仅包括证据，也包括记忆、信念等可能影响信念形成的其他要素。而敏感原则，提示我们注意环境的变化，可能引起证据的变化，进而引起事态的变化，而对原有命题的真伪产生的影响。因此，如果命题的真伪因环境而变化，那么我们的信念也应当随之调整。安全原则与敏感原则虽然侧重点不同，但是有着追求"真"的共同目标，而且追踪"真"也是二者共同发挥的前提和基础。因此，二者之间并不冲突，更多的是协作。在某些情形下，甚至无法明确区分安全原则与敏感原则。在证据法领

---

　　[1]　D. Enoch, L. Spectre, "Sensitivity, Safety, and the Law: A Reply to Pardo", *Legal Theory*, 2019, 25（03）：178~199.

域，安全原则与敏感原则为证据的证明力、证明标准、证明过程提供了方法和依据。

综上所述，信念具有真的目标，需要理由的支持；提供理由是信念伦理的要求；有理由的信念是获得其他认知者认同的前提。我们应当持有什么信念，很大程度上取决于我们拥有的理由，而证据是最佳理由。证据如何影响信念？根据费尔德曼的"获取证据原则"，"如果 S 的实际证据支持 P，但是 S 本应该有另外的证据，而这另外的证据不支持 P，那么 S 的信念 P 是没有证成的"。降低信念的错误，可以通过对证据的掌控来实现。以刑事诉讼法中的证明标准为例，我国刑事诉讼法的证明标准是证据"确实充分"，即通过信念的真足够强，将信念错误的可能性挤压接近为零；英美国家采取"排除合理怀疑"的证明标准，即通过将信念错误的概率降低接近为零，而确保信念的真实。可见，在实现信念真实目标方面，两类证明标准殊途同归。法院裁判具有公共属性，裁判的公正性是指法院裁判应当接受社会的评判，法院裁判依据的证据和理由应当被社会所接受。知识论中，基础主义力图通过基础信念锚定知识论的起点；证据法中，基础证据是案件事实与其他证据的根基。确定基础证据，就可以形成基础命题，结合其他证据，通过推理认定案件事实。证据是意义的载体，单纯提交证据不足以证明案件事实，证据的阐释对于认定案件事实有着重要的意义。为确保信念的真，我们还应当适用敏感原则与安全原则。敏感原则强调信念与证据或语境之间的紧密关系，信念应当随着证据或语境的变化而变化。安全原则注重信念获得的可靠性与稳固性，如果信念可以被其他证据或理由击败，那么信念就是不安全的。敏感原则与安全原则对于司法实践中，形成真的信念，避免错误地认定事实，提供了有效方法与路径。

第六章

共同知识与日常经验

　　根据法律规定，日常生活经验可以作为裁判的依据，[1]在法院判决书中，也经常会有依据经验作为理由进行裁判的表述。但是，裁判依据应当是清晰和明确的。现有的法律规范中，对于经验的识别以及经验的范围并没有明确的规定。理论界普遍认为，经验、常识、常理、常情应当作为法官裁判的考量因素。[2]司法实践中，法官对于经验的运用有较大的自主权，由于缺失日常生活经验或常识的运用规范，而导致对于法官是否正确运用了经验规范，缺乏明确的评判标准。有学者指出，我国司法实践中，经验的适用数量不多，质量欠佳。[3]吴洪淇指出，经验法则引入事实认定过程中，处于"失控状态"。[4]学者们发现司法实践中"经验"适用的问题，实质是理论上的基本问题未能解决：经验、常识等在司法裁判中的地位或作用是什么？经验、常识是否具有规范性？

---

　　[1]　最高人民法院《关于民事诉讼证据的若干规定》第 85 条第 2 款规定："审判人员应当依照法定程序，全面、客观地审核证据，依据法律的规定，遵循法官职业道德，运用逻辑推理和日常生活经验，对证据有无证明力和证明力大小独立进行判断，并公开判断的理由和结果。"

　　[2]　参见李江海：《经验法则及其诉讼功能》，载《证据科学》2008 年第 4 期，第 418~431 页；杨建军：《常识、常理在司法中的运用》，载《政法论丛》2009 年第 6 期，第 91~96 页；谢晖：《事实推理与常识裁判——简单道义案件的一种裁判技巧和立场》，载《法学》2012 年第 9 期，第 20~25 页。

　　[3]　王庆廷：《"经验"何以成为"法则"——对经验法则适用困境的考察、追问及求解》，载《东方法学》2016 年第 6 期，第 90~103 页。

　　[4]　吴洪淇：《从经验到法则：经验在事实认定过程中的引入与规制》，载《证据科学》2011 年第 2 期，第 157~166 页。

第一节　经验与常识何以成为裁判依据

社会知识、常识、生活经验、经验法则等概念在实践中并没有泾渭分明的界限，可以理解为理性人普遍认同的、关于日常生活的规律或规则。如果按照认知主体是否亲历为标准，可以将其分为：经验与常识。经验是我们亲身经历过且认同的规律，例如夏天吃过多冷饮，会导致肠胃不适；攀爬高树，可能会摔跤等。常识是我们没有亲身经历，但"信以为真"的东西，例如日本排放核污水会导致海洋生态环境的破坏；袋狼在地球上已经灭绝等。拥有基本的信念，是我们行动和思考的前提，只不过我们很多时候没有留意该基本信念的存在而已。早晨我们走出家门时，我们就存有基本信念，例如道路交通如同往常一样可以通达目的地，交通工具可以正常工作等。如果没有基本信念，我们将无法进行理性的行动。

一、经验与常识在司法中的作用

在司法实践中，我们经常运用经验与常识，只不过很多情况下"隐而不现"。在任某等盗窃一案中，公安人员在案发现场提取了①地板上的赤足脚印一枚，②任某的赤足脚印一枚。广宁县公安司法鉴定中心的鉴定结论是：①②的赤足脚印是同一人所留。由此我们可以得出结论：任某曾经到过案发现场。[1]

在此案中，我们的推论过程是：

a. 案发现场有赤足脚印一枚；

b. 任某的赤足脚印与案发现场的赤足脚印一致。

结论：任某到过案发现场。对于该结论似乎没有人会质疑。

但实际上，上述推论省略了一个大前提。我们在推论过程中隐去了一个经验性的信念，即人经过的地方会留下脚印。

完整的推论过程是：

---

〔1〕　详见广东省肇庆市中级人民法院〔2020〕粤 12 刑终 43 号刑事判决书。

大前提：到过案发现场的人会留下脚印；

小前提：任某在案发现场留下了脚印（经鉴定，任某的赤足脚印与案发现场的赤足脚印一致）；

结论：任某到过案发现场。

案件事实不清的情况下，通常的解决方法有：①诉诸经验，认定缺少法律证据的案件事实，进行裁判；[1]②通过价值判断，作出裁决；[2]③通过分配风险的举证责任机制，认定案件事实。

案例6.1：悦家公司诉李某在超市购物损坏商品赔偿纠纷案

原告悦家公司诉称，被告李某在超市购物时，从购物架上抽取红酒时，将购物架上相邻的其他两瓶红酒碰倒摔碎，应当赔偿原告损失1776元。被告李某辩称，在购物架上拿酒时，因酒之间摆的距离过近导致所拿酒的防盗搭扣与旁边酒的防盗搭扣相牵扯，因而导致了相邻两瓶红酒碰撞摔碎。因此，商场有过错。

一审法院江苏省无锡市南长区人民法院认为，"李某虽提出红酒酒瓶之间摆放过近、酒瓶上防盗搭扣搭在一起才导致红酒打碎，但并无证据证明，不应采纳"。二审法院江苏省无锡市中级人民法院经审理认为，"根据录像显示，李某抽取酒瓶的幅度适中，两酒瓶的倒地与抽取酒瓶不是同一时点发生，且事发时货架上的酒瓶与酒瓶间距密集，防盗搭扣有交错牵连的情形，酒瓶由于防盗搭扣牵扯而摇晃不稳倒地的概率远高于李某直接碰倒酒瓶的概率"。故，采信了被告李某主张的事实。[3]

上述案例中，原被告双方对于被告从货架上抽取红酒后摔碎了相邻的两瓶红酒这一事实没有争议，但是对于这一损害后果的原因事实各执一词。一审法院适用了举证责任规则，即被告负有举证责任，需证明致使两瓶红酒摔碎的原因是防盗搭扣相互牵连。二审法院对于导致红酒摔碎的原因进行了细致的分

---

[1] 杨建军：《常识、常理在司法中的运用》，载《政法论丛》2009年第6期，第91～96页。

[2] 谢晖：《事实推理与常识裁判——简单道义案件的一种裁判技巧和立场》，载《法学》2012年第9期，第20～25页。

[3] 参见江苏省无锡市中级人民法院［2014］锡民终字第2193号民事判决书。

析，基于抽取酒瓶的幅度、抽取的酒瓶与摔碎酒瓶的距离、酒瓶间距、防盗搭扣的牵连情况等，依据经验判断，因为防盗搭扣牵扯而致使酒瓶摇晃不稳摔碎的概率要高于被告直接碰倒酒瓶的概率。

案件审理的目标是确定可以为法庭接受的事实，进而通过适用法律对具体案件作出公正的裁决。这一目标决定了庭审的基本结构"证据—论证—事实"，证据法的功能主要在于：①规范诉讼当事人的行为，保障事实调查过程依法顺利进行；②将自然表达概念化与法律化，为法律的适用提供基础；③提供"标准"，避免法庭调查处于僵持状态，例如关于证据资格的规定、证明标准的规定；④规定当事人的证据权力，在当事人之间分配风险，为证据行为提供依据；⑤规定法官权利，确立权威。为实现这些功能，在庭审内在结构"证据—论证—事实"基础上，证据法形成自己的结构：证据资格及相关规定—证据行为规范—事实认定规范。论证居于核心位置，既受制于证据的数量，也受制于证据的品质。司法实践中，最理想的情况是案件事实清楚且证据确实充分，但往往事与愿违，因证据缺失或证据质量不高以及其他原因，法官面对的事实常常模糊不清。在事实不清的情况下，缺少据以裁判的事实依据，无法形成完整的逻辑推理链，因此法官无法认定案件事实。法官依据举证责任的法律规定进行裁决，实际上是一种错误的裁判风险的分配机制，更多的是一种裁判策略，由举证义务人承担事实未能查清的不利后果，进而搁置案件事实。相较于依据事实进行裁判，这种方法是次优选择。日常经验的运用，弥补了认定事实的逻辑不足，使法院依据案件"事实"裁判成为可能，不必无奈地通过举证责任规则分配风险而作出判决。

经验与常识不仅在程序法中发挥重要作用，而且在我国民法与刑法等实体法律规范中，也有"知道"或"应当知道"的相关表述。虽然"应当知道"是行为人的主观状态，但是行为人的主观状态并不具有作为法律证据形成信念的基本属性。因为对于行为人以外的人，并不具有访问行为人内心状态的可能，但对于行为人的主观判断又是必不可少的，那么如何认定行为人"应当知道"的事实？陈兴良教授认为，刑法中的"应当知道"表述存在问题，应当用"推定知道"取而代之，因为前者以不知道作为逻辑前提，而后者更能体现对主观状态的认知因素。[1]这属于证据法领域的问题，而对于主观状态——

---

〔1〕 陈兴良：《"应当知道"的刑法界说》，载《法学》2005 年第 7 期，第 80~84 页。

"明知"，主要采用推论的方式，以获得内心确证。[1]麻昌华、陈明芳提出，《中华人民共和国民法典》规定的"应当知道"，是推定的过程，是基础事实借助常态联系得出推定事实，而常态联系依赖于制度规定与经验。[2]学者们基本达成共识，"应当知道"是通过推定的方法，推论出未知的事实。推论的基础是什么？推论的基础既可以是证据证实的事实，也可以是常识与经验。

二、经验与常识何以具有裁判依据功能

随之而来的问题是，经验与常识为什么具有裁判依据的功能？司法实践中，我们对未知案件的相关事实的探究，未曾须臾脱离经验的运用，只不过太习以为常，反而被我们忽略。通常情况下，为了降低认知的错误率，会要求提供证据对信念予以担保。但是，如果根据既有事实，依据经验法则或常识，可以高概率地推论出事实，那么证据存在的必要性也大大降低。但是在缺乏证据的情况下认定事实，与既有的以证据为基础认定事实的框架或规则相悖。因此，证据法对此情形作出特殊规定，认可其合法性。这只不过是在缺乏证据的情况下，使经验法则的地位与功能凸显出来；即便在通过证据可以证明的情形中，经验法则也不可或缺。

司法判决的依据主要是法律和事实，那么经验与常识如何定位？经验与常识，具有一般性和普遍性的特征，在事实推论过程中，常常居于大前提的位置，类似于法律规范，那么经验与常识是规则？何雪锋认为，经验法则是社会惯习，是一种社会规则，因而具有规范性。[3]该理论实质上运用了行动理由—行为的分析框架，经验作为理由的一种，对行为人具有当然的约束力。但是，这一观点限缩了经验法则的范围，因为经验法则涉及与行为无关的若干情形。例如，有烟就有火；如果8月份将水果置于重庆室外一周，水果将会变质。而且，即便人们基于同样的理由作出行为，也不必然证实理由对于行为的约束力。德沃金（Dworkin）在对哈特的社会规则理论提出怀疑时就指出，哈特没有区分习惯性实践和信念独立但行为一致的实践。前者情形下，

〔1〕　陈兴良：《刑法分则规定之明知：以表现犯为解释进路》，载《法学家》2013年第3期，第79~96页。

〔2〕　麻昌华、陈明芳：《〈民法典〉中"应当知道"的规范本质与认定标准》，载《政法论丛》2021年第4期，第127~136页。

〔3〕　何雪锋：《法官如何论证经验法则》，载《北方法学》2021年第1期，第121~122页。

人们之所以行动相同是因为人们遵循规则；而后者情形下，人们行动一致是因为人们基于相同的理由。[1]这一区分的意义在于，惯习性的共识体现了规则对人们行为进行规范的后果；而信念独立的共识，是理性人在面对同样的事实情况下会作出同样的行为。但这种情况下，并没有体现规则的作用。多人在购物时，会自发地排队，这实际上就是遵循了"先到者优先"的规则；而行人在马路上行走时，突降大雨，会奔跑避雨，避雨的人群并不是在遵守规则，而仅仅是基于避免被淋湿的相同的理由而作出了相同的行为。经验法则并不是探讨在某一语境下，行为人"应当"作出的行为，或行为人的义务问题，而是要"预测"在该语境下，行为人可能作出的行为这一事实。

而经验法则并不是基于规则属性具有约束行为人行为的效果，而是通过提供他人无法推翻的一般性陈述，或者基于逻辑推理，推论出在某一情形下可能出现的事实，弥补得出结论所需要的但缺失的事实要件。应当说明的是，法律规定中可以作为裁判依据的经验法则，恰恰是寻求最可能的事实，而不是规定当事人的义务。为什么不将这些经验法则在法律中直接规定？这些规律或规则一方面数量庞杂，无法将其一一在法律中表述，另一方面为民众广泛接受与认同，因此也没有将其规则化的必要。更为重要的原因是，"日常概念框架"[2]为通过既有事实推论未知事实创造了可能，而且可以识别或判断是否错误使用了概念。

案例6.2：孙某兴诉天津新技术产业园区劳动人事局工伤认定案

孙某兴按照工作单位中力公司的安排，从单位出发去机场接人。当走到单位一楼台阶处，不慎滑倒受伤。孙某兴主张应当按工伤处理，但天津新技术产业园区劳动人事局认为受伤与工作无关，因此不能认定为工伤。天津市高级人民法院审理此案时从"工作场所""因工作原因"等方面分析，认为应当构成工伤。其中关于"工作场所"，天津市高级人民法院认为，"园区劳动人事局认为孙某兴的摔伤地点不属于其工作场所，系将完成工作任务的合

〔1〕［英］哈特：《法律的概念》（第2版），许家馨、李冠宜译，法律出版社2011年版，第224~225页。

〔2〕［英］A.C.格雷林：《认识的界限与推论的框架》，载［澳］斯蒂芬·海瑟林顿主编：《知识论的未来》，方环非译，中国人民大学出版社2022年版，第214~215页。

理路线排除在工作场所之外，既不符合立法本意，也有悖生活常识"。[1]

天津市高级人民法院之所以认为天津新技术产业园区劳动人事局的裁决错误，就是因为后者错误地使用了"工作场所"这一概念。"工作场所"不是一个固定的空间概念，不能将"工作场所"限定在用人单位所在地，用人单位安排劳动者工作的场所均是"工作场所"。

在实践中，经常出现这样的情形，言说者将证据 E 作为自己结论的依据，而 E 在社会中是众所周知的，因此言说者就有权（entitled to）相信听者知道 E，而且听者在考虑接受言说者的结论时，会考虑 E。[2]证据 E 就是"概括"、日常经验与常识。证据 E 的本质是什么？

需要澄清的是，经验虽然与我们的感觉和知觉密切关联，但这种感觉或知觉并不能直接作为逻辑项进行逻辑推理，而必须基于这些感觉或知觉形成信念，才能成为其他信念的证据。我们观察到干燥的树枝或树叶容易点燃，因此形成了"干燥的树枝易燃"的信念。经验具有即时性和特殊性，我们观察到树枝易燃，只是在当时一刻的知觉；而我们形成的信念——"干燥的树枝易燃"，具有恒久性和普遍性，千年之前这一信念成立，千年之后似乎这一信念也不会有所变化。而"干燥的树枝易燃"的信念成为"在森林里吸烟有风险"这一信念的证据。知觉经验与信念之间的关系，是知识论学者们研究的重要问题。有的学者主张信念的非必要性，因为有的知觉是"直接呈现"的。也就是以知识与事实之间的因果关系替代信念辩护。[3]该理论似乎很有说服力，当我们看到公园里的一棵松树，我们自然知道"公园里有一棵松树"，而无须其他信念予以辩护。既然事实可以直达知识，那么是否还需要信念辩护？该问题的实质是，是否存在"纯粹"的知觉经验？如果知觉经验有了概念内容，那么知觉和信念就具有了逻辑关系。[4]之所以得出此结论，在于概念并非独立存在，每一概念必须依存于其他概念或者置于概念体系中才有意义。我们在使用某一概念时，实际上是接受了整个概念体系的有效性。在同一概念体系中，概念的关系构成了命题，而信念是命题的态度。感知可

---

〔1〕　参见最高人民法院于 2014 年 12 月 24 日发布的第九批指导性案例之指导案例 40 号。

〔2〕　Alvin I. Goldman, "Why Social Epistemology Is Real Epistemology", in Adrian Haddock（ed.）et al., *Social Epistemologysocial epistemology*, Oxford University Press Inc., New York, 2010, pp. 14~15.

〔3〕　费多益：《知识的信念假设》，载《科学技术哲学研究》2015 年第 4 期，第 11~16 页。

〔4〕　参见陈嘉明：《经验基础与知识确证》，载《中国社会科学》2007 年第 1 期，第 65~75 页。

以形成信念，接下来的问题是，个体感知如何形成普遍信念？这就需要将考量的场域置于实践中。在日常生活或工作中，我们基于一次的经历，形成一个信念，该信念并非稳固的，在之后的类似经历中，该信念可能被巩固、修正或废止。而且，在人际交往过程中，我们根据来源于他人的信息，对自己的信念进行调整，此时他人的信念就成为我们信念的证据。人们持有的信念彼此传递，相互影响，虽然可能会有差异，但是会形成相同或类似的"信念集合"，这一信念集合就是我们在司法实践中通常所称的经验规则或常识。特伦斯·安德森（Terence Anderson）和威廉·特文宁将其描述为知识库（stock of knowledge），其实质是认知共识（cognitive consensus），是常识的概括（common sense generalization）或普遍知道的事实（generally known facts）。[1]

这一信念集合是我们头脑中的知识体系或信念体系的组成部分。日常我们获得知识主要有两种途径：亲身经历和/或源于他人的信息。前者我们主要依靠我们的知觉获得，例如我们知道刚烧开的水温度很高，如果直接接触就会烫伤。后者是我们获得知识的主要途径，区别于知觉，是从他人处获得的信息，知识论中称为陈词（testimony），例如每天我们会通过电视、广播等媒体了解世界各地发生的事情。因为我们自身的局限性，我们无法事事亲历，因而通过陈词获得知识是常态。主张经验是我们获得知识的唯一来源的经验主义，显然不能成立，而且，我们也不应拒斥基于陈词而形成信念的路径。

经验是形成信念的证据。如果经验足够充分，就可以作为我们形成信念的依据。两种路径均面临严峻的理论挑战，通过亲身经历获得知识，需要回答的问题是差异化的个体经验如何能成为具有普遍适用效力的共同知识？而通过陈词获得知识，如何保证其可靠性？

三、感知经验、陈词与记忆

从直觉来看，经验给人不可靠的印象。一方面，经验似乎缺乏理性的介入，更多的是一种感觉印象；另一方面，经验是对个体而言的，因此缺乏确定性。如果经验仅仅是对现实世界的感知，那么我们仅是在自然空间；但是，如果运用概念图示来统一经验片段，那么由此形成的信念，就可以与原有的信念

---

〔1〕　See Terence Anderson & William Twining, *Analysis of Evidence*, Cambridge University Press, 2005 (7), pp. 263～276.

一致，概念图示可以解释为语言。[1]可以举例说明之，一天，10 岁的汤姆（Tom）在拉门把手的时候，被"静电"刺痛了手指，但很快这种感觉就消失了。①由于汤姆并不知道"静电"的概念，更不了解"静电"刺痛手指的原理，所以汤姆无法清楚地表达整个感知过程。因此，汤姆对于"静电"仅能停留在感觉层面，无法形成信念，更不能拥有知识。②但是，当汤姆从老师那里学习了"静电"的相关知识，就可以清晰地表述，"静电可以刺痛手指"。此时汤姆不仅可以形成信念，而且可以向朋友讲述自己的经验。汤姆的认知状态①与认知状态②的差别在于，汤姆是否可以使用相应的概念"静电"。这一概念的使用，不仅可以使汤姆拥有信念，而且可以使其向朋友们讲述自己的经验。而汤姆的朋友，只有在与汤姆共享知识框架的情况下，才能理解汤姆表达的意义。"静电"只有置于相关的知识框架下，才能使人理解其意义。因此，从感知体验到经验知识的必备条件是语言的使用以及信念结构与知识框架的共享。

感知经验是我们获得经验知识的重要方法，因此获得经验知识对于我们来说具有重要意义，可以指引我们的行为，使我们趋利避害。拥有丰富的经验知识，是医生、司机、厨师等比常人具有专业优势的重要原因。但是，因为个体的能力、时间与空间的局限性，通过感知获得经验知识受到若干束缚。有若干经验知识，我们不能或不需要由我们的感知经验获得，陈词也是我们获得经验知识的重要来源。例如，我们从电视新闻报道中了解到，王某将打火机放在汽车挡风玻璃后，因汽车长时间在太阳下暴晒，打火机发生爆炸。一般情况下，没有人会重复这一场景，将打火机置于汽车里暴晒，通过感知经验，确证该经验知识的真实性。我们基于对权威电视台的信任，以及我们既有的信念和知识体系，就可以相信："打火机置于暴晒的汽车内，有爆炸的风险。"

而我们的这种经验知识只有保存为记忆，才有可能被我们所利用。知识论中，一般认为，记忆是知识的来源之一。[2]当汤姆再次被"静电"刺痛时，如果汤姆还有关于"静电"的经验知识，那么汤姆就会清晰地知道，自己被"静电"刺痛；但是，如果汤姆遗忘了相关经验知识，那么汤姆依然无法确切

---

〔1〕　殷杰、何华：《经验知识、心灵图景与自然主义》，载《中国社会科学》2013 年第 5 期，第 86~105 页。

〔2〕　孟峰：《Testimony 信念的确证——超越还原论与非还原论的新途径及对该途径的补充》，载《科学技术哲学研究》2017 年第 3 期，第 36~42 页。

地知道发生了什么。记忆在我们信念形成过程中，发挥"证据"的作用，有助于我们形成新的信念。

司法实践中，英美国家的陪审员并不拥有法律知识，如何能够认定案件事实？英国司法体制中，认为陪审员具有记忆，知道认定案件事实所必须知道的知识，因此可以依据可靠的记忆证据（memory evidence），作出明智的认定。知识论中，记忆是证据的一种。记忆科学不能在常识之外提供什么，但是常识却可以作为检验记忆可靠性的基础。大多数警察和公众有常识性记忆信念系统（the common sense memory belief system），该记忆信念系统渗透到社会和文化之中，影响着要对记忆进行判断或通过记忆进行工作的人，包括法官、陪审员、艺术家和作家等。[1]

经验与常识可以为事实认定者形成的信念辩护。在"韩某虎、陈某锋买卖合同纠纷案"中，陈某锋持韩某虎出具的欠条，向法院起诉，请求判令韩某虎支付货款。但韩某虎主张欠条是虚假的，而且申请证人出庭作证，支持其主张。双方各持证据，主张事实存在矛盾，那么就需要判断哪一方主张的事实成立。新疆维吾尔自治区高级人民法院认为"欠条通常是在供货结束后，买卖双方对欠款金额的最终结算，是卖方据以主张债权存在的主要依据，本案中陈某锋以欠条主张欠款事实存在亦符合日常生活经验法则"，遂结合其他证据和事实采信了陈某锋主张的事实。关于欠条的日常生活经验法则成为法院"相信"欠款事实存在（信念）的"证据"。

经验与常识是认定案件事实的"底线"，不违反经验与常识是信念成立的前提条件。在"某某居民委员会因与被申请人李某全土地租赁合同纠纷案"中，安徽省高级人民法院对于"评估机构现场勘查树木数量和规格采用的清点方法属于评估规范允许的清点方法"这一争议焦点，认为"不违反常识"，[2]也就是说，"清点方法"并未与法官的信念和知识系统发生冲突，而评估报告又是有资质的评估机构出具的，具有较高的可信度。因此，法官采信（相信）了评估报告的结论。

---

〔1〕 Akhtar, Shazia, "The 'Common Sense' Memory Belief System and Its Implications", *International Journal of Evidence & Proof*, Vol. 22, 2018, pp. 289~304.

〔2〕 参见安徽省高级人民法院［2023］皖民申 8545 号民事裁定书。

第二节 个体经验与共同知识

之前探讨的知识论，是以认知者个体为视角的，而社会认识论关注社会对于主体认知产生的作用，以及"主体间"的交往对于认知产生的影响。比如，我们的认知能力从何而来？我们对于他人所言是否相信，凭什么予以佐证？回应这些问题，已经超出了原有的个体认识论的范畴，需要置于更为广阔的视野下，考察主体间交往对于主体认知产生的影响，社会对于个人认知产生的影响。如前论述，我们的经验与常识系统中，既有传统意义的知识，还有占有更多份额的社会知识，因而有必要探究社会知识论的属性与功能。

一、社会认识论是否属于知识论

什么是社会知识论？社会知识论区别于传统知识论的地方，在于"社会性"，戈德曼描述了社会认识论的"社会性"的三方面特征：首先，社会知识论关注获得知识的社会路径或方法，区别于获得知识的个人或以自我为中心的方法（private or asocial routes）；其次，社会知识论超越了个体认知考察的局限，在团体乃至社会中考察主体的认知；最后，除个体外，社会认识论将集体性或团体的实体（collective or corporate entities）也作为认知的主体，例如陪审团和立法机构。[1]除了上述三方面的特征外，"社会性"区别于传统知识论之处在于，社会知识论强调知识形成的动态特征。随着社会性增强，社会系统越复杂，人与人之间的相互影响越强，因此我们在分析社会知识时，既要分析社会系统层次，也要分析社会系统的运行机制；既要分析社会系统的物质构成，也要分析社会系统的关系构成。[2]从理论上有四种观点：其一，共识后果主义（A Consensus Consequentialism）。真理主义（veritism）追求"真"的结果，评价信念的真假；与之不同的是，共识后果主义评价实践行为促进共识还是分歧。其二，实用主义或效用后果主义（Pragmatism, or Utility Consequenti-

〔1〕 Alvin I. Goldman, *Knowledge in a Social World*, Oxford University Press Inc., New York, 1999, pp. 4~5.

〔2〕 殷杰、王亚男：《社会科学中复杂系统范式的适用性问题》，载《中国社会科学》2016 年第 3 期，第 68 页。

alism)，指出对于社会信念引发的实践，应当根据其产生的效用进行评价（幸福感、期望满足度、价值实现度等）。其三，程序主义（proceduralism）。其代表性的主张是，应当对于他人的观点予以充分的尊重，每个人都应当基于对于他人的信任，根据他人的观点修正自己的观点，如此反复达成共识。该观点并非力图通过达成共识而使主张的程序理性化，而是在内在一致性（intrapersonal consistency）基础上捍卫认识的程序性，达成共识只不过是副产品。其四，真理主义，通过与真的关联性来评价实践。根据真理主义，我们被要求选择最能促进知识事业的社会实践。[1]戈德曼赞同真理主义。社会知识论理论观点虽然存在差异，但是总体而言，既坚守了知识论"求真"的基本特性，又关注其他个体或社会对个体信念产生的影响，以及信念整体的效果或意义。但知识论领域讨论的一个重要议题是，"真"是否具有终极价值？换言之，是否只有达到了"真"，知识才有价值？现实世界中，由于我们心灵的有限性，我们无法对需要的知识都求真后再运用，而且在大多数领域，我们没有智识能力去辨析知识的真假，即便是科学家也对某些知识存在较大的争议。例如，转基因食品对人的健康是否有害，至今在科学领域存在两种截然对立的观点，但这些均没有影响我们的正常生活。纵观人类历史，人类是在不断探索和尝试中前行的。人们获得的知识的真也具有历史性和相对性的意义。

有一种观点认为，社会知识论是传统知识论的一个分支，主要研究个体的认知属性，个体认知来源于与他人的关系，也包括群体和社会系统的认知属性。例如，知识和判断在主体之间的传递，此类主体间的认知关系的研究是知识论的"合法"的一部分。另一种观点认为，社会知识论力图从根本不同的问题、前提和程序等方面替代传统知识论，虽然该观点也探究信念和思想的社会背景，但其目的不是阐明认知成败的本质和条件，而是驳斥或重构传统的知识论概念。戈德曼将社会认识论的观点分为三类：修正主义（revisionism）、保守主义（preservationism）和扩张主义（expansionism）。戈德曼认为，修正主义不属于知识论，因为其从根本上否定了传统认识论。例如，社会构建主义认为事实并不是存在而待发现的，而是由社会构建的；该阵营中有的学者否定

〔1〕 Alvin I. Goldman, *Knowledge in a Social World*, Oxford University Press Inc., New York, 1999, pp. 71~100.

证据与真相在知识论中的作用。[1]保守主义实质上是在传统知识论的理论框架中融入了社会元素，是在接受传统知识论基础上对其的丰富和发展。戈德曼将保守主义主张的社会知识论样态总结为三个方面：其一，基于社会证据的信念确证，证据信念的内容有时会涉及他人所说或所写，甚至涉及他人的观点，而且会不得不处理信念分歧问题；其二，收集社会证据，实践利益会影响认知状态的期望，其要求的不仅是合理的信念度，而且是合理的高信念度，而且实践利益会提高或降低认知标准；其三，讲话和具有信息意义的交流（陈述、辩论或论证等），人际交往会对确证产生影响，即人际交往确证（interpersonal justifying），信息不对称等情形均会影响正确信念的形成。[2]扩张主义在主流知识论的体系下扩展了其适用范围，例如集体性的信念主体（collective doxastic agents），社会发展中出现群体性主体（group agents），在实践中需要进行实践推理和群体性承诺。另外，对于社会系统的认知评价（epistemic evaluation of social systems），社会系统或政策对社会认知结果产生影响，对此我们应当考虑的是社会系统或政策的最优化。[3]传统知识论是以个体为视角的，虽然视域的局限性影响了理论的张力和功能，但是其建构了知识的基本概念和理论框架；社会知识论是传统知识论的丰富和发展，而不是对传统知识论的根本否定。实际上，包括个体知识与社会知识在内的所有知识，都被容纳于一个认识论系统之中。[4]

　　一般而言，经验是个体化的，而作为裁判依据的经验应当具有普遍的意义，因而就自然产生了个体经验与整体适用的紧张关系问题。换言之，法官依据经验裁决案件时，如何能确认其认定的"经验"适用于本案？库利（Cooley）的理论具有启发意义。他认为，社会与个人的关系并不是截然分开、相互独立的。相反，社会与个人是同一事物，之所以出现差别，是因为观察主体的视角的差异，观察社会应当通过个体观察，而个体实际上也是社会的

　　〔1〕　Alvin I. Goldman, "Why Social Epistemology Is Real Epistemology", in Adrian Haddock (ed.) et al., *Social Epistemologysocial epistemology*, Oxford University Press Inc., New York, 2010, pp. 3~5.

　　〔2〕　Alvin I. Goldman, "Why Social Epistemology Is Real Epistemology", in Adrian Haddock (ed.) et al., *Social Epistemologysocial epistemology*, Oxford University Press Inc., New York, 2010, pp. 12~15.

　　〔3〕　Alvin I. Goldman, "Why Social Epistemology Is Real Epistemology", in Adrian Haddock (ed.) et al., *Social Epistemologysocial epistemology*, Oxford University Press Inc., New York, 2010, pp. 16~25.

　　〔4〕　［美］伊曼纽尔·沃勒斯坦：《知识的不确定性》，王昺等译，郝名玮校，山东大学出版社2006年版，第8页。

特殊表现。[1]依据库利的理论,可以弥合个体与社会(群体)之间的鸿沟,即对于个体的观察可以了解社会样态。"同情"在库利的理论中是一个关键概念,"同情"是个体在社会中生活、与他人交往的能力。这种能力是,"进入他人的意识和共有他人的意识的能力"[2],因为具有这种能力,个体才可以理解他人、与他人进行交往。换言之,因为具有了这种能力,个人可以依据自己的观察,对社会中理性人的行为模式进行判断,进而作出预测。

二、经验与常识的获得与社会知识的必要性

既然经验与常识对于案件裁判具有重要意义,那么如何获得该经验或常识?而经验或常识的本质又是什么?

(一)经验或常识如何获得

我们大部分的知识都是通过感觉认知能力(perceptual-recognitional abilities)获得的,知识的标准模型是:经验为我们提供了事实的细节,为概括(generalizations)提供了基础,可以适用于新的情况。[3]这个标准模型可以表述如下:

已知的事实:A 是 F;

经验:F 是 G;

那么:A 是 G。

艾伦·米拉尔(Alan Millar)认为,该标准模型成立的前提是,应当为 F 是 G 提供概括性基础。而这恰恰是标准模型难以成立之处,首先,我们很难保证每次都为正确的概括性基础提供充分的证据;其次,由于现象错综复杂,在理论研究者和主体头脑中的概括模糊不清。[4]

---

〔1〕[美]查尔斯·霍顿·库利:《人类本性与社会秩序》(第 2 版),包凡一、王源译,华夏出版社 1999 年版,第 27~31 页。

〔2〕[美]查尔斯·霍顿·库利:《人类本性与社会秩序》(第 2 版),包凡一、王源译,华夏出版社 1999 年版,第 97 页。

〔3〕 Alan Millar, "Knowing from Being Told", in Adrian Haddock (ed), *Social Epistemology*, Oxford University Press Inc., New York, November 2010, pp. 185~186.

〔4〕 Alan Millar, "Knowing from Being Told", in Adrian Haddock (ed), *Social Epistemology*, Oxford University Press Inc., New York, November 2010, pp. 186~187.

艾伦·米拉尔认为，经验的功能是灌输和塑造（inculcating and shaping）能力。经验不仅包括我们自己直接感知的经验，也包括我们与周围人之间的观察、修正与解释的经验。认知事物是学习的过程，是掌握技能的过程，而经验就是对这种技能的磨砺（honing that technique）；经过不断的尝试与纠错，这种技能就成为可以熟练做好某些事务的能力。[1]艾伦·米拉尔还认为，大多情况下，这种能力是从他人处学习的，而不是自己感知的，例如我们从父母、老师和其他人那里学到知识。通过陈词获得知识。若要保证陈词的有效性，那么言说者应当是真诚的，而且关于相关信息有获取的能力（sincerity and competence）。当然，我们也可以通过自己的观察获得知识。例如，因为船舶搁浅，而被困在孤岛上，通过探究（enquiry）逐渐学会了若干技能：看到地上的粪便，就知道是野兔的，而不是其他哺乳动物的。[2]

（二）社会知识的必要性

在认识事物前，是否存在先验的知识存在着争议，但是人与人之间的共识是人们之间交往的必要条件。哈贝马斯（Habermas）用交往理性替代实践理性，认为在交往过程中，通过语言进行交流，如果要使对方理解世界中的某物，那么必要的条件是存在若干承诺的前提。[3]实际上，不仅仅是世间的事物，人们之间可以交流的前提是人们之间共享共同的知识，因为共同知识使我们理解他人以及他人理解我们成为可能。例如，在市场交易中，交易双方在合同中约定交付作为货物的"单警执法记录仪"时[4]，无须就"单警执法记录仪"的概念作过多的解释或说明，因为交易双方均理解"单警执法记录仪"的内涵和外延。而且共同知识也使得人们之间的行为与语言的解释限定在既有的知识体系框架之内，可以避免对于事实的探究陷入怀疑论的泥沼。

张卫平教授认为，探索任何未知事物，应当以经验法则为前提，因为经

[1]　Alan Millar, "Knowing from Being Told", in Adrian Haddock（ed）, *Social Epistemology*, Oxford University Press Inc., New York, November 2010, pp. 186~187.

[2]　Alan Millar, "Knowing from Being Told", in Adrian Haddock（ed）, *Social Epistemology*, Oxford University Press Inc., New York, November 2010, pp. 186~192.

[3]　［德］哈贝马斯：《在事实与规范之间：关于法律和民主法治国的商谈理论》（修订译本），童世骏译，生活·读书·新知三联书店 2014 年版，第 4 页。

[4]　参见北京市第二中级人民法院［2021］京 02 民终 6708 号民事判决书。

验法则是推理和判断的前提。[1]如果没有现在的认知，我们不可能形成对未知世界的认识。而现在的认知既可以是既有的知识体系，也可以是普遍认同的日常生活经验。这一经验不能仅仅是个体性的，还应当具有社会性，即我们有理由相信他人基于既有的事实也会持有相同的信念。

心灵与世界之间相互作用，我们将经验归纳为信念或知识，在既有信念或知识的基础上探究未知世界。我国法律规范或证据理论中，将其表述为日常生活经验（法则）；在英美证据法理论中，将其表述为"概括"，概括是一般性的命题（a general proposition），该命题被认为是真，明示或隐性地被认为是结论性的[2]。对于绝大多数概括，可以归类为六种可能重叠的种类：特定案件的概括（Case-specific generalizations），背景概括（Background generalizations），科学知识或专业知识（Scientific knowledge and expertise），一般知识的概括（general knowledge generalizations），经验基础的概括（experience-based generalizations），信念的概括（belief generalizations）。[3]我国普遍适用的"印证"证明模式，对于证据本身客观性的内在要求，以及证明过程的客观性的限定，极大程度上限缩了事实认定者裁量的空间。这意味着，即便案件事实清晰、完整，且事实认定者已经达到了内心确信，但依然可能无法作出事实认定，因为无法达到法定的"印证"证明模式的标准。但是司法实践中，"印证"证明模式并没有排除事实认定者基于经验与常识等其他依据作出事实认定。我国司法实践中，适用的日常生活经验（法则），实质上已经涵盖了英美证据法理论中的六类概括，或者说这六类概括可以作为对我国日常生活经验（法则）的具体阐释。

（1）特定案件的概括，主要是与具体案件关联的，某人或某类人的习惯性行为。

案例 6.3：申某春与丁某琼、陈某灿民间借贷纠纷案

陈某灿向重庆市高级人民法院申请再审，主张虽然向申某春出具了借条，

---

[1] 张卫平：《认识经验法则》，载《清华法学》2008 年第 6 期，第 8 页。

[2] See Terence Anderson & William Twining, *Analysis of Evidence*, Cambridge University Press, 2005 (7), pp. 265~272.

[3] See Terence Anderson & William Twining, *Analysis of Evidence*, Cambridge University Press, 2005 (7), p. 266.

但是并未收到申某春给付的借款；且与申某春之前向丁某琼、陈某灿控股的三剑公司员工丁某等支付的款项无关。重庆市高级人民法院经审理认为，陈某灿未收到借款就出具借条，而且在未收到借款的数年里并未索要回借条，显然不符合"通常交易习惯行为"。[1] 此案中，法院基于借款交易中存在着与案件密切关联的"概括"，即借款人只有在收到款项时才会出具借条，且在借条上写明"借到"。此案的逻辑推理关系为：

案件相关的概括：借款人只有在收到款项时才会出具借条，且在借条上写明"借到"；

案件查明且无争议的事实：陈某灿出具借条，且在借条上写明"借到"；

结论：陈某灿收到了相应款项。

此案的难点在于虽然陈某灿出具了借条，但是申某春并未将出借款项交付给陈某灿，既有的证据无法有力证明申某春履行了借款合同，陈某灿也恰恰以此作为抗辩的重点。重庆市高级人民法院依据借款的"概括"，得出陈某灿收到借款的结论，从而弥补了原有证据之间的缝隙，公正地认定了案件事实。

（2）背景概括，通常又被称为"一般经验""背景知识""常识"或"社会的知识储备"（society's stock of knowledge），背景概括如此繁复，个体差异如此之大，甚至无法准确地定义。[2] 但是通常可以认为，背景概括是在特定社会的特定时间，理性人一般知道或不会基于中立的立场提出反对意见的知识。

案例 6.4：田某杰与安盛天平财产保险股份有限公司济南中心支公司等机动车交通事故责任纠纷案

原告田某杰请求被告刘某燕、安盛天平财产保险股份有限公司济南中心支公司支付因交通事故产生的各项损失。庭审中，原告田某杰提交济南市第三人民医院接送费收款收据 1 张，欲证实花费救护车费用 200 元。被告质证认为，收款收据的出具单位并非原告住院的单位，因此否定该证据与案件的

---

〔1〕　参见重庆市高级人民法院〔2019〕渝民申 1126 号民事裁定书。

〔2〕　See Terence Anderson & William Twining, *Analysis of Evidence*, Cambridge University Press, 2005 (7), p. 269.

关联性。山东省济南市槐荫区人民法院认为，"田某杰陈述称其转院时拨打120 由 120 派车转院，120 所派车辆不一定是山东省千佛山医院或山东省立医院的车辆，这是常识无须证明，不能因此否定关联性"。[1]本案中，原告主张损失的证据并非原告住院的医院出具的，因而原告的主张与原告提交的证据存在不相匹配的情形。而在医疗领域有这样的背景概括，即因应急的需要，120 所派车辆与患者所住医院没有必然关联，所派车辆可能是其他医院的车辆。

（3）科学知识或专业知识，科学概括基于科学知识或研究，是基于科学定律（laws of science）的知识。其中，既包括可信度极高的科学知识，例如关于指纹识别的知识；也包括可信度不高的科学知识，例如产前吸烟与婴儿缺陷之间的关系。[2]

案例 6.5：石某林诉泰州华仁电子资讯有限公司侵害计算机软件著作权纠纷案

原告石某林持有第 035260 号计算机软件著作权登记证书，是 S 型线切割机床单片机控制器系统软件 V1.0（以下简称"S 系列软件"）的著作权人。原告诉称被告复制、发行和销售 S 系列软件的行为，侵犯其软件著作权。被告答辩称软件是其自主研发，不存在侵权行为。一审法院江苏省泰州市中级人民法院委托鉴定机构进行比对鉴定，因芯片加密原因无法鉴定。二审法院江苏省高级人民法院根据石某林的申请，对原被告软件之间的缺陷情况进行鉴定，结论是原被告软件存在相同的缺陷。江苏省高级人民法院认为"根据计算机软件设计的一般性原理，在独立完成设计的情况下，不同软件之间出现相同的软件缺陷概率极小，而如果软件之间存在共同的软件缺陷，则软件之间的源程序相同的概率较大"。据此认定，被告侵犯了原告的软件著作权。[3]此案中，法院裁判的根据是计算机软件的一般科学知识：存在共同的软件缺陷的软件之间，软件的源程序相同的概率较大。而本案中，原被告持有的软件有相同的缺陷，因此可以认定源程序相同，进而可以认定侵权成立。

---

[1] 参见山东省济南市槐荫区人民法院［2020］鲁 0104 民初 3198 号民事判决书。

[2] See Terence Anderson & William Twining, *Analysis of Evidence*, Cambridge University Press, 2005 (7), p. 270.

[3] 参见江苏省高级人民法院［2007］苏民三终字第 0018 号民事判决书。

（4）一般知识的概括，是在某一社群中普遍接受的知识。其中的一些知识，会落入司法认知的范畴，可能还需要证据支持，但总体而言，此类知识在审判和审批时是无争议的。[1]

案例 6.6：刘某 1、白某与天津自贸试验区纽柏恩母婴护理有限公司侵权责任纠纷案

2021 年 1 月 26 日，白某之女刘某 1 出生。刘某 1 于 2021 年 1 月 30 日入住天津自贸试验区纽柏恩母婴护理有限公司（以下简称"纽柏恩公司"）。因入住期间发生感染，刘某 1 被送往天津市儿童医院住院治疗。原告主张，因护理师的过错导致刘某 1 感染、住院。一审法院认为，"现有证据不足以证明护理师护理刘某 1 时存在反复咳嗽的事实，亦无证据证明护理师的护理行为与刘某 1、白某主张的损害后果之间存在因果关系"，因此认定原告证据不足，驳回了原告的全部诉讼请求。二审法院认为，"新生儿的生存、生长及健康状况很大程度上依赖于看护者的看护能力和看护质量"，"可以表明刘某 1 在纽柏恩公司接受服务期间，大概率存在来自环境感染的因素，可以认定纽柏恩公司存在一定过错且未尽到足够的注意义务"。[2] 新生儿刘某 1 的肺部感染是什么原因造成的，原被告双方都无法提供确切的证据，且各执一词，致使案件陷入僵局。肺部感染可能存在多种原因，但是作为新生儿，不能与外界接触，因此环境因素导致的可能性最大，这是一般知识。该一般知识的引入，填补了既有证据无法证实的事实部分，为完整、客观认定案件事实奠定了基础。

（5）经验基础的概括，是基于经验获得的知识，是在某社群范围内认同的知识。此类知识更多是对于经历过的事实的归纳，实践经验是此类知识的基础。[3]

案例 6.7：霍某安与王某喜财产损害赔偿纠纷案

被告收割了原告 0.19 亩土地上的尚未成熟的 400 棵玉米穗。尚未成熟的玉

---

〔1〕See Terence Anderson & William Twining, *Analysis of Evidence*, Cambridge University Press, 2005 (7), pp. 270~271.

〔2〕参见天津市第三中级人民法院［2021］津 03 民终 6399 号民事判决书。

〔3〕See Terence Anderson & William Twining, *Analysis of Evidence*, Cambridge University Press, 2005 (7), p. 271.

米穗的市场价格低于正常的市场价格，但是具体价格是多少？法院"结合客观经验事实，酌情认定原告收获的未完全成熟的玉米穗的价值为成熟期玉米价值的60%"。并据此认定原告的损失，判令被告承担相应的责任。法院之所以作出该价格认定，是基于当地生活经验，即当地未成熟玉米穗的市场价格。[1]

（6）信念的概括，指人们从知识或信念库（stock of knowledge and beliefs）中提取或综合的知识。例如，案发时逃离犯罪现场的人，是犯罪嫌疑人的概率大大增加。[2]

案例6.8：朱某、欧阳某某健康权纠纷案

原告朱某驾驶摩托车与被告欧阳某某、席某某一起到饭馆吃饭，其间三人喝了白酒和啤酒。原告喝酒后驾车返程时发生单方交通事故。原告起诉被告，认为被告有过错，应当向原告赔偿损失。法院认为"原告作为具有完全民事行为能力的成年人，应当预见大量饮酒的危害以及醉驾可能发生危险的后果"，但是原告却放任了自己的行为，具有重大过错，遂判决原告承担主要责任。[3]法院基于信念：成年人应当预见醉驾可能发生的危险后果，原告是具有完全民事行为能力的成年人，因此原告应当预见醉驾的危险后果。

三、经验或常识的逻辑功能

经验法则可以根据其对象不同，分为对于事态的判断与针对行为的预测性判断。经验的内涵在于，人是理性的，因此在相同的情况下会作出相同的行为，进而形成统一的行为模式；基于该统一行为模式，我们可以对行为后果作出预测或判断。我们对于人们行为的预测何以可能？我们都是理性人，因而可以"同情或共情"预测他人的行为。郭忠认为，"常情"和"常理"是抽象的，但置于特定的情境中，我们就可以感受情理，相互理解、信任、合作，因而可以形成和谐的社会秩序，而这种秩序是先于法律和习

---

〔1〕 参见辽宁省朝阳市中级人民法院［2023］辽13民终1318号民事判决书。

〔2〕 See Terence Anderson & William Twining, *Analysis of Evidence*, Cambridge University Press, 2005 (7), pp. 271~272.

〔3〕 参见江苏省泰兴市人民法院［2021］苏1283民初8927号民事判决书。

惯的。[1]

艾伦（Allen）教授认为，如果要取得好的审判效果，除了法律意义上的证据，证人的言行举止等相关的现象也应当考虑进来，共同应用于案件事实的发现，这才是"理性"的运用，而实现这一目的的前提是事实认定者拥有"知识库"和认知能力，艾伦教授将其统称为"理性工具"。"知识库"中储存着逻辑、推理等决策工具和概念等。[2]之前讨论的诸多因素可能对案件事实作出正确的认定产生影响，但社会因素发挥的作用也不容忽视。个人理性受社会交往的影响，社会交往是由多个个体参与其中的，社会交往的结果源于不同个体作出选择的累积，而作出选择是基于对相互的思考，以及对于相互思考的思考。而如果作出选择缺乏社会理性（social reasoning），那么即便通过交往可以获得信息，也不能期望说话者按照共享或公共的对交往的理解行事。[3]

司法实践中，我们基于经验知识，通过逻辑推理，认定案件事实。经验知识运用过程中，认知闭合原则有重要的意义；虽然认知闭合原则饱受质疑，甚至被认为是怀疑论攻击知识论的工具，但是如果我们将认知闭合原则定位在范导，而非建构范围内，那么将助益我们信念的形成。[4]在案例6.6中，我们知道P：新生儿发生肺部感染源于环境因素的概率较大；Q：新生儿刘某1肺部受到感染是环境因素造成的；我们知道，P蕴含Q，那么我们就知道Q新生儿刘某1肺部受到感染是环境因素造成的。就法律论证方法而言，存在多种形式，如心理说服论证与修辞论证，均是论证的路径。但是，法律论证既有证据呈现的要求，同时还要求遵循证据规则以及其他法律规范。为何会有这方面的要求？证据方面的要求可以避免论证脱离现实，而且限制论辩的问题域。证据规则与相关的法律规范在保障庭审秩序的同时，通过对法官的赋权弥补规则僵化的不足，引导诉讼当事人依法行使权利，及时纠正偏离诉讼规范的行为，防止出现论辩僵局，并对事实作出权威性的认定。庭审过程可以构建

---

〔1〕　郭忠：《发现生活本身的秩序——情理司法的法理阐释》，载《法学》2021年第12期，第27~42页。

〔2〕　[美]罗纳德·J. 艾伦：《艾伦教授论证据法（上）》，张保生等译，中国人民大学出版社2014年版，第1~2页。

〔3〕　Chapman, Bruce, "Common Knowledge, Communication, and Public Reason", *Chicago-Kent Law Review*, Vol. 79, No. 3, 2004, pp. 1151~1186.

〔4〕　尹维坤：《认知闭合原则在经验知识中的地位——从怀疑论的闭合论证谈起》，载《自然辩证法研究》2016年第9期，第15~21页。

论证理性，但通过庭审论证而作出的事实认定虽然有司法权威背书，并不能保证正确性。[1] 这种论证理性是通过法律规范建立的。我们应当将法律的推理论证归类为可废止的演绎推理（defeasible modus ponens）与严格的演绎推理（strict modus ponens）。在可废止的演绎推理过程中，前提仅为结论提供了不确定性的支持，一旦环境发生变化，就会底切（undercut）论证，支撑就会被击败。[2] 在庭审过程中，除了证据、规则不可或缺，共同知识（common knowledge）也是必要因素。道格拉斯·沃尔顿和法布里齐奥·马卡格诺（Fabrizio Macagno）认为，法律人将共同知识视为论证的基本要素，主要体现在三个方面：其一，显而易见的是，共同知识是司法认知最古老、最明显的理由，对于案件的当事人和案件的裁判者均具有决定性意义；其二，庭审中，基于证据进行推理，共同知识是潜在推理链的隐含前提（implicit premises），是概括（generalizations）的基础；其三，共同知识是省略三段论的基本要素，省略三段论可能省略了一个或多个前提，甚至是结论，但并不意味着被省略的部分是多余的，而恰恰是关键所在。[3] 如何识别共同知识？主要从以下两点确认：①没有人会对它提出反对意见；②即便有人提出反对意见，也很难推翻它，那么它就是共同知识。在社会上如果某些知识，是普遍共识而无须证明的，美国法官经常会指示陪审团，将某些事实作为结论性的事实予以接受。

第三节　经验与常识的可靠性保障

江国华教授指出，法官应当像老百姓一样思考，基于常识、经验和良知进行思考；法官应当像政治家一样思考，心怀国家正义、社会正义与发展正义；法官应当像法律家那样思考，基于目的、规范、实效进行思考。[4] 而依据经验或常识进行裁判，无须就经验或常识提供证据，经验或常识的正误似乎

---

〔1〕［加拿大］道格拉斯·沃尔顿：《法律论证与证据》，梁庆寅等译，熊明辉校，中国政法大学出版社2010年版，第162页。

〔2〕Walton, Douglas, and Fabrizio Macagno, "Common Knowledge in Legal Reasoning about Evidence", *International Commentary on Evidence*, 3, 2005, pp. [i] ~40.

〔3〕Walton, Douglas, and Fabrizio Macagno, "Common Knowledge in Legal Reasoning about Evidence", *International Commentary on Evidence*, 3, 2005, p. 2.

〔4〕江国华：《论中国实践主义司法哲学》，载《法律科学（西北政法大学学报）》2023年第1期，第23~40页。

就缺乏了检验的法律依据或标准。而且，经验与常识适用的基本逻辑是，通过一般事实推论出具体或特殊的事实，这一模式本身就蕴含着较大的错误风险。

一、经验与常识适用的难题与克服

（一）概率适用的错误风险

证据法学理论中有两个知名的证据悖论：逃票者悖论和公交车悖论。逃票者悖论是指，在 1000 名观众中，如果有 950 名是逃票者，那么任一名观众是逃跑者的概率就是 95%，可以据此认定其为逃票者。依此推理，会得出 1000 名观众均是逃票者的结论。而这一结论显然与事实不符。公交车悖论是指，在一个小镇只有两种颜色的公交车——蓝色与红色，且分属不同的两个公司，蓝色公交车占公交车总量的 60%，红色公交车占 40%。小镇发生了一起公交车肇事事故，但受害人没有看清楚公交车的颜色。从蓝色与红色公交车的数量比例来看，我们有理由判断，蓝色公交车是肇事车辆。根据该认定模式，以后小镇发生交通事故，在无法认定公交车颜色的情况下，均由蓝色公交车公司承担事故责任，这显然是无视事实且不公平的。悖论何以产生？是因为我们错误的信念（brief），即我们认为高概率发生的可能性事实等同于法庭可以认定的事实。[1]

如果法院排除数据证据的适用，是否就可以回避该难题？迈克尔·S. 帕尔多通过划分概括性证据和具体证据来保证认定事实的正确性，提出了反对意见：首先，证据认识的质量并不受一般与特殊关系的约束。有时概括性证据比具体证据具有更强的证明力，例如 DNA 证据就是样本与随机选定群体的匹配概率。证据规则鼓励当事人向法庭提交最具有证明力的证据，这与追求精确性的目标相一致。因此，对数据证据等不能一概否定，或者以不具有相关性为由排除于法庭。法庭最终是否采信，取决于在特定案件中，数据能提供多少与案件相关的有证明力的信息。其次，概括性证据与具体证据不容易区分。比如，品格证据不是特殊证据，而行为的习惯是不是特殊证据？这些分类均涉及将特殊行为从一般先验行为中推理出来。而传闻证据为什么不能

---

[1] Liat Levanon, *Evidence*, *Respect and Truth*：*Knowledge and Justice in Legal Trials*, Hart Publishing, 2022, pp. 11～33.

采信？即使传闻证据通常包括两个具体指向的事件。由此可见，特殊证据仅是程度上的问题，并不能决定证据是否被采信。最后，也是最为重要的，试图阻止事实认定者采信概括性证据的努力是徒劳的。因为很多案件证据的认定都是在事实认定者的头脑中形成的。可认定的证据具有唯一性，该唯一证据结合法律，得出结果，这种模式过于理想化。现实中，裁决结果是采信的证据、集体性知识、事实认定者的信念等共同作用的产物。[1]

英美证据法中的原则，在很大程度上可以较好地解决上述问题：第一个，也是最为重要的原则是认识论方面的证据个别化原则（case specificity），具体案件中，应当依据个案中的证据进行裁决，而不应当根据一般性的规范或统计数据进行裁判。第二个原则是经济学意义上的成本最小化原则（cost minimization），即因认定事实错误产生的损失以及避免产生错误的成本最小化原则。第三个原则是道德层面的最佳平等原则（equal best），法庭采取所有可能的措施避免错误裁决，而这种措施适用于民事案件中的所有当事人以及刑事案件中的所有被告。[2]

亚历克斯·斯坦将证据分为基础证据和推论证据。基础证据呈现具体案件的信息，而推论证据提供概括性信息。基础证据与推论证据之间关系的处理应当遵循最大个别化原则（principle of maximal individualization），其基本含义是，事实认定者应当考量和接受与案件具体信息相关的个案证据，而且只有在用最大个别化原则对事实生成的论证以及根据进行检验后，事实认定者才能作出事实认定。[3]概率悖论之所以产生，恰恰在于基础证据的缺失或忽视。但是在案件审理过程中，基础证据以及具体案件信息是不可或缺的。

（二）普遍难题

经验与常识发挥基础性的作用，是推论出事实的基础。适用经验与常识作为裁判依据面临的关键问题是，如何识别哪些经验或常识可以作为裁判依据？这一问题与司法实践对于裁判依据的明确性与可预见性的要求有密切关联。

---

[1] Michael S. Pardo, "The Law of Evidence and the Practice of Theory", *University of Pennsylvania Law Review Online*, 2014（163），pp. 285~292.

[2] Alex Stein, "The New Doctrinalism: Implications for Evidence Theory", *University of Pennsylvania Law Review*, Vol. 163, No. 7, June 2015, pp. 2085~2108.

[3] ［美］亚历克斯·斯坦：《证据法的根基》，樊传明等译，中国人民大学出版社 2018 年版，第 111~119 页。

在法律明确规定，法官在裁判时可以结合经验和常识进行裁判，而无须就该常识和经验提供证据的情况下，自然会提出的问题是，在缺乏证据保障的情况中，如何确定法官适用的经验与常识为真，而不是随意选定的？最为方便的解决方案是：认为法官具有较高的认知德性和认知能力，能够区别哪些经验和常识可以作为裁判依据，而哪些不能。但司法实践中，法官们对于相同的案件事实，可能也会产生不同认识。既然将信念置于社会现实考察，那么信念就不仅仅是确证的问题，还涉及伦理与价值问题。因此，郑伟平认为，我们的信念伦理应当是多元化的，包括认知规范、道德规范等。[1]

法律文件数量巨大，法律专业概念和术语艰涩难懂，所以对于非法律人而言，透彻地理解法律规范，是艰难的任务。因而，实践中，普通民众对于法律规范的印象是模糊的，而非明确具体的；这并不是否定法律规范本身的清晰性，而是由于普通民众对于法律规范一般是大概知道或不知道的状态。而且就普通民众的日常行为而言，主要受到从习惯或本能出发的道德规范的约束。因此，法律道德主义（Legal moralism）主张，法律应当追寻道德。法律的社会功能，不仅仅是告诉人们怎么做，还要通过引导、制裁、激励人们按照法律规定的那样行为。[2]同理，对于普通民众，在适用经验与常识的过程中，虽然没有法律专业语言的鸿沟，但是，基于经验与常识形成的信念既应当确保对于经验与常识描述的客观性，又应当考察在道德层面社会民众对于该信念的可接受性。

二、获得知识的方法

（一）确证与真的属性

依据常识和经验认定事实，呈现出不牢靠的相对性的特征，而相对性与法律思维追求的确定性与稳定性是相悖的。对于经验与常识的最直接的质疑是，经验与常识缺乏证据支持。在现有的证据法体系中，对于案件事实的认定，基本要求是有相关的证据证实。随之而来的问题是，如果没有证据证实，能否

---

[1]　郑伟平：《信念自由与信念伦理》，载《学术界》2018 年第 12 期，第 32~40 页。

[2]　Goodin, Robert E, "An Epistemic Case for Legal Moralism", *Oxford Journal of Legal Studies*, Vol. 30, No. 4, Winter 2010, pp. 615~634.

认定案件的事实？如前论述，经验与常识实际上是知识或信念。传统意义上，要求知识应当经过"确证"，但是未经确证是否就不是知识？这涉及知识的来源、知识的标准和知识的获得路径等问题。

笛卡尔（Descartes）时代，他认为知识必须是确定的，被证实是确定无疑的才是知识。这种知识观被称为"基础主义"（foundationalism）。此后的哲学家认为，确定无疑的知识是无法获取的，我们能够知道的是那些通过科学或理性能够证明的东西。莱特（Wright）与奎因（Quine）反对基础主义，认为基础主义是以绝对可靠的基础信念为基础的。与之相对的，莱特与艾伦认为知识是"经过确证的真信念"。他们拓展认知论，引入探究（inquiry）这一概念，探究是指知识的收集与确证的过程。这个观点的问题在于将真实性作为命题的属性。如果通过探究可以确定真相，那么由此获得的知识是不能废止的。如果认定命题是真的，那就意味着后续的证据也不能通过证明命题是缺省的或击败该命题，从而证明该命题是错误的。针锋相对的观点认为，我们只能获得真命题的知识太过理想化。实践推理模式化的观点认为，我们应当像科学领域那样，建立知识认定的门槛式的"标准"，从而我们可以在严格的标准下，证明我们声称知道的东西。但是，即便是最宽松的知识认定标准，也有可能使共同知识陷入矛盾修辞的危险。[1]

传统知识论中，知识应当保证"真"的属性，但是从他人处获得的信息如何保证"真"？对于社会知识论者，这似乎是无法逾越的难题。为推翻传统知识论中真的属性，社会知识论者从六个方面提出了反对意见：①不存在先验的真，所谓的真或事实，是社会建构之物，是我们达成共识的信念。②知识、现实和真都是语言的产物，不存在语言无关的现实（language-independent reality）使我们的思想为真或为假。③即使存在先验的或客观的真，人们也无法获得且无法知晓（inaccessible and unknowable），因此也无法用于实践的认识论目的。④没有优先的认识论立场，没有信念的特定基础，所有的主张都是根据惯例和语言游戏来评判的，没有中立的或跨文化的标准解决分歧。⑤诉诸真只不过是压制的工具而已，应当由更为进步的社会价值所取代。⑥真是不

---

〔1〕 Walton, Douglas, and Fabrizio Macagno, "Common Knowledge in Legal Reasoning about Evidence", *International Commentary on Evidence*, 3, 2005, pp. ［i］~40.

可得的，因为求真的实践被政治或个人利益所侵蚀。[1]综合以上观点，否定真的先验性和客观性，否定真的可知性，否定真的自在性。如果否认了真的属性，那么社会知识就当然可以被认定为人际交往或社会活动的结果，而不必背负确证为真的义务。而上述问题的解决，可以在实践中考察，人们是如何获取知识的？或者知识如何在社会中传递？

（二）实践中的可接受性

最为现实的问题是，如果将"确证"作为知识获得的前提，或者获得知识的必经程序，那么将大大限缩我们知识的范围。这也是知识论中，内在主义与外在主义交锋的核心领域。实践中，我们运用的知识有多少是经过我们自己确证的？有些知识，我们是经过经验确证的，例如过多地食用冷饮，会造成身体不适。而更多的知识，我们是从专业人士处获得的，例如医生普遍主张忌烟限酒，以保持身体健康；地球是唯一有生命存在的星球；潮汐现象和月球有密切的关系。对于其中的很多知识，我们自己无法确证，更多的是听信专业人士的观点。因此，未经确证的知识客观存在，而且是我们获取知识的前提。另外，这些专业领域的知识也恰恰是职业人对社会的贡献。无须非专业人士亲自去验证，就可以享有智识成果。对于这一部分知识，我们获取的方式是"接受"，而不是传统意义上的"确证"。而为公众所普遍接受的知识，就是常识。所以，以缺乏证据支持，而质疑经验与常识作为事实认定依据的观点无法成立。这也是可靠主义在指出证据主义不足之处的基础上，在知识论领域可以开疆拓土的主要原因。也即王晓森所称的知识论的"转向"，即用外在主义取代内在主义，将理论研究拉回到实践，破除哲学与生活的界限。[2]方环非主张，在可靠主义框架下，引入心理过程，可以很好地消除这一理论担忧。[3]

（三）何以接受知识或信念

回答这一问题需要回归实践，考察现实中人们获得知识的方式。我们如何从海量的信息中筛选出可以"接受"的部分，从而成为我们内在的知识？

〔1〕　Alvin I. Goldman, *Knowledge in a Social World*, Oxford University Press, 1999, pp. 10~11.
〔2〕　王晓森：《确证还是可靠——知识论视域下科学知识问题再思》，载《科学技术哲学研究》2020年第2期，第69~74页。
〔3〕　方环非：《证据关系、相对性与可靠主义》，载《自然辩证法研究》2023年第7期，第40~46页。

艾伦·米拉尔从言说者的可信赖性考察，可信赖性主要包括两个要素：真诚和能力（sincerity and competence），具体而言包括两方面的要件：①此人是可以信赖的（trustworthy）；②在探究问题时，就相关事项，我们知道此人是可以信赖的。能力主要是指，言说者有能力区分 P 与非 P。言说者是真诚的，当且仅当言说者满足如下条件：①言说者相信 P；②言说者基于知识而言说 P；③言说者有使他人相信 P 的意向。[1] 现实生活中，有大量的知识，我们是基于信赖而接受的。每天早晨我们会根据气象部门预报的天气情况，增减衣物，或者决定是否需要带伞。我们之所以相信气象部门预报的气象信息，因为相较于其他气象信息的来源，气象部门的预报更具有专业性和权威性。而且大量的事实证明，气象部门的预报是准确的，因此又增加了气象部门的可信度。对于陌生人，我们会谨慎地对待他提供的信息；而对于交往多年的挚友，我们更倾向于相信其所言说的事实。其差异在于我们对于陌生人和挚友，有不同的信任态度；而且交往实践增强了我们对于挚友的信任。上述实例说明，我们拥有知识或信念并非基于确证，特别是并非基于确证中的主流理论——相符论。实践中，我们很大一部分知识的获得取决于对信念提供者的信任度。司法实践中，我们很多时候，不是基于事实为真而相信其为真，而是相信其为真而事实为真。

除了确证，是否还有其他获得知识的方法？通常情况下，我们不会在一无所知的情况下相信陈词或命题，在相信之前还有一个重要的环节，即理解。在扎格泽博斯基看来，理解是满足我们求知欲的基础，因为它是我们把握现实的方式。[2] 传统的知识论是以理解为基础的（understanding-based epistemology），我们接受的前提是理解。约阿希姆·霍瓦特（Joachim Horvath）将理解提升至与知觉、记忆和内省相同的地位，认为理解本身就可以获得知识。换言之，理解是知识确证的一种特殊来源（a particular source of epistemic justification）。[3] 为支持该观点，约阿希姆·霍瓦特陈述了四点理由：其一，理解应当在概念能

〔1〕 Alan Millar, "Knowing from Being Told", in Adrian Haddock (ed), *Social Epistemology*, Oxford University Press Inc., New York, November 2010, pp. 188~190.

〔2〕 Linda Trinkaus Zagzebski, "Toward a Theory of Understanding", in Edited by Stephen R. Grimm, *Varieties of Understanding: New Perspectives from Philosophy, Psychology, and Theology*, Oxford University Press, 2019, p. 135.

〔3〕 Joachim Horvath, "Understanding as a Source of Justification", *Mind*, Vol. 129, 514, April 2020, pp. 509~534.

力的基础上进行拓展，理解是一种认知能力，是在概念内容基础上形成和维持判断、意向、假设等头脑状态的能力，而且在认知过程中运用。其二，经典的确证资源包括知觉、记忆、自省等，而陈词等来源于他人的心理之外的资源（extra-mental sources）也可以作为知识确证的资源。其三，判断是否为确证的来源的标准，是其能否独立完成确证的任务，而理解可以不依赖于其他确证资源，自主进行确证。例如，"单身汉是未婚者"，"知识是真的"。其四，理解作为判断 J 的确证来源，并不意味着确保 J 为真。[1]

扎格泽博斯基对于理解与知识的关系作了如下推论：

A. 真信念是对命题结构的把握，因此是一种特殊的理解；
B. 知识是一种特殊的真信念；
C. 因此，知识是一种特殊的理解。[2]

扎格泽博斯基认为世界是有结构的，命题与世界的结构相对应，我们可以通过把握命题而理解世界的结构。但世界也具有非命题结构，例如地图、三维模型等，我们依然可以理解。理解可以整体性地把握世界现实。[3]

理解可以成为我们获得知识的方法和路径，虽然不是唯一的方法。理解既可以是对于命题的理解，也可以是对非命题的理解。理解相较于确证，其对象更为宽泛，为我们更多地把握世界提供了可能，但我们从未否定确证的意义和重要性。

三、经验与常识的司法适用规范

经验与常识面向现实世界，是基于经验或陈词形成的知识或信念。法律规范并未对经验与常识作出规定，也没有提出证据证明的要求，因此法官与诉

---

〔1〕 Joachim Horvath, "Understanding as a Source of Justification", *Mind*, Vol. 129, 514, April 2020, pp. 511~514.

〔2〕 Linda Trinkaus Zagzebski, "Toward a Theory of Understanding", in Edited by Stephen R. Grimm, *Varieties of Understanding：New Perspectives from Philosophy, Psychology, and Theology*, Oxford University Press, 2019, P. 126.

〔3〕 Linda Trinkaus Zagzebski, "Toward a Theory of Understanding", in Edited by Stephen R. Grimm, *Varieties of Understanding：New Perspectives from Philosophy, Psychology, and Theology*, Oxford University Press, 2019, p. 128.

讼当事人对于经验与常识的适用具有开放性。按照纯净主义知识论的观点，如果认知因素相同，那么知识论的处境也相同。[1]司法适用中的经验和常识应当具有可理解性，而且是无歧义的。为保证这种共识性的知识属性，经验与常识也应受到规范的约束，而非任意适用。这主要是因为：其一，经验与常识属于社会知识或信念，因此受到自身属性的限定；其二，经验与常识弥补证据或事实缺位，通过逻辑推理认定案件事实，因此受到逻辑规范的约束；其三，经验与常识在司法判决中适用，应当遵循一般的司法规则。

（一）社会知识或信念的规范

经验与常识作为裁判依据，重要的理由之一是经验与常识被普遍认同。依据经验认定案件事实，通常应当具备如下几个条件：①经验或常识应当是大多数普通民众知悉的，因此排除专业领域的专业知识或非普遍知识；②经验或常识与案件事实具有关联性；③经验具有可证伪性，如果当事人就经验或常识指向的事实提出相反的有效证据，则该经验或常识的有效性就被减损或否定。

（二）逻辑规则层面的要求

经验或常识通常作为大前提，结合具体案件事实，推论出裁判需要认定的事实。因此，经验或常识的表述应当具有如下几个特征：①具有命题内容，可以为经验或常识的知识或信念提供依据；②经验或常识本身应当具有为真的较高的盖然性，不需要其他信念为其辩护[2]；③经验或常识与推理结论（案件事实）之间有严密的逻辑关系。

（三）司法规范的约束

通常认为，从法律规范层面而言，依据经验或常识认定案件事实无须提交证据，但法官应当遵循司法规范的要求。①透明性（transparency）是现代证据法最为核心的内容，公开的审查与推理，可以使证据的收集以及推理过程更可靠，减少偏见的侵染（less susceptible to bias）。[3]②可理解性。法官应

---

〔1〕 文学平：《知识概念的实用入侵》，载《自然辩证法研究》2020 年第 2 期，第 16~22 页。

〔2〕 经验与常识应当具有"基础"信念的地位，不需要其他信念确证它为真，避免无穷倒退情形的出现。

〔3〕 Jason M. Chin，Malgorzata Lagisz，Shinichi Nakagawa，"Where Is the Evidence in Evidence-Based Law Reform?"，*University of New South Wales Law Journal 45*，No. 3，2022，pp. 1124~1153.

当阐明经验或常识适用的语境，限定适用的条件。③可接受性。法官认定的事实，应当具有普遍认同的属性，即任一理性人基于既有的材料，经过逻辑推理均能得出相同的案件事实。

综上所述，经验与常识在司法实践中发挥重要的作用，法官可以依据经验与常识认定案件事实。经验和常识之所以可以发挥认定事实的功能，主要在于基于其可以归纳"规则"。规则描述了事实之间的因果关系，基于事实 A 的存在，必然产生事实 B。这一方面可以弥补因证据不足而无法认定案件事实的缺憾，另一方面在根据既有事实可以推论出未知事实的情况下，可以替代通过证据证明认定事实的方法。如果经验与常识，是个体独有的，那么无法发挥"规范"功能；而只有经验与常识具有公共属性，才能作为具有普遍效力的规则。传统知识论中，认知主体是个体。而在现实世界中，个体的认知受到他人的影响，而陈词是个体获得知识的重要来源，知识在主体间传播，因此，传统的知识论体系无法容纳或解释具有社会属性的知识相关的现象。我国法律较为笼统地表述了日常生活经验（法则）。英美国家规定了六种知识概括：特定案件的概括、背景概括、科学知识或专业知识、一般知识的概括、经验基础的概括和信念的概括。我国司法案例，也与该六种概括相契合。包括经验与常识在内的共同知识，是我们审理案件的基础。共同知识具有先验的性质，基于共同知识，我们可以进行判断、推理，进而获得新的知识。法律人对于适用常识与经验的担忧在于，常识与经验的不当识别与运用，将增加错案的概率。为了克服该风险，我们需要正确的方法，除了传统的通过确证获得知识的方法，可接受性也可以作为知识的标准，进而成为我们获得共同知识的方法。司法实践中，我们运用经验或常识时，应当遵循社会知识或信念的规范；应当符合逻辑规则层面的要求；应当接受司法规范的约束。

第七章

实用辩护与后果裁判

后果裁判是司法实践中经常采用的一种裁判方法，是与形式主义相对立的裁判方法，后果裁判的正当性与必要性等问题，在理论界引发热议。后果裁判的特点是，将裁判的考量重心放在裁判结果，裁判结果的权衡相对于其他裁判因素而言处于压倒性的优势地位。后果裁判模式似乎模糊了案件事实"真"的重要意义，判决结果的最优化成为其主要目标。一般认为，后果裁判适用的是实用主义方法，理论基础是现实主义法学派。现实主义法学派弱化了法律规范的重要意义，认为法律应当是"活的"制度体系，是一组事实。〔1〕现实主义法学派更加关注社会现实中可能对于法官裁判产生影响的因素，甚至赋予这些因素裁判依据的合法地位。实用主义并不是一种理论，而是一种方法〔2〕。实用主义对传统法学理论和认识论造成了冲击，但也受到抵御与反击。在司法领域，议题主要集中在后果裁判的合法性问题；在知识论领域，实用主义甚至力图改造"知识"的概念，因此被描述为"实用主义入侵"。同时，这两方面问题也存在关联，法官对于裁判依据的认知何以可能？描述性事实是否具有规范效力？

我们对于案件事实基于证据形成信念，似乎是水到渠成的结果。传统知识论的基本结构是，认知主体对于命题经过确证，形成真信念。但这种理论描述仅是一种理想情形，现实情况要复杂许多。确证是认知主体的确证，而且通常是实践面向的，这就决定了传统知识论在应对实践问题时，出现了理论资源的匮乏。在实践领域，实现认知目的的重要性凸显，区别于高深理论和形而上学

---

〔1〕 〔美〕E. 博登海默：《法理学：法律哲学与法律方法》，邓正来译，中国政法大学出版社1999年版，第153页。

〔2〕 江怡：《实用主义如何作为一种方法》，载《中国社会科学报》2013年1月14日。

（high theory or metaphysics），实用主义是始于人类实践的哲学，[1]这就对知识论中融入实用主义元素提出了要求，这被称为"实用主义入侵"。但是，从另一方面来看，这实际上是知识论涉足实践领域，遇到新问题后的理论自我发展与完善。知识论在实践领域面临的主要问题包括：①认知本身是主体的活动，受到主体意志的影响，认知主体根据认知需求确定认知目标，符合目的性相对于传统知识论追求"真"似乎具有决定性的重要意义，而如果"真"是传统知识论的"灵魂"，那么如何处理认知目标与知识论中"真"的关系？②由于认知目的、时间或环境的限制，认知主体对于真的追求也出现程度性的差异。据此，认知主体能否对"真"进行定义或作出规定？③最为重要的问题是，实用主义是否颠覆了传统知识论？这些知识论问题的解决对于司法裁判具有重要意义，后果裁判是经常采用的裁判模式，其哲理基础是实用主义，如何评价这一模式？司法裁判过程中，如何避免"认知偏见"？前述知识论问题的解决，是该问题解决的前提和基础。

第一节　后果裁判与认知结果主义

司法领域的后果裁判与知识论领域的认知结果主义有相似之处，二者均体现了主体对于结果的追求，采用的方法是主体权衡与比较结果后进行有倾向性的选择。后果裁判追求的价值是公平、正义与秩序等，而认知结果主义追求知识的"真"。二者虽然均受到了质疑与指责，但是在实践中，依然长盛不衰。为何如此？后果裁判与认知结果主义均采用了权衡结果的方法，而这一方法的适用是否具有正当性？

后果裁判争论的核心问题是，在法律领域内，是否容许实用主义的存在。陈坤坚决捍卫法律知识的自主性和客观性，反对"后果权衡"和通过对法律命题形成"信念"的裁判方式，否定实用主义真理观在法律领域的适用。[2]易延友教授开拓性地提出了裁判事实的目标是"可接受性"，而可接受性的理

---

〔1〕 Cheryl Misak, "Williams, Pragmatism, and the Law", *Res Publica*, Vol. 27, No. 2, May 2021, pp. 155~170.

〔2〕 陈坤：《实用主义真理观适于法律领域吗?》，载《浙江社会科学》2023 年第 1 期，第 67~75 页。

论基础是实用主义。[1]易延友教授认为，传统认识论是建立在裁判事实与绝对真实相符合基础上的，而绝对真实是无法实现的，因此通过法律程序，比较诉讼双方当事人提交的证据，认定案件事实才具有可行性。对于后果裁判[2]的指责，主要集中在：后果裁判不可预测，会动摇裁判的合法性基础，破坏形式法治等。[3]这些指责是否成立？由于后果主义的理论形态是实用主义，以结果的效用评判优劣，通过经验的方法而非逻辑来评价命题，因而就有反传统理性主义的特质。[4]因此，必须回答的问题是，实用主义在司法实践中是否有生存的空间。

一、后果裁判的正当性

对法律适用的后果是否应当考量，主要取决于法律是否有其实现的目标或追求的价值。如果法律有其追求的目标或价值，那么法律规范在适用过程中就需要评价裁判结果是否符合立法目标或法律的价值追求；此外，由于法律规范自身的局限性，以及社会现实的复杂性，不可能实现全部的立法目的，即出现适用结果偏离立法目的的情形，此时就需要对于法律适用的纠错或纠偏机制。在上述两种情形下，对裁判结果进行评价，或者基于裁判结果的偏离进行分析、纠偏，就具有了正当性。

首先，法律规范具有其欲实现的目标或追求的价值。考察既有的法律，似乎没有一部法律是没有立法目的，或没有追求的价值的。一般在法律规范的最前几条，就会开宗明义地阐明立法目的或宗旨。《中华人民共和国民法典》第1条规定了立法目的，"为了保护民事主体的合法权益，调整民事关系，维护社会和经济秩序，适应中国特色社会主义发展要求，弘扬社会主义核心价值观"。《中华人民共和国刑法》第1条规定，"为了惩罚犯罪，保护人民"，

[1] 易延友：《证据法学的理论基础——以裁判事实的可接受性为中心》，载《法学研究》2004年第1期，第99~114页。

[2] 虽然雷磊教授认为，后果考量并非独立的新的裁判方法。但是按照学界通行观点，以及与法条主义相区分进行比较分析考虑，后果裁判或实用主义裁判作为类型化的裁判方法的概念使用。参见雷磊：《反思司法裁判中的后果考量》，载《法学家》2019年第4期，第17~32页。

[3] 孙海波：《"后果考量"与"法条主义"的较量——穿行于法律方法的噩梦与美梦之间》，载《法制与社会发展》2015年第2期，第167~177页。

[4] 王彬：《司法裁决中的后果论思维》，载《法律科学（西北政法大学学报）》2019年第6期，第21页。

第 2 条规定，"中华人民共和国刑法的任务，是用刑罚同一切犯罪行为作斗争，以保卫国家安全……"《中华人民共和国行政诉讼法》第 1 条规定，"为保证人民法院公正、及时审理行政案件，解决行政争议，保护公民、法人和其他组织的合法权益，监督行政机关依法行使职权"。其他绝大多数法律规范中，也均有立法目的的相关规定。法律追求的价值，部分体现在法律规范的原则中，例如平等、公平等。制定法律，是为了调控社会关系，这同时也成为法律实施的内在动因。[1]就宏观层面而言，立法目的与社会秩序、主体权利密切关联，如果未能实现立法目的，那么社会法治也无法实现。就法律适用方面而言，在对法律文本存在不同的解释的情形下，立法目的成为筛选法律解释的重要方法；当保护的法益存在冲突，需要确定优先保护的法益时，立法目的是确定法益顺位的依据；出现法律漏洞时，立法目的为寻找裁判依据提供了方向或基础。[2]

其次，按照形式主义或法条主义的观点，法官裁判应当严格按照法律规范进行，如此才能保证法律的稳定性、可预测性以及裁判的公正性，如此才是法治的体现。但是形式主义并未考虑法律适用结果可能偏离立法目的的情形。为什么会出现偏离立法目的的情形？主要原因在于：一方面，立法本身的局限性。立法是对将来可能出现的事实情形的预测，但是由于理性的有限性，无法做到严密无缝隙，因而可能会出现法律规范无法适用于社会事实的情形。另一方面，法律与社会密切关联，而社会的变化比法律的更新更快。[3]社会发展变化日新月异，必然会出现若干立法时尚未存在的新生事物。虽然可以通过法律解释，将既有法律规范适用于新生事物，但是，依然会存在既有法律无法覆盖的领域。在新的法律规范尚未颁布或法律尚未修改的情况下，就自然存在法律规范无法适用的社会事实。更为重要的是，法律规范的适用，主要涉及两个方面：规范维护与规范目的实现。[4]在通常情况下，二者相互配合，协同发挥作用。一般情况下，正确适用法律规范是规范目的实现的基本方法。但是，法律

---

〔1〕　刘风景：《立法目的条款之法理基础及表述技术》，载《法商研究》2013 年第 3 期，第 49 页。

〔2〕　杨铜铜：《论立法目的司法适用的方法论路径》，载《法商研究》2021 年第 4 期，第 86~94页。

〔3〕　Gupta, Umang, "Analysis of Legal Realism Theory", *Indian Journal of Law and Legal Research*, Vol. 2, No. 1, June–July 2021, p. 4.

〔4〕　刘治斌：《立法目的、法院职能与法律适用的方法问题》，载《法律科学（西北政法大学学报）》2010 年第 2 期，第 21 页。

规范的"正确"适用不能仅仅依靠法律文本的解读。

案例 7.1：张某平与李某红、陈某合资合作开发房地产合同纠纷案

张某平因与李某红、陈某合资合作开发房地产合同纠纷一案不服陕西省高级人民法院〔2020〕陕民终 590 号民事判决，向最高人民法院申请再审。一审法院与二审法院依法向张某平送达法律文书，但均无回音。2021 年《中华人民共和国民事诉讼法》第 207 条第 1 项规定，如果当事人有新证据足以推翻原有判决或裁定的，人民法院应当再审。虽然张某平申请再审时提交了新证据。但是，最高人民法院认为："由于张某平一直回避人民法院的送达行为，拒不参加本案前序普通审判程序，于判决发生法律效力后再以新的证据为由申请再审，属于滥用诉讼权利的情形，亦不具有再审利益，并不属于前述法律规定保护当事人应有诉讼权利的范围。"[1]

如果严格遵守法律规范，那么根据 2021 年《中华人民共和国民事诉讼法》第 207 条第 1 项的规定，再审申请人有权申请再审。该条款的表述清晰，不存在两种以上的解释。但是，该条款的主要目的，是避免由于原审庭审时，因作为事实认定依据的证据缺失而导致错误地作出判决，所以赋予当事人申请再审的诉讼权利。如果仅依据法律文本进行裁判，将偏离立法目的，在此情况下，根据立法目的对于法律适用纠偏是避免因法律错误适用而破坏司法秩序的客观要求。再审程序主要审查原审判决的正误，因再审申请人拒不参加之前的法院审判程序，前序审判程序无法正常进行，再审法院没有审查的对象；这不仅浪费了司法资源，而且使法院的一审程序和二审程序虚无化，破坏了司法制度。基于此，再审申请人不具有申请再审的正当性。通过上述案例可以看出，适用法律规范需要立法目的规范与指引。即便法律文本语义清晰，但依然可能出现适用法律规范偏离的情形。适用法律的偏离，不仅会影响具体案件的审理，也会损害法治秩序，阻碍法治目标的实现。因此，形式主义主张的将法律规范作为裁判主要或唯一依据，排除其他因素考量，显然不能成立。在刑法理论界，"以刑制罪"作为后果主义方法，曾经一度引发激烈争论。但是不能否认的是，"以刑制罪"在确保刑罚的妥当性，对于刑法解释的指引和审查功能

---

〔1〕 参见最高人民法院〔2022〕最高法民申 238 号民事裁定书。

方面发挥了不可替代的作用。[1]

立法目的在司法裁判过程中，是不容忽视的考量因素。因为立法者在制定法律时要考虑诸多因素，如社会的现实状况、可能出现的社会问题、社会的价值追求等内容。这些内容一方面体现了调整法律关系从而维护社会秩序、保护合法权益的客观需求，另一方面也应当体现追求公平、平等、正义等社会价值观。这就为法律的合法性、合理性奠定了基础，在此基础上以法律规范作为大前提进行推理，就具有了当然正当性；再以案件事实作为小前提，就会当然地得出可以接受的案件结论。法律文本蕴含了立法者对于法律调整效果的考量，以及法律价值的追求。法官适用法律时，不仅是对于法律文本进行简单的文字和逻辑处理，还应当考虑法律的价值内涵和法律适用结果的可接受性。否则，通过单纯的逻辑推理适用法律，将会滑向机械化的适用，导致疏离社会现实，在很多情况下，无法有效解决实际问题或得出难以接受的裁判结论。为避免此类情形的出现，法官适用法律时，应当进行二阶法律论证，二阶法律论证主要包括：法律规范的适用，即内部证成；以及法律价值的判断，即外部证成。[2]在大多数情况下，法律可以妥当地适用于案件事实，就像立法者期待的那样，法律文本可以有效地发挥功能。但是，也会出现法律文本与案件事实无法匹配的情形，此时通常的解决路径有两个：其一，对法律规范进行解释，通过解释使法律规范内容契合于案件事实。因为法律解释需要法官将法律规范置于社会背景与法律体系中考量其意义、目的和价值等，新的要素的添加会产生对同一法律规范的多种解释。而法律适用后果是对法律解释重要的评价标准之一，在法律适用后果中，是否实现了立法目的成为优先考察的因素。其二，还有一种更为复杂的情况，现实社会并非像立法时理想的"教科书"般的构造。在既有的法律文本中，未能有效提供可以选择的大前提资源时，法官又担负不可推卸的裁判职责，那么法官就不得不在法律文本之外寻求裁判的依据。此时，法官就以立法者的视角审视案件事实，基于案件事实凝练问题、寻求最佳的解决依据。但是，判决书中显现的判决依据必须有法律条款，因此，即便法官已经"发现"了判决依据，并且得出了判决结论，依然要在判决结论

---

[1] 王华伟：《误读与纠偏："以刑制罪"的合理存在空间》，载《环球法律评论》2015年第4期，第49~62页。

[2] 王彬：《逻辑涵摄与后果考量：法律论证的二阶构造》，载《南开学报（哲学社会科学版）》2020年第2期，第33~43页。

基础上寻找与之相适应的法律条款。这从形式上呈现出"由果溯因"的逻辑构造。表面上似乎违反了一般的逻辑规律，但是如果分析其内在的逻辑过程，就会发现，这是法官克服既有法律文本功能不足，完成审判职责的特殊方法。支持后果主义，让人难以拒绝的强有力的理由是：如果依据法律文本之外的裁判资源进行裁判，可以得出更优的裁判结果，那么我们为什么要固执地按照法律文本进行裁判？

案例 7.2：刘某友与南昌市市政建设有限公司、江西省福振路桥建筑工程有限公司建设工程合同纠纷案

刘某友与辛某强共同投资建设工程项目。2014 年 5 月 15 日，江西省福振路桥建筑工程有限公司（甲方）与刘某友、辛某强（乙方）签订合同，约定乙方代表甲方进行项目管理。合同签订后，刘某友共向甲方支付 2000 万元合同保证金。2014 年 5 月 12 日，江西省福振路桥建筑工程有限公司将其中 600 万元转入南昌市市政建设有限公司。2014 年 5 月 13 日，南昌市市政建设有限公司将该 600 万元转入博世强公司（该公司由辛某强实际控制）。后辛某强涉嫌诈骗，被追究刑事责任。本案的争议焦点问题是，南昌市市政建设有限公司是否应当承担 600 万元的不当得利返还责任。

二审法院江西省高级人民法院认为，南昌市市政建设有限公司在没有法律依据和合同依据的情况下，收取 600 万元，构成不当得利。无论南昌市市政建设有限公司是否有过错，均应当承担返还 600 万元的责任。再审程序中，最高人民法院认为，南昌市市政建设有限公司对于 600 万元，构成不当得利。但是，是否应当返还？最高人民法院主张不应当将不当得利的构成要件与法律效果两个层面的问题相混淆。客观不能返还原物时如何处理，法律并未规定，构成法律漏洞，属于"开放的漏洞"。比照占有关系的法律规定，最高人民法院确立了不当得利的返还规则：对于善意受益人，返还范围仅限于现存利益，如果现存利益不复存在，不再承担返还义务；对于恶意受益人，即使没有现存利益，依然负有返还义务。南昌市市政建设有限公司系善意受益人，因此对于已经通过转账方式转出的 600 万元不再负有返还义务。[1]

---

[1] 参见最高人民法院 [2017] 最高法民再 287 号民事判决书。

　　法条主义是否真的具有稳定性？通过上述案例，可以看出，基于同一事实的裁判，可能会出现判决结果的差异。而且，法律适用（构成要件）与法律效果是两个层面的问题。即便符合法律构成要件，也不必然使适用法律规范具有正当性。在出现法律漏洞时，最高人民法院"创设"法律规则，并依此作出判决。后果裁判的实质为，针对案件事实寻找最为恰当的规范依据，只不过将搜寻规范资源的范围扩大到既有的法律文本之外所有的社会因素，以追求最佳的裁判结果。后果裁判的前提或基础是法官对于裁判依据的选择权，而且在疑难案件中，选择权的范围已经超过了法律文本的范围，凸显了司法的能动性。这与法条主义倡导的法官"遵从"法律规范形成了鲜明对比。法官运用实用主义裁判，面临着来自法律规范和司法民主的双重压力。[1]即便如此，实用主义在司法实践中依然生机勃勃，这恰恰是因为实用主义弥补了法条主义的空缺与不足。而且，现代大数据的发展，可以很大程度上消解后果主义面临的质疑。裁判是公共理性的体现，是商谈民主的结果。[2]而正义应当是一个动态的概念，是一个实践的事业，通过重叠共识的证成，实现在"现实社会中"的稳定与持久。[3]

二、后果裁判适用的限制

　　法条主义主要依靠逻辑推理来保证其结论的可靠性。虽然逻辑方法是我们通常用于认定案件事实的方法，但是逻辑方法也存在不可回避的缺陷。凯文·M. 克莱蒙特认为，逻辑方法注定不能成功，因为如果逻辑方法基于了不当的前提，就形成了不能回避的障碍（roadblock）；逻辑学家依靠经典逻辑和传统的概率方法，而这些工具对于不确定的证据（uncertain evidence）的处理无能为力。[4]后果裁判考量的"后果"因素主要包括：立法目的、个案公正、

---

　　〔1〕　陈金钊：《法律人思维中的规范隐退》，载《中国法学》2012 年第 1 期，第 14 页。

　　〔2〕　王德玲：《法律现实主义、后果取向与大数据——疑难案件裁判范式新探》，载《山东社会科学》2019 年第 5 期，第 105 页。

　　〔3〕　惠春寿：《重叠共识究竟证成了什么——罗尔斯对正义原则现实稳定性的追求》，载《哲学动态》2018 年第 10 期，第 7 页。

　　〔4〕　Kevin M. Clermont, "A Theory of Factfinding: The Logic for Processing Evidence", *Marquette Law Review*, Vol. 104, No. 2, Winter 2020, pp. 358~359.

社会影响与社情民意等。[1]既然法律规范有其追求的目标，而该目标大致依赖于司法适用法律规范的"后果"，那么在适用法律规范过程中，考量"后果"，就是实现立法目的的重要方式，有利于避免出现立法与司法的隔阂，促进法治的实现。但是，对于后果裁判，应当妥当定位，避免滥用。后果裁判实质上，是在法律规范之外，寻找裁判的依据，或者对于法律规范进行解释。如果没有合理的限制，就会以司法替代立法，甚至会大大削弱法律规范的效力。

对于后果裁判的限制，一般集中在如下几个方面：首先，适用范围的限制。从裁判依据来看，仅当现有的法律规范无法适用于具体案件的事实时，法官才有寻找法律规范之外的裁判资源的空间。后果裁判方法是一种"阻截性"的法律方法，仅在其他法律方法均无法妥当地适用于案件事实时，才能适用。[2]其次，功能补充但不冲突。后果裁判的作用在于补充既有的法律体系或裁判方法的不足，但不应当替代既有的法律体系的裁判依据的地位。而且，后果裁判不应当与既有的法律原则、法律价值相矛盾，不能对既有的法律体系造成冲击，甚至破坏。最后，法官必须对适用后果裁判给出充分、合理的理由。法官应当论证采用后果裁判的必要性，针对案件事实采用后果裁判的合理性，以及合逻辑性。

三、认知结果主义与证据规则

认知结果主义是以"真"为核心的（truth-centred），唯一的终极的认知价值（unique final epistemic value）是，"相信真，避免虚假"；当信念有助于（conduces to）该价值，那么信念是真的，或者主体应当持有该信念。[3]寻求案件的真实，避免错误认定事实，是诉讼追求的目标。法院认定的案件事实具有"真"的属性，是案件审理结果正当化的基石，是确立司法权威、维护司法制度正常运行的前提条件。一般而言，"求真"与"防止错误发生"是一体两面的，正确地认定案件事实，当然就可以防止错误发生。但是，案件事实并非

---

〔1〕 宋保振：《后果导向裁判的认定、运行及其限度——基于公报案例和司法调研数据的考察》，载《法学》2017 年第 1 期，第 132~134 页。

〔2〕 孙海波：《通过裁判后果论证裁判——法律推理新论》，载《法律科学（西北政法大学学报）》2015 年第 3 期，第 82~94 页。

〔3〕 Daniel J. Singer, *The Philosophical Quarterly*（1950-）, July 2018, Vol. 68, No. 272（July 2018）, p. 580.

黑白分明和非真即假。司法实践中，案件事实的真与假各占一定比例，或者"真"有程度化的差异。同时，在证据规则构建中，在不同诉讼制度中，对"真"的要求程度也会存在差异，兼顾其他价值追求的情况下，不同诉讼制度会有不同的证明标准。刑事诉讼对于"真"的要求标准最高，主要是因为认知错误的损害极大，保护公民不受国家权力机关的不当责任追究的价值，处于优先地位。因此，在刑事诉讼中，"防止错误发生"是刑事证据规则的主要目标。在英美国家，刑事案件的证明标准为"排除合理怀疑"，符合认知论的理论。在我国，刑事案件的证明标准是"证据确实充分"，在实质上对案件事实的认定提出了"真"的目标或要求，这似乎与英美国家的证明标准，可以起到相当的作用或效果。但是，进一步思考，证据规则对于司法人员的工作起到了指引作用，追求犯罪事实的"真"的目标，和避免出现错误认定案件事实目标之间还是存在些许差异。而在民事诉讼中，维护民事权利的重要性更为突出，相对刑事诉讼而言，其认定事实错误可能造成的损害小很多，因此求"真"的目标相较于避免出现认知错误更具有重要意义。民事诉讼中证据的证明标准是"盖然性标准"或"优势证据标准"，民事诉讼法将对"真"的标准限定在合理范围内，以免为维权设置过高的门槛。

　　伯克（Burke）反对认知结果主义的主要理由是，认知结果主义违反了通常直觉：认知主体对于证据的反应与遵从，决定了认知主体是否得到辩护，或者是不是理性的，因此是向后看的（backward-looking）；而在认知结果主义的图景中，认知的正确性是向前看的（forward-looking），取决于是否获得好认知的结果，而这种理论无法解释确证的结果和理性的结构。[1]对于伯克的质疑，可以作如下回应：我们获得认知结果之前，已经掌握了有关世界的某些知识，而这些知识是认知的前提。换言之，我们不可能在一无所知的情况下，产生认知结果。实际上，认知结果也是基于证据或信念，进行理性推理得出的。因此，认知结果主义并不违反理性的一般规范或要求。但是，伯克的担忧有其合理性，认知结果的"真"需要理性的辩护或保证，否则，无法确保真的资格。无论是后果裁判，还是认知结果主义，都应当反对的是将结果的正确作为裁判或认知结果正当的唯一依据。

---

　　〔1〕　Daniel J. Singer, *The Philosophical Quarterly* (1950-), July 2018, Vol. 68, No. 272 (July 2018), p. 585.

如何追求认知结果的真？丹尼尔·J. 辛格（Daniel J. Singer）认为，主体不应当将认知利益最大化作为目标，而是应当培育有助于认知善的配置与实践。[1]后果裁判需要阐明论证结果，而认知结果主义，需要证据或信念为认知提供辩护，论证过程或认知结构对于裁判结果或认知结果具有决定性的意义。因此，诉讼中，一般要求形成完整的"证据链"，而"证据链"既体现了证据之间的逻辑结构，也隐含了论证结构和认知结构。无论法官内心如何"确信"，对于法官给出裁判理由并进行论证的要求，实际上就是要求呈现论证结构和认知结构。即便采用后果裁判的方法或认知结果主义的方法，通过"判决理由"的要求，可以避免反对者担忧的风险出现。此外，通过诉讼程序和证据规则对证据进行筛选，有利于排除可能引发错误认知的证据。

第二节　自然主义认识论与证据法

法条主义与实用主义的主要分歧点在于：法律文本以外的资源能否成为裁判的依据。法条主义捍卫法律规范的绝对权威，担忧法院判决援引其他依据会侵蚀法律规范的地位，甚至替代法律规范的功能。因而在法治这一坚实的基础上，向法律实用主义发难：通过立法程序制定的、体现人民意志的法律，具有不容置疑的优势地位；法律实用主义，经常搁置法律文本，涵盖的资源太过庞杂，相较于法律文本具有模糊性和不可预测性，而且由法官选择并决定适用哪种裁判依据，因而使裁判具有不稳定性；这些情形均与法治相抵触。法律实用主义基于规则怀疑论提出反形式主义的主张，即通过法律文本解决纷繁复杂的现实问题是"神话"；法律文本之外的其他若干因素，对于判决具有更为重要的作用；其中，社会中的"行为"与事实比法律文本更有意义。[2]

邱昭继比较了现实主义法学和自然主义认识论，认为二者之间存在紧密的联系。二者存在诸多相似之处：自然主义认识论反对基础主义，现实主义法学否认法律理论的权威；自然主义认识论以描述性探究替代规范主题，而现实主

---

[1] Daniel J. Singer, *The Philosophical Quarterly* (1950–), July 2018, Vol. 68, No. 272 (July 2018), p. 581.

[2] 邱昭继：《法律的不确定性与法治——从比较法哲学的角度看》，中国政法大学出版社 2013 年版，第 96 页。

义法学强调法律理由的输入和司法判决之间的关系。[1]二者均有反传统的倾向，都具有方法论的意义和价值，但分处于不同的领域。探究其产生的理论动因，会发现与哲学的自然主义转向（naturalistic turn）密切关联，哲学的自然主义转向不仅发生在认识论领域、心灵哲学、语言哲学中，也发生在法学领域。[2]

一、自然主义认识论的主张能否成立

什么是自然主义认识论？主要有两个版本：其一，科学自然主义（scientistic naturalism）。认识论是科学的一个分支，研究认识论的正确方法是科学的实证方法。[3]其二，经验自然主义（empiricist naturalism）。所有的确证均源于实证方法，认识论的任务就是进一步阐明与捍卫这一实证方法。[4]戈德曼融合两个版本，提出了中度的自然主义（moderate naturalism）：所有的认知担保或确证是心理作用的过程，在心理作用过程中产生或保持信念；知识论应当恰当地求助于科学，特别是精神科学（science of the mind）。[5]

自然主义认识论的基本主张是将认识论建立在事实基础上，虽然有的学者主张本体论的自然主义，但是大多数学者主张方法论意义的本体论。[6]传统知识论，将自然科学视为知识论中的一部分。而奎因认识论将认识论作为心理学的一部分，主张用自然科学的方法来研究认识论，努力的基本方向是将认识论自然化。虽然心理学与知识论均涉足主体的内心世界，但心理学与知识论存在本质差异，心理学试图"描述"人实际上如何思考，而知识论探究理性人

---

〔1〕　邱昭继：《法律的不确定性与法治——从比较法哲学的角度看》，中国政法大学出版社 2013 年版，第 87~96 页。

〔2〕　Jules L. Coleman, "Naturalized Jurisprudence and Naturalized Epistemology", *Philosophical Topics*, Vol. 29, 2001, p. 1.

〔3〕　Alvin I. Goldman, *Pathway to Knowledge：Private and Public*, Oxford University Press, January 2002, p. 25.

〔4〕　Alvin I. Goldman, *Pathway to Knowledge：Private and Public*, Oxford University Press, January 2002, p. 26.

〔5〕　Alvin I. Goldman, *Pathway to Knowledge：Private and Public*, Oxford University Press, January 2002, p. 26.

〔6〕　[美] 约翰·波洛克、乔·克拉兹：《当代知识论》，陈真译，复旦大学出版社 2008 年版，第 202~211 页。

"应当"如何思考,从而形成理性的信念,因此知识论是规范性的。[1]知识论的核心议题是,我们探究的方法,以及如何管理我们关于世界的信念。研究这些问题,按照传统知识论的模式,我们应当依靠纯理性先验地确定若干命题:知识的定义与知识的确证;对于结论而言,好的证据的标准是,基于一系列信息可以推论出的内容。自然主义认识论认为,好的探究方法应当是求真的且可靠的。而可靠性应当来源于世界的事实,而不是缺乏实际的空谈(armchair),因此,知识论应当是后验学科,应当采用科学研究的方法。[2]这是两类截然不同的路径:发现境况(discovery context)与确证境况(justification context)。"发现"基于一系列事实,经过调查研究和逻辑推论得出特定的结论——科学发现(scientific discovery),主要包括历史学、社会学和科学心理学。"确证"是基于一系列的理由的确认,得出结论,它是规范性的而不是描述性的,例如科学哲学。"确证"无意追寻结果的起源,而是通过提供结果的理由来证实结果的科学地可接受性(scientifically acceptable)[3]。

缘何将认识论自然化?直接原因是对知识论中的基础主义感到失望,因为基础主义的宿命是无穷倒退、独断论、循环论证,因而无法为知识提供有效的确证。而知识又必须回应怀疑论的挑战和质疑,因此奎因另辟蹊径。奎因对认识论重新定位,认为认识论应当归于心理学或自然科学;既然认识论是自然科学,那么就应当用科学的方法去分析和研究;在科学研究的视角,认识是自然现象,人具有物理属性,而知识是"输入"与"输出"的结果;研究的主要内容是从"输入"到"输出"的机理是什么,换言之,如何由证据得出理论。[4]如果这一目标能够实现,那么就可以科学地解释证据与理论之间的关系,进而避免基础主义可能面临的困境。

〔1〕 Amit Pundik,"The Epistemology of Statistical Evidence",*International Journal of Evidence & Proof*,Vol. 15,No. 2,April 2011,p. 125.

〔2〕 Gabriel Broughton and Brian Leiter,"The Naturalized Epistemology Approach to Evidence",in Edited by Christian Dahlman,Alex Stein and Giovanni Tuzet,*Philosophical Foundations of Evidence Law*,Oxford University Press,p. 25.

〔3〕 Catherine Z. Elgin,"Impartiality and Legal Reasoning",in Edited by Amalia Amaya and Maksymilian Del Mar,*Virtue*,*Emotion and Imagination in Law and Legal Reasoning*,Oxford:Hart Publishing,2020,pp. 47~58.

〔4〕 [美] W. V. 奎因:《自然化的认识论》,贾可春译,陈波校,载《世界哲学》2004 年第 5 期,第 79~85 页。

认识论自然化可能吗？自然化认识论，可以分为个人认识论（Individual epistemology）的自然化，以及社会认识论（Social epistemology）的自然化。首先考察个人认识论自然化的可能性。个人认识论的自然化主要涉及信息输入，如何产出知识的问题。这一问题又涉及两方面的问题：其一，科学方法是不是解决知识论问题的恰当方法？方法的自然化无法解决的问题是"解释鸿沟"困境，科学方法主要通过物理现象的研究，总结物理规律；而意识与体验等均具有主体性的特质，不受物理规律的支配。[1]其二，奎因的自然化认识论纲领能否成立？奎因认识论自然化的过程，实际上是将知识论修剪成适合科学研究的模样。奎因将认识论研究的主题化约为语言问题，而把语言归为自然现象，进而试图探究物理规律。而这一研究模式存在诸多问题，不能成功：语言能力只是认知能力的一部分，研究语言能力，本末倒置，大大限缩了知识论的范畴；即便以语言为主题，对语言产生主要影响的是社会因素，而非自然因素，如果抛弃社会因素进行研究，只能得出偏颇的结论；主体心智的复杂性是无法被物理范畴所涵摄的，语言的复杂程度也不是物理规律能够支配的。因此，奎因的自然化认识论纲领不能成立。[2]自然科学对于确定性规律的研究范式，对于人们具有很大的吸引力，但不能因此就否定哲学的意义和价值，或替代哲学的功能和地位。哲学研究是最为一般和基础的问题。哲学看似不像科学那样发展迅猛，但为人们进行科学探索提供了可能性，容纳新的问题，解释和反思既有的论证，这些正是哲学发展的表现。[3]因此，在个人认识论的自然化方面，自然科学理论并不能替代原有的知识论理论。虽然个人认识论的自然化并不成功，但是也给予我们重要的启示，即可以运用实证的方法分析和评价个人的认知，进而保证信念的真，避免或减少错误认知或认知偏见的产生。

其次，社会认识论的自然化，考察社会实践（social practices）与真信念的关系，采用求真性评价的方法（veritistic evaluation）决定实践的正当性。对于重要的社会问题，如果某实践相较于其他可选项，更有助于真信念的产生，那么该实践的实施就有正当理由；反之，如果实践并不能产生真信念，那么就

---

〔1〕 费多益：《实验哲学：一个尴尬的概念》，载《哲学分析》2020年第1期，第43~53页。
〔2〕 参见陈波：《蒯因的自然化认识论纲领》，载《自然辩证法通讯》1995年第4期，第1~8页。
〔3〕 参见费多益：《如何理解分析哲学的"分析"？》，载《哲学研究》2020年第3期，第119~125页。

不应当实施。[1]社会认识论实质上是经验实证主义的方法，对于社会制度的实施与评估提供依据。社会认识论，以知识的真实性为追求目标，而这一目标是通过社会机制或实践的规范化或规制性实现的。[2]

二、自然化认识论与证据规则

对于自然化认识论批评的一个重要方面是，自然化认识论是描述性而非规范性的。规范性对于知识论之所以重要，在于知识的规范性不仅可以为信念提供辩护，而且可以为人们获得知识提供帮助。[3]规范性对于知识论具有基础性的意义，凭借规范性可以确定认知目标、规范认知行为、评价认知结果。自然化认识论饱受批判的原因在于其规范性的缺失。金在权（Jaegwon Kim）认为，奎因力图以描述性的科学（descriptive science）替代规范性的认知理论，甚至抛弃确证（justification），这将导致知识也被逐出知识论体系。[4]奎因排斥知识的规范性的观点，有些偏颇或者表达不准确。奎因反对的是传统意义的知识论的规范性，但并未否定规范性的必要性，而且也在努力为自然化认识论寻找与之匹配的规范性。但问题的关键不在于奎因是否认同知识论的规范性的必要性，而在于奎因主张的自然化规范性是否有效。陈晓平教授列举了奎因主张的规范性的若干自相矛盾之处并坚持规范的公共性，反对奎因主张的私人科学的存在，并以奎因的规范性可以容纳"传心术"的反例，鲜明指出自然化认识论不可能具有规范性。[5]奎因反对基础论的方法，提出了以科学方法替代传统知识论的"确证"，而为实现这一目标，又必须改造甚至颠覆原有知识论的基本概念和范畴。但这出现了尴尬的窘境，科学方法强行闯入知识论体系

---

[1] Gabriel Broughton and Brian Leiter, "The Naturalized Epistemology Approach to Evidence", in Edited by Christian Dahlman, Alex Stein and Giovanni Tuzet, *Philosophical Foundations of Evidence Law*, Oxford University Press, p. 25.

[2] [美] 罗纳德·J. 艾伦、布赖恩·雷特：《自然化认识论和证据法（上）》，王进喜译，载《证据学论坛》2004 年第 1 期，第 519 页。

[3] 喻郭飞：《认知规范与自然主义认识论》，载《武汉科技大学学报（社会科学版）》2012年第 5 期，第 550 页。

[4] J. Kim, "What is 'Naturalized Epistemology'?", *Philosophical Perspectives*, Vol. 2, 1988, pp. 389~390.

[5] 陈晓平：《评蒯因的自然化认识论及其规范性》，载《科学技术哲学研究》2017 年第 2 期，第 34~40 页。

中，而知识论又必须捍卫自己的理论体系和基本范畴，这似乎只能是一个无解的僵局：如果科学方法服从原有知识论体系的要求，那么似乎没有其可以存在的空间，而如果知识论自我改造，那么知识论也将面目全非。因此，自然化认识论注定不能成功。但是，这不能否定奎因等学者的贡献，自然化认识论提醒我们走入现实社会，在实践的语境下，考察影响知识形成的因素，反思并完善相关理论。

社会化知识论为证据规则提供了理论框架，证据规则是生产知识的机制。证据规则的重要功能是帮助事实认定者形成对事实的真信念，从而保证知识生成的可靠性。自然化认识论者努力构建规范，从而规制实践，以产生好的知识。[1]追求认定事实的"真"是证据规则的整体目标之一，当然还有保护人权、平等价值等目标。为实现求真的目标，根据自然化认识论的要求，应当满足两方面的要求：其一，"应当"的要求应当建立在"能够"的实践可能性基础上。其二，对认知运作进行工具化的评估，选择能够产生最佳结果的规则。[2]社会化知识论将证据规则拉入现实之中，重新定位，并通过目标实现的实效反思与评估规则的功能。怀疑论的质疑：我们通常缺乏独立地获得法律争议事实的路径，而这些事实可以使我们判断裁决是否正确。运用经验科学（empirical science）可以在某种程度上回应怀疑论的质疑。因为经验科学可以部分解决证据规则对于持续性的认定事实的错误（persistent fact finding error）无能为力的窘境。[3]

案例7.3：河南中城建公司与安信信托公司营业信托纠纷案

2015年12月9日，河南中城建公司与安信信托公司签订《河南鹤辉股权收益权转让及回购合同》（以下简称《转让及回购合同》），约定：河南中城建公司将其名下的河南鹤辉公司95%的股权收益权转让给安信信托公司，转让价格为人民币8亿元，转让期限为2年。期限届满后，河南中城建公司应

---

〔1〕[美]罗纳德·J. 艾伦、布赖恩·雷特：《自然化认识论和证据法（上）》，王进喜译，载《证据学论坛》2004年第1期，第519页。

〔2〕参见[美]罗纳德·J. 艾伦、布赖恩·雷特：《自然化认识论和证据法（上）》，王进喜译，载《证据学论坛》2004年第1期，第519~520页。

〔3〕Gabriel Broughton and Brian Leiter, "The Naturalized Epistemology Approach to Evidence", in Edited by Christian Dahlman, Alex Stein and Giovanni Tuzet, *Philosophical Foundations of Evidence Law*, Oxford University Press, p. 26.

回购股权收益权。

河南中城建公司的股东中城建公司向安信信托公司出具《承诺函》，承诺：如果河南中城建公司未履行回购义务并支付价款，中城建公司将履行回购义务并支付相应价款。因河南中城建公司未履行回购合同义务，安信信托公司起诉中城建公司，请求判令中城建公司履行《承诺函》义务。庭审中，争议的焦点问题是《承诺函》的性质。中城建公司主张，《承诺函》系一般保证性质，系为河南中城建公司提供的担保。安信信托公司主张，《承诺函》在安信信托公司与中城建公司之间建立了新的法律关系。

最高人民法院认定，中城建公司出具《承诺函》，系单方承诺，安信信托公司接受后，即形成中城建公司对于河南中城建公司对于安信信托公司的债务加入。在陈述认定为"债务加入"的理由时，最高人民法院认为，对于当事人的意思表示不明的问题，"应斟酌具体情事综合判断"；在法律没有规定的情况下，根据承担人是否有直接或实质利益进行区分和判断，如果承担人享有利益，则应当认定为债务加入；否则，可以认定为担保。[1]可见，最高人民法院在构建区分债务加入和担保的规则时，并非基于既有法律规范的逻辑推论，而是基于现实经验。

三、实证研究对于证据规则的助益及纠偏功能

规则的意义在于：一方面，规则设定了一般情形下人们行动的方式，减少或避免了行为人计算行为模式的努力；另一方面，规则相对于其他行动理由具有排他性的优势，免除了行为人对于理由选择的困扰。[2]证据规则既具有一般法律规范的目标的追求，又为事实认定者提供了认定事实的基本路径，规范了事实认定者的行为。更为重要的是，证据规则为事实认定者认定的事实的合法性提供了辩护。一般情况下，有效的法律规范或规则是事实认定的依据和有效性的保障。检察机关向法院提交的证据，必要的条件是该证据是依照法定程序调取的；如果欠缺证据合法性的要件，该证据失真的可能性骤升，依据该证据形成的信念的错误概率极高，所以不应当采信此类证据。非法证据排除规则

---

〔1〕 参见最高人民法院［2018］最高法民终 867 号民事判决书。
〔2〕［英］约瑟夫·拉兹：《实践理性与规范》，朱学平译，中国法制出版社 2011 年版，第 58~61 页。

从何而来？其中有域外借鉴的因素，但是更为重要的是"赵作海案"等在实践中发生的真实案例。这足以警醒我们的是，原有的证据规则在形成真信念过程中保障作用力度不足，对事实认定者未能形成有效的拘束，因而对案件事实形成了错误的判断。为弥补原有证据规则的不足，2010 年 6 月 13 日，最高人民法院等五部门联合印发《关于办理死刑案件审查判断证据若干问题的规定》和《关于办理刑事案件排除非法证据若干问题的规定》。[1]实证考察可以检验证据规则的效用，证据规则根据实践情况，进行自我调整与完善，避免产生错误的知识。因此，经验科学可以成为评价知识，或推动知识自我反思的利器。

易延友教授曾经考察了我国 1459 个关于非法证据排除的案例，指出我国在非法证据规则排除方面存在诸多问题。法官不当"创设"了认定证据合法性的规则，例如"真实故合法""印证故合法""稳定故合法"。[2]这些规则的适用偏离了非法证据排除规则的目标，将证据的真实性作为审查证据合法性的主要内容，因此应当予以矫正。此外，据统计，适用非法证据排除的案例共136 个，其中排除被告有罪供述的案例 120 个，其余案例涉及证人证言、搜查笔录、鉴定意见等，言词证据占绝大多数。这种按照证据种类适用非法证据排除规则的方法，不足以实现非法证据排除规则保护人权的目标，因此建议确立权利分类型的非法证据排除规则。[3]需要说明的是，证据规则可以解决很多认识论方面的问题，但证据规则有其局限性，正如汪建成教授的观点，"即使再高明的立法"，也无法解决非法证据排除实践中遇到的所有问题。[4]因此，非法证据是法官裁量排除而非自动排除的，而法官对于相关命题的认知态度与方法要遵循知识论的规范。对于实践助益证据规则可能提出的反驳意见是，只有实践结果出现后，才能对实践进行反思，因此具有滞后性。而仿真系统的运用，可以提供与实践相当的参考系统，从而弥补法学研究精确性的不足。[5]

---

〔1〕　吴洪淇：《证据法的理论面孔》，法律出版社 2018 年版，第 75 页。

〔2〕　易延友：《非法证据排除规则的中国范式——基于 1459 个刑事案例的分析》，载《中国社会科学》2016 年第 1 期，第 152~160 页。

〔3〕　易延友：《非法证据排除规则的中国范式——基于 1459 个刑事案例的分析》，载《中国社会科学》2016 年第 1 期，第 161 页。

〔4〕　汪建成：《中国需要什么样的非法证据排除规则》，载《环球法律评论》2006 年第 5 期，第556 页。

〔5〕　余歌、宋朝武：《诉讼法学实证研究的反思与改良——兼论法学研究中复杂系统仿真技术的应用》，载《证据科学》2022 年第 4 期，第 442 页。

第三节 实用主义入侵与认知偏见

实用主义运用于法学领域，成就了后果裁判；实用主义试图改变知识论的确证方法，推动了认识论的自然化；实用主义质疑传统的知识的概念，力图从根本上修正知识论理论。

一、实用主义入侵的概述

帕斯卡尔（Pascal）和詹姆士等为代表的古典实用主义，并未主张以"实用主义"干扰传统的知识证成，而是强调实用因素对于认知主体"相信"可能产生的影响。新实用主义在传统知识论的"确证"基础上，增加了实用因素考量，修正了原有的知识概念，因此被认为是对原有知识理论的"入侵"。[1]实用主义入侵（pragmatic encroachment），是指在我们拒绝不可错主义（infallibilism）的前提下，随着实用主义要素的变化，知识也会有所不同。[2]实用主义认识论与语境主义认识论二者容易混淆，首先应当将二者区分开来。二者相似之处在于，知识处于不稳定状态，实用因素或语境不同，知识就会随之发生变化。但是，语境主义坚守命题的"真"的因素，不同的语境下，确证会有不同的样态，因而知识的真存在差异；而实用主义允许风险等实用因素作为知识确证的因素，甚至可以忽略"真"的要求。这些实用主义要素主要包括哪些？是否会对传统的知识论理论产生有力的冲击？在实用主义看来，真理存在程度的差异性，人不会机械地对呈现在眼前的事物作出反应，而是根据认知需求主动寻找认知目标，认知的目标性决定了认知主体的意志的作用。认知主体在特定语境下，对命题形成相关的信念或知识。在认知过程中，由于涉及的实践利益不同，对认知结果会有不同的认知要求，我们会接受不同信念度的信念或知识。"实用主义入侵"能否成立？换言之，知识的概念中是否应当添加实用主义因素？"实用主义入侵"的支持者和反对者，谁能更胜一筹？

在实用主义看来，知识应当为行为或信念提供充分辩护（sufficient war-

---

[1] 文学平：《知识概念的实用入侵》，载《自然辩证法研究》2020年第2期，第16~22页。

[2] J. Fantl, M. Mc Grath, *Knowledge in an Uncertain World*, Oxford: Oxford University Press, 2009, p. 194.

rant）。基本观点是：如果你知道 P，对于任何 φ，P 足以为你的 φ 提供辩护。这一观点建立在两个命题之上：①（KR）对于任何 φ 而言，你所知道的足以成为你必须 φ 的理由；②（Safe Reasons）如果某种东西（something）是你 φ 的理由，那么它足以证明你 φ 的合理性。[1] 既然 P "足以"提供辩护，从你的认知立场而言，对于辩护你的 φ，P 没有弱点（no weaknesses）来阻碍成功辩护。如果不能成功辩护，那么就可以说知识辩护缺少了一些要素。

知性主义与实用主义存在相互竞争的关系。这种竞争关系建立在对于知识标准方面的重大分歧上。知性主义（Intellectualism）：真信念能否达到知识的标准，取决于与真相关的因素（truth-connected factors）；实用主义（Practicalism）：真信念能否达到知识的标准，取决于与真无关的若干因素，特别是取决于信念是否恰当回应了错误所产生的实践成本（practical costs）。[2] 为进一步阐明这种竞争关系和分歧关系，我们可以借用"彩票案"来分析二者在实践推理中如何发挥作用。基本情景如下：有一万张彩票在售，每张彩票 1 美分，将有一张彩票中奖，中奖金额为 5000 美元[3]。在此基础上，知性主义和实用主义的推理如下：

知性主义推理：

（1）如果我买一张彩票，中奖的概率很小，因此我不会中奖；
（2）购买彩票会花费 1 美分，不中奖，我将损失 1 美分；
（3）因此，我不应当购买彩票。

实用主义推理：

（1）如果购买彩票，不中奖，我将损失 1 美分；
（2）如果不购买彩票，我将损失获得 5000 美元奖金的机会；
（3）损失 1 美分小于损失 5000 美元奖金的机会；

〔1〕 See J. Fantl, M. McGrath, *Knowledge in an Uncertain World*, Oxford：Oxford University Press, 2009, pp. 59~66. 文学平：《知识概念的实用入侵》，载《自然辩证法研究》2020 年第 2 期，第 16~22 页。

〔2〕 Stephen R. Grimm, "Knowledge, Practical Interests and Rising Tides", in Jessica Brown, Mona Simion（eds.）, *Reasons, Justification, and Defeat*, pp. 119~120.

〔3〕 Matthew Weiner, "Practical Reasoning and the Concept of Knowledge", in Adrian Haddock, Alan Millar, Duncan Pritchard（eds.）, *Epistemic Value*, p. 167.

（4）因此我应当购买彩票。

综上，知性主义推理和实用主义推理，得出了不同的结论。知性主义推理基于"如果我买一张彩票，中奖的概率很小，因此我不会中奖"的真信念。实用主义推理更多的是一种结果之间的权衡与选择。实用主义推理相较于知性主义推理的优势在于，知性主义推理的成功依赖于作为前提的知识的真与有效，如果没有前提或前提无效，那么将无法推理获得结论。这就大大限缩了知性主义在实践中的适用范围。而实用主义推理将结果的最优化作为追求的目标，确定追求的目标后，再决定采取的行动。

二、实用主义对传统知识论的攻击

传统知识论将真作为知识的必备属性。但是，真是否为认知的首要目标（primary goal）？乔纳森·科万维格（Jonathan Kvanvig）反对真是认知的首要目标，认为认知的目标是多元化的。认知结果主义者认为，认知的规范是我们应当追求"真"，避免错误。[1]一旦将认知目标引入知识论中，就会引起知识价值的反思，甚至知识论体系的重构。这主要是因为：首先，既然有了认知目标，那么在很多情况下实现认知目标的意义，就大于求真的意义，虽然有时二者是重合的。其次，由于认知目标不同，我们对知识的可信度要求也存在差异。最后，认知目标的实现是主要目的，认知结果的重要性优于认知过程。实用主义或工具主义将"真"拉回现实世界，并将"真"与行为结果相关联。真信念的重要特征是，可以导致期望的结果。工具主义将这一特征提升为真的概念，当命题对于相信它的人是有用的，那么它就是真的。[2]这也是学者反对实用主义入侵的重要原因，即实用主义使知识依赖于与真无关的因素（truth-irrelevant factors）。[3]

实践中，我们对于不同的命题会有不同的谨慎态度：实用主义引用的经典案例是"支票兑取案"。汉恩（Hunn）周五下午驾车回家，路过银行时，本来打算顺便去银行兑取支票，但是当她看到，银行门口排了很长的队，她就径直

---

〔1〕 Daniel J. Singer, "How to Be Epistemic Consequentialist", *The Philosophical Quarterly*, Vol. 68, 2018, pp. 50~600.

〔2〕 Alvin I. Goldman, *Knowledge in a Social World*, Oxford University Press, 1999, pp. 10~11.

〔3〕 Blake Roeber, "The Pragmatic Encroachment Debate", *Noûs*, Vol. 52, No. 1, March 2018, p. 172.

驾车回家，准备周六再去银行兑换支票。情形一：兑取支票的时间，对于汉恩没有利害影响。当萨拉（Sara）问及银行周六是否营业时，汉恩肯定地回答，银行周六上午营业至中午。情形二：如果汉恩在周六上午之前不能兑取支票，汉恩将面临巨额罚款。当萨拉提醒汉恩，银行经常变更营业时间，汉恩能否确定银行周六是否营业时，汉恩回答，确实不知道银行周六上午是否营业。在基本事实相同的情况下，汉恩作出了不同的回答？原因在于，在情形一中，汉恩面临的是低风险（low stake）；而在情形二中，汉恩面临的是高风险（high stake）。此案例似乎清晰表明，汉恩对于周六上午银行开门的信念，随着利益风险的改变而发生改变，支持了"实用主义入侵"支持者的主张。布莱克·罗伯（Blake Roeber）对此提出反对意见，因为何时兑取支票面临不同的后果与真理无关（be truth-irrelevant），即汉恩如果未能在周六上午兑取支票面临的巨额罚款，与汉恩对银行周六上午是否营业的信念的真无关。非常可能存在的情形是，即便面临巨额罚款，汉恩依然对于银行周六上午营业的信念为真。[1]文学平教授对于"高风险"问题，也持反对态度。支持者的关键论题是"知识-辩护"，即依据知识行动是合理的。即便你知道命题，但因为"高风险"，如果依据知识行动反而是不合理的，违反了"知识-辩护"。[2]认为风险与知识没有必然的关联，是"不变主义"，即认为知识并不敏感于语境，只不过在高风险情形下，知识断言在严格意义上使用，而在低风险情形下，非严格意义上使用知识断言。对上述案例还可以从语境主义和实用主义进行解释：语境主义认为，"知道"的场景意义以及知识的标准会随着语境的变化而转变；实用主义主张，实用因素是决定知识归赋的主要因素。[3]实用主义的主张与传统知识论"求真"的理论核心相悖，这引起了一些知识论学者的担忧，即知识

---

〔1〕 Blake Roeber, "The Pragmatic Encroachment Debate", *Noûs*, Vol. 52, No. 1, March 2018, pp. 171~195.

〔2〕 文学平：《知识概念的实用入侵》，载《自然辩证法研究》2020年第2期，第16~22页。文学平教授援引的案例是，你正参加一项心理学研究，此研究的目的是测试心理压力对记忆的影响。你被问道：尤利乌斯·凯撒（Julius Caesar）生于何年？如果答对了，你将得到一颗软糖；如果答错了，你将遭到恐怖的电击；如果不答，什么事儿都没有。你记得尤利乌斯·凯撒生于公元前100年，但你没有如此确信，以至于值得去冒遭电击的危险。然而，你默默地对自己说："我知道那是公元前100年。"按照"知识-辩护"联系论题的要求，你得知尤利乌斯·凯撒的出生年代；然而考虑到答错将遭受电击的恐怖情景，你当然没有必要冒这个险，而且答对了也没有多大好处，因此你选择不答最为合理。

〔3〕 方环非、沈怡婷：《知识归赋的实用侵入：异议及其辩护》，载《浙江社会科学》2020年第10期，第102~103页。

论的纯理论的品质是否会因实用主义的"入侵"而发生改变；而另外一些学者则采取了更加包容的态度，将实用主义因素纳入知识论中，扩大了知识论的研究范围。方环非、沈怡婷指出了实用主义入侵的积极意义，因为实用主义入侵并非对既有知识论的破坏，而是激发了知识论的发展与自我完善。[1]知识论是拒斥实用主义的入侵，还是包容实用主义因素，在理论上存在争议。从实践考察，知识论并不排除实用主义维度，而且随着论题重要性的增加，对知识标准的要求越高。[2]

知识标准的升高或知识标准的下降，是语境论者为应对怀疑论者的质疑，而寻求理论自洽所给出的方案。[3]该方案虽然并不完美，但是可以为实践中的制度或现象提供解释的理论工具。司法实践中，受制于案件呈现的证据、当事人的诉讼请求等客观条件，我们追求案件的绝对真实仅仅是努力的方向；在无法达到绝对真实的情况下，调整知识标准似乎是最佳策略。实用主义立足于实践，在知识的归赋方面，增加了实用主义因素。实质上增加了认知主体和认知目标两方面的考量。认知主体为实现认知目标，除了知识还会考量其他相关因素，这些实用主义因素一般归为"理由"范畴。在某些情形下，实用主义因素对于认知主体决策的影响大于知识对于主体的指引或约束，这也是实用主义有"信心"挑战传统知识论的重要原因。实用主义对于知识论的攻击并不成功，主要原因在于实用主义并不排除知识"真"的属性，是以是否符合认知主体的目标或需求作为信念"确证"的主要方法。实用主义降低知识价值或用实用主义因素替代知识确证的危害在于，知识的价值的重要方面在于知识的确定性，而实用主义因素太过庞杂且变化无常，依赖实用主义因素而确定的知识也会变得不可捉摸。此时，知识不再是行为的指引者，而是主体意志的侍者。究其原因，是实用主义将主体选择的行动理由等同于知识，或者错误地将有助于目标实现的认知要素均归属于知识的必备要素。而且，实用主义实际上消解了知识的规范性，这使得因此得出的结论增加了肆意和没有保证的意蕴。

---

〔1〕 方环非、沈怡婷：《知识归赋的实用侵入：异议及其辩护》，载《浙江社会科学》2020年第10期，第101~107页。

〔2〕 参见方红庆：《当代知识论的价值转向：缘起、问题与前景》，载《甘肃社会科学》2017年第2期，第13~17页。

〔3〕 参见王聚：《语境主义反怀疑论与标准下降难题》，载《现代外国哲学》2021年第1期，第1~12页。

进一步阐明该问题，需要澄清知识、意志与行为之间的关系。

三、知识、意志与行为

在知识论中，知识与行为的关系密切，只有当行为受知识指引，才能说行为在行为人的掌控（under one's control）之下。反之，主体缺乏行动的意志（intentionality of an action），因为缺少相应的知识。如同常言，"意向行动是受知识指引的行动"[1]。对于该观点提出挑战的是，基于盖梯尔式的幸运信念的行动，是否属于意向行动？对此，卡洛塔·帕维斯（Carlotta Pavese）作了如下逻辑推论：

（a）如果一个人的行为是有意向的，那么该行为在此人的掌控之下；

（b）如果一个人的行为是幸运的（lucy），那么该行为不在此人的掌控之下；

（c）如果一个人的行为是基于盖梯尔式的幸运行事，那么该行为是幸运的；

（d）因此，如果一个行为是基于盖梯尔式的幸运行事，那么这个行为不在掌控中；

（e）因此，如果一个行为是基于盖梯尔式的幸运行事，那么这个行为不是意向性的。[2]

意向性为什么如此重要，或者说知识对于行动意味着什么？如果 S 有意向地 ϕ，S 既知道如何 ϕ，也知道 ϕ 的方法 $m_1 \cdots \cdots mn$。[3] 而知识的重要意义在于一方面为行为人提供方法或指引，另一方面为评价行为提供依据。

知识的价值是什么这一问题，我们在之前的章节已经讨论论过。马修·韦纳（Matthew Weiner）认为，知识的价值在于其在实践推理中的重要作用。具体而言，我们知道的命题为实践推理提供了可接受的前提（acceptable premi-

---

〔1〕　Carlotta Pavese, "Knowledge, Action, and Defeasibility", in Edited by Jessica Brown and Mona Simion, Oxford University Press, 2021, p. 177.

〔2〕　Carlotta Pavese, "Knowledge, Action, and Defeasibility", in Edited by Jessica Brown and Mona Simion, Oxford University Press, 2021, p. 185.

〔3〕　Carlotta Pavese, "Knowledge, Action, and Defeasibility", in Edited by Jessica Brown and Mona Simion, Oxford University Press, 2021, pp. 188~191.

ses）。但是在实践推理的语境中考察，相对于"知识"，似乎还有更为重要的概念值得我们关注，例如，"真的""确证的"和"稳定的"等。[1]实践推理在实践活动中至关重要，而前提是成功推理的关键。因此，恰当的前提是什么？或者"信念是实践推理的恰当前提，当且仅当信念具有属性"X"，那么X是什么？X在很大程度上，是与主体看重的目标相关联的。如果认为推理的最佳结果最为重要，那么我们更应当关注前提的"真"；如果认为推理无可挑剔（beyond criticism）最为重要，那么我们更应当关注前提的合理性。[2]

实践推理机制（practical reasoning scheme）可以表述为：

A是我的目标；

为了实现A，我应当实现B；

因此，我应当实现B。

在实践中，进行推理的要件往往并不完备。实践推理是在主体知识不完备的情形下，受制于五个问题的可被废止的推理。这五个问题是：

CQ1. 除了B，还有其他可选择的行动方案吗？

CQ2. B是最佳的，或最可以接受的选项吗？

CQ3. 除了A，还有其他可选择的目标吗？

CQ4. 在特定情形下，实现B是可能的吗？

CQ5. 是否已经考虑到关于B的已知的不良后果？

实践推理推出了一个暂时合理的结论，但是当上面的五个问题中的任何一个有更好的选项，就会被废止。[3]最高人民法院《关于审理民间借贷案件适用法律若干问题的规定》第16条规定："原告仅依据金融机构的转账凭证提起民间借贷诉讼，被告抗辩转账系偿还双方之前借款或者其他债务的，被告应当对其主张提供证据证明。被告提供相应证据证明其主张后，原告仍应

---

〔1〕 Matthew Weiner, *Practical Reasoning and the Concept of Knowledge*, Oxford University Press, 2009, pp. 164~182.

〔2〕 Matthew Weiner, *Practical Reasoning and the Concept of Knowledge*, Oxford University Press, 2009, pp. 164~182.

〔3〕 Douglas Walton and Fabrizio Macagno, "Common Knowledge in Legal Reasoning about Evidence", *International Commentary on Evidence*, 3, 2005, pp. 7~9.

就借贷关系的成立承担举证责任。"该司法解释对于民间借贷法律关系的认定，区分了几种情形：其一，原告提交了转账凭证，可以初步认定原被告之间的借贷关系；其二，被告主张该款项与原被告其他债务相关联，且被告提供的证据成立，可以确立被告的主张成立；其三，如果原告继续提交证据，可以证实原被告之间的借贷关系，且对于被告提交的证据具有优势地位，那么原被告之间的借贷关系成立。这一司法解释在很大程度上是依赖证据的，可能出现的情形是，虽然原告或被告主张的事实是真实的，但因为无法提交相关的证据，法院也无法认定其主张的事实。因此，虽然案件审理过程中，寻求案件事实的"真"是法院的理想目标，但往往受制于认知的客观条件，在解决纠纷、合理裁判的"实用"目标下，通过法律规范规定案件事实认定的标准。而且，对于原被告法律关系的推理，也是可以废止的，但是在被废止之前，最佳的推理结论是可以被接受的。但必须说明的是，在司法领域，实践理由不能是判决的唯一理由。因为司法判决结论的正当性与合法性，在于"证成"，而不能仅以判决结论符合法律规范的目标作为判决结论成立的依据。

四、信念责任与认知偏见的克服

知识是确定的吗？或者认知主体认为已经掌握的知识是绝对正确的吗？在某些时候，我们对于信念的把握存在较大的差异。[1] 传统知识论中，主要通过证据确证信念。那么，我们相信某一事物，是否以相关的证据作为前提？学者们对此提出了不同的观点，其中最具代表性的是，克里福德主张的信念伦理学观点和詹姆士主张的实用主义观点。克里福德的核心观点是，相信事物必须有相关的证据，缺乏相关证据的相信是错误的。而詹姆士认为，即便缺乏相关的证据，我们依然可以依据我们的意志作出选择。克里福德与詹姆士的观点似乎代表了两个极端。克里福德从伦理道德的立场，提出我们对于相信应当保持谨慎的态度，该谨慎的态度体现为通过证据保证相信。这一观点有其合理性，可以确保我们相信的正确性，避免误信产生的不利后果，甚至依其观点不允许误信的存在；但是，在没有相信的其他保障方法或路径的情况下，这一观点似乎大大地限缩了我们可以相信事物的范围或者使我们的相信过程纷繁复

---

〔1〕 Mcgrath M. Fantly, *Knowledge in an Uncertain World*, Oxford：Oxford University Press, 2010, pp. 128~162.

杂。詹姆士的实用主义是，依据社会标准或预估产生的结果，进行信念的确证。实用主义虽然更多关注行为的后果，似乎省略了过程约束和道德的束缚，会自然而然地让人对其正当性产生怀疑；但是，在实践中却解决了大量的"搁置"问题。因为，在很多情况下，作出理智判断的条件并不具备，而搁置问题似乎并不是好的选择，甚至我们不得已必须作出选择的情况下，实用主义似乎提供了最好的方法和依据。[1]比如，我们正在参加一次重要的考试，如高考或公务员考试，考试的结果可能对我们的人生前途产生重要的影响。其中一道选择题，我们不知道其正确的答案，我们可以不填写任何选项，但会因此确定失分；我们也可以填写最为可能真的答案，虽然我们不确定答案是否正确，但我们有了得分的可能。"猜"答案的方法虽然不值得肯定或鼓励，但似乎也没有批评的必要。但是，实用主义的观点不足以推翻信念伦理，权衡后选择的信念，虽然可能带来最优的利益，但是并不能以利益最大化推论出信念的正确。法官裁判案件与日常生活中的认知有所不同。考试时，在不知道正确答案时，猜选项答题，虽然是不符合认知规范的，但是并不违反考试纪律或考试规则，对于考生或他人均是无害的。但是，法官的认知涉及当事人的切身利益，可能造成法官或当事人的利益受损的风险，法官应当负有信念责任。法官之所以应当承担信念责任，对自己的知识断言负责，主要原因在于法官作出判决的"自主性"，法官在自己的意志控制下，依据证据，认定案件事实。[2]信念的正确性，来源于对信念规范的遵守，而且很多时候我们的信念要接受他人的评价；正如文学平教授的卓见，"信念伦理探讨评价信念的规范"，从而使人们决定相信什么有了可能。[3]而遵守信念伦理规范的基本要求是，信念应当建立在证据基础上，而对于证据应当采用一种更为宽泛的概念，既肯定认知能动性，但也不能改变智识德性的要求。[4]

认知过程中，认知结果可能受到认知主体情感等因素的干扰，从而产生错误的信念。为避免该风险的发生，学者提出认知克制理论（epistemic re-

---

〔1〕 王庆原：《信念伦理学的"克利夫特/詹姆斯之争"——兼论信念伦理学的建构》，载《哲学动态》2010年第6期，第97~102页。

〔2〕 喻郭飞：《证据、自主性与认知责任》，载《自然辩证法研究》2020年第6期，第27~33页。

〔3〕 文学平：《认知困境与信念伦理》，载《学术界》2018年第12期，第23~31页。

〔4〕 舒卓、朱菁：《证据与信念的伦理学》，载《哲学研究》2014年第4期，第112页。

straint）。[1] 认知克制理论，主要的主张包括：智识清醒（intellectual sobriety），认知者不应当因为对于知识的热爱或迫切，而相信没有证据的命题；认知克制（epistemically continent），我们应当注重公认的理由，并保持我们的理性承诺；信念德性（doxastic virtue），有德性的认知主体在形成信念时应当进行相应的约束；认知审慎（epistemic prudence），确立区分探究审慎与非审慎的标准，认知审慎可以确保知识的安全。[2] 此外，认知克制理论还主张认知不能损害他人利益，例如个人隐私，以及对可能危及个人隐私的领域不应当进行探究。法官负有裁判的义务，而案件事实并非总是清晰明了，法官并不能因为案件事实模糊不清而免除其裁判义务。在通过证据与事实无法作出裁判的情况下，法官权衡案件裁判结果对当事人的影响和对社会的影响，进而作出裁判，也具有合理性。但是，这种合理性是价值取舍的合理性，而并不能因此免除法官提供理由的义务。价值与理由的优先性问题一度成为热议的话题，但理由离不开价值的筛选，主体提供理由时，实际上就已经确定了追求的价值，在此基础上为该价值目标的实现提供理由，因而理由中已经蕴含了价值取向。[3]

虽然信念应当建立在证据之上，但是并不能因此免除我们的信念责任。因为，证据不能自动产生信念，我们对事物的认识，会受到我们自身意向性的影响。认知主体的认知受到证据的支持和约束，但证据的意义和功能由认知主体来阐释。证据不是因为具有较强的证明力，所以能为事实主张提供强有力的支撑，而是因为为事实主张提供了更好的理由，因而具有了较强的证明力。实践中，证据的证明力与事实主张之间的关系经常遭到误解。[4] 诉讼活动过程中，对于案件事实的查明，实际上是获取知识的过程。知识一般认为是经过确证的真信念。诉讼双方对于案件事实可以作出自己的主张，这些主张是诉讼当事人的信念。如何确证信念的有效性，庭审过程中，一般通过事实的"真"的要求以及确证两方面，来避免信念的错误。一般而言，需要当事人进行命题辩护

---

〔1〕　Neil C. Manson, "Epistemic Restraint and the Vice of Curiosity", *Philosophy*, 2012, 87 (2): pp. 239~259.

〔2〕　Neil C. Manson, "Epistemic Restraint and the Vice of Curiosity", *Philosophy*, 2012, 87 (2): pp. 239~241.

〔3〕　李萍、卢俊豪：《理由与价值何者优先？——从实践哲学维度探寻游叙弗伦难题之解》，载《中国人民大学学报》2021 年第 4 期，第 38~49 页。

〔4〕　Michael S. Pardo, "The Field of Evidence and the Field of Knowledge", *Law and Philosophy*, 2005, 24 (04): 381.

和信念辩护。命题辩护，主要是要当事人主张的事实符合命题成立的要件要求，包括证据支持和逻辑支持。信念辩护，既需要内心的确信，也需要证据与既有信念的支持。庭审中，我们努力查清案件事实，为案件事实的查清提供相应的证据，并据此认定案件的事实，在某些案件中，我们对于案件事实的认知是获得了认知辩护的。但是，在案件审理过程中，我们认知案件事实的要素缺乏，致使我们无法为案件事实的认定提供认知辩护，在此情况下，司法审判过程中认定的案件事实，倾向于实用辩护。但无论何种情形，法官均需要对判决结果提供理由，并且进行判决结论的"证成"。

虽然法律规范对于判决结果有证成的要求，但是法官由于受经验、知识储备、偏好等因素的影响，在处理案件过程中，会出现认知偏见。典型的认知偏见主要包括，代表性启发和后见偏见。代表性启发，是指将对象与具有代表性的类型进行比较，而将类型化的事实作为具体案件的事实，从而产生谬误。后见偏见，是指人们知道事情的结果后，根据大脑的信息，当然地推断事情发展的来龙去脉。[1]代表性启发，实际上是经验固化的表现，经验丰富固然好，但是丰富的经验在为形成信念提供支持的同时，也成为其他资源成为信念依据的障碍。例如，在刑事案件侦办过程中，若干嫌疑人中，侦查人员倾向于相信无业的、有前科的犯罪嫌疑人实施犯罪的可能性会更高。"杜培武案"就是后见偏见的例证。当发现杜培武的妻子与另一名男警官在一辆面包车内被枪杀时，当然认为杜培武的嫌疑最大。杜培武拒绝认罪时，被认为是抗拒法律，故采取刑讯逼供措施，从而导致了杜培武屈打成招。在认知过程中，绝对摒弃偏见，似乎不可能。主要理由在于：其一，先见或头脑中的知识体系是我们认知世界的前提条件，而在先见中，由于理性的限制，认知主体甚至无法感知偏见的存在；其二，认知过程不可避免地掺杂情感等因素，这也导致认知偏差的产生；其三，我们的认知过程往往受到社会评价等压力的影响，因而会产生认知偏差。虽然认知偏见不可避免，但我们应当将其控制在合理的范围内：首先，通过法律规范，约束认知主体的行为，使认知主体的认知符合认知规范的要求；其次，强化证据作用，信念应当建立在证据基础上，避免先形成信念，再根据信念选择证据；最后，通过制度优化法律人之间的监督机制，及时指出认知偏

---

[1] 陈林林、何雪锋：《司法过程中的经验推定与认知偏差》，载《浙江社会科学》2015 年第 8 期，第 26~32 页。

见，并依法纠正。

　　综上所述，后果裁判在司法实践中饱受争议，与之对峙的法条主义，指责后果裁判动摇法治基础，造成裁判结果的不可预测性。但是，法律适用应当符合立法目的，那么在既有的法律存在漏洞或者对于法律规范的解释存在重大分歧的情况下，寻求最优的裁判结果就具有正当性。而这种裁判方法的哲理基础是实用主义。在知识论领域，认知结果主义以"真"作为追求的目标，反对者的主要观点是，"向前看"的认知模式缺少理性结构。但是，认知结果并非凭空而来，是基于我们既有的知识，通过推理等方式而产生的。现实主义法学和自然主义认识论均受到哲学的自然主义转向的影响。自然主义认识论的基本主张是将认识论建立在事实基础上。但是，认识论自然化可能吗？因为，哲学领域的问题不能置于自然科学领域解决，而且自然主义认识论缺少规范性，自然不能成功。但是，自然主义认识论的实证方法可以助益和纠偏证据规则的适用。实用主义，指在我们拒绝不可错主义的前提下，随着实用主义因素的变化，知识也会有所不同。知识应当为行为和信念提供辩护，现实世界中，实用主义因素不可缺席，因此，应当变更原有的知识概念。但是，实用主义将主体选择的行动理由等同于知识，或者错误地将有助于目标实现的认知要素均归属于知识的必备要素。虽然，实用主义未能推翻原有的知识概念，但是实用主义的主张，使一些影响我们认知的因素显性化。例如，如果认为推理的最佳结果最为重要，那么我们更应当关注前提的"真"；如果认为推理无可挑剔（beyond criticism）最为重要，那么我们更应当关注前提的合理性。在司法领域，实用主义的负面影响是可能造成事实认定者的认知偏差，因此我们应当优化认知方法，完善制度，克服认知偏见。

参考文献

一、外文文献

1. Shazia Akhtar et al, "The 'Common Sense' Memory Belief System and Its Implications", *International Journal of Evidence & Proof*, Vol. 22, No. 3, July 2018.

2. Alan Millar, "Knowing from Being Told", in Adrian Haddock (ed.), *Social Epistemology*, Oxford University Press Inc., New York, November 2010.

3. Alvin I. Goldman, *Pathway to knowledge: private and public*, Oxford University Press, January 2002.

4. Alvin I. Goldman, "Why Social Epistemology Is Real Epistemology", in Adrian Haddock (ed.) et al, *Social Epistemologysocial epistemology*, Oxford University Press, New York, 2010.

5. Alvin I. Goldman, *knowledge in a Social World*, Oxford University Press, 1999.

6. Amalia Amaya, "Coherence, Evidence and Proof", *The Tapestry of Reason: An Inquiry into the Nature of Coherence and its Role in Legal Argument*, London: Hart Publishing, 2015.

7. Andrew T. Hayashi, "A Theory of Facts and Circumstances", *Alabama Law Review 69*, No. 2, 2017.

8. Anna Maria Lorusso, "Between Truth, Legitimacy and Legality in the Post-Truth Era", *International Journal for the Semiotics of Law*, 33 (04), 2020.

9. Jason Baehr, "Is There a Value Problem?", *Epistemic Value*, 2009.

10. Blake Roeber, "The Pragmatic Encroachment Debate", *Noûs*, Vol. 52, No. 1, March 2018.

11. Carlotta Pavese, "knowledge, Action and Defeasibility", in Edited by Jessica Brown and Mona Simion, Oxford University Press, 2021.

12. Bruce Chapman, "Common knowledge, Communication and Public Reason", *Chicago-Kent Law Review*, Vol. 79, No. 3, 2004.

13. Charles Nesson, "Evidence Or the Event-On Judicial Proof and the Acceptability of Verdicts",

Harvard Law Review, Vol. 98, No. 7, May 1985.

14. Christoph Kelp, *Inquiry, knowledge, and Understanding*, Oxford University Press , 2021.

15. Kevin M. Clermont, "A Theory of Factfinding: The Logic for Processing Evidence", *Marquette Law Review*, Vol. 104, No. 2, Winter 2020.

16. Daniel J. Singer, "How to be epistemic consequentialist", *The Philosophical Quarterly*, Vol. 68, 2018.

17. Edmund L. Gettier, "Is Justified true belief knowledge?", *Analysis*, Vol. 23, No. 6, June 1963.

18. Catherine Z. Elgin, "Impartiality and Legal Reasoning", in Edited by Amalia Amaya and Maksymilian Del Mar, *irtue, Emotion and Imagination in Law and Legal Reasoning*, Oxford: Hart Publishing, 2020.

19. D. Enoch, L. Spectre & T. Fisher, "Statistical evidence, sensitivity, and the legal value of knowledge", *Philosophy and Public Affairs*, 40 (03), 2012.

20. D. Enoch, L. Spectre, "Sensitivity, Safety, and the Law: A Reply to Pardo", *Legal Theory*, 25 (03), 2019.

21. Jeremy Fantl, Matthew McGrath, *knowledge in an Uncertain World*, Oxford University Press, 2009.

22. Gabriel Broughton and Brian Leiter, *The Naturalized Epistemology Approach to Evidence in Philosophical Foundations of Evidence Law*, Oxford University Press, 2021.

23. González de Prado Salas, Javier, "Rationality, Appearances, and Apparent Facts", *Journal of Ethics and Social Philosophy*, Vol. 14, No. 2, December 2018.

24. Robert E. Goodin, "An Epistemic Case for Legal Moralism", *Oxford Journal of Legal Studies*, Vol. 30, No. 4, Winter 2010.

25. Alexander Greenberg , "Epistemic Responsibility and Criminal Negligence", *Criminal Law and Philosophy*, Vol. 14, No. 1, April 2020.

26. Mark Greenberg, "Naturalism in Epistemology and the Philosophy of Law", *Law and Philosophy*, Vol. 30, No. 4, July 2011.

27. Umang Gupta, "Analysis of Legal Realism Theory", *Indian Journal of Law and Legal Research*, Vol. 2, No. 1, June–July 2021.

28. Susan Haack, "The Embedded Epistemologist: Dispatches from the Legal Front", *Ratio Juris*, 25 (02), 2012.

29. Hock Lai Ho, "Evidence and Truth", in Edited by Christian Dahlman, Alex Stein, and Giovanni Tuzet, *Philosophical Foundations of Evidence Law*, Oxford University Press, 2021.

30. JasonBosland, Jonathan Gill, "The Principle of Open Justice and the Judicial Duty to Give Public Reasons", *Melbourne University Law Review 38*, No. 2, 2014.

31. Jason M. Chin, Malgorzata Lagisz, Shinichi Nakagawa, "Where Is the Evidence in Evidence-Based Law Reform?", *University of New South Wales Law Journal 45*, No. 3, 2022.

32. Joachim Horvath, "Understanding as a Source of Justification", *Mind*, Vol. 129, April 2020.

33. John Turri, "On the Relationship between Propositional and Doxastic Justification", *Philosophy and Phenomenological Research*, No. 3, 2010.

34. Jordi FerrerBeltrán, "Proven Facts, Beliefs and Reasoned Verdicts", in Edited by Christian Dahlman, Alex Stein, and Giovanni Tuzet, *Philosophical Foundations of Evidence Law*, Oxford University Press, 2021.

35. Jules L. Coleman, "Naturalized Jurisprudence and Naturalized Epistemology", *Philosophical Topics*, Vol. 29, 2001.

36. Kenneth S. Klein, "Truth and Legitimacy (in Courts)", *Loyola University Chicago Law Journal 48*, No. 1, Fall 2016.

37. Rainer Forst, "What Does It Mean to Justify Basic Rights: Reply to Duwell, Newey, Rummens and Valentini", *Netherlands Journal of Legal Philosophy 45*, No. 3, 2016.

38. John Leubsdorf, "Evidence Law as a System of Incentives", *Iowa Law Review*, 2010.

39. Liat Levanon, *Evidence, Respect and Truth: knowledge and Justice in Legal Trials*, Hart Publishing, 2022.

40. Linda Trinkaus Zagzebski, *Epistemic Values*, Oxford University Press, 2020.

41. Linda Trinkaus Zagzebski, "Toward a Theory of Understanding", in Edited by Stephen R. Grimm, *Varieties of Understanding: New Perspectives from Philosophy, Psychology, and Theology*, Oxford University Press, 2019.

42. Mark Schroeder, *Reasons First*, Oxford University Press, 2021.

43. Mark Spottswood, "The Hidden Structure of Fact-Finding", *Case Western Reserve Law Review 64*, No. 1, Fall 2013.

44. Martin Smith, *Between Probability and Certainty: What Justifies Belief*, Oxford University Press, 1 January 2016.

45. Matthew Weiner, *Practical Reasoning and the Concept of knowledge*, Oxford University Press, 2009.

46. Michael S. Pardo, "The Field of Evidence and the Field of knowledge," *Law and Philosophy*, 24 (04), 2005.

47. Michael S. Pardo, "The Gettier Problem and Legal Proof", *Legal Theory*, 16 (01), 2010.

48. Michael S. Pardo, "The Law of Evidence and the Practice of Theory", *University of Pennsylvania Law Review Online*, 2014 (163).

49. Michael S. Pardo, "Safety vs. Sensitivity: Possible Worlds and the Law of Evidence", *Legal

Theory 24, No. 1, March 2018.

50. Michael S. Pardo, "The Nature and Purpose of Evidence Theory", *Vanderbilt Law Review*, March 2013.

51. Cheryl Misak, "Williams, Pragmatism, and the Law", *Res Publica*, Vol. 27, No. 2, May 2021.

52. Mark Modak-Truran, "A Pragmatic Justification of the Judicial Hunch", *University of Richmond Law Review*, Vol. 35, No. 1, March 2001.

53. David A. Moran, "In Defense of the Corpus Delicti Rule", *Ohio State Law Journal*, Vol. 64, No. 3, 2003.

54. Neil C. Manson, "Epistemic restraint and the vice of curiosity", *Philosophy*, 87 (02), 2012.

55. Gideon Parchomovsky & Alex Stein, "The Distortionary Effect of Evidence on Primary Behavior", *Harvard Law Review*, 2010.

56. Michael S. Pardo, "Second-Order Proof Rules", *Florida Law Review*, Vol. 61, No. 5, December 2009.

57. Lyman R. Patterson, "The Types of Evidence: An Analysis", *Vanderbilt Law Review*, 19 (01), 1965.

58. Paul Silva Jr., *Awareness and the Substructure of knowledge*, Oxford University Press, 2023.

59. Rene Provost, "Fact", *McGill Law Journal*, 66 (01), 2020.

60. Pundik Amit, "The Epistemology of Statistical Evidence", *International Journal of Evidence & Proof*, Vol. 15, No. 2, April 2011.

61. Robert M. Sanger, "Gettier in a Court of Law", *Southern IlliNois University Law Journal*, Vol. 42, No. 3, Spring 2018.

62. Frederick Schauer, "The Role of Rules in the Law of Evidence", in *Philosophical Foundations of Evidence Law*, Oxford University Press, 2021.

63. Alan Schwartz & Robert E. Scott, "Contract Interpretation Redux", *Yale Law Journal*, Vol. 119, No. 5, March 2010.

64. Paul Silva Jr., "On Doxastic Justification and Properly Basing One's Belief", *Erkenntnis*, 80 (05), 2015.

65. Ernest Sosa, "Value Matters in Epistemology", *Journal of Philosophy*, (04) 2010 .

66. Alex Stein, "Against Free Proof", *Israel Law Review*, 1997.

67. Alex Stein, "The New Doctrinalism: Implications for Evidence Theory", *University of Pennsylvania Law Review*, Vol. 163, No. 7, June 2015.

68. Stephen R. Grimm, "knowledge, Practical Interests and Rising Tides", in Edited by Jessica Brown & Mona Simion, *Reasons, Justification, and Defeat*, Oxford University Press, 2021.

69. Terence Anderson & William Twining, *Analysis of Evidence*, Cambridge University Press, 2005

（7）.

70. Christopher Tollefsen, "Justified Belief", *American Journal of Jurisprudence*, 48, 2003.

71. Giulio Ubertis, "Comparative Perspectives: Truth, Evidence, and Proof in Criminal Proceedings", *International Journal of Procedural Law*, Vol. 4, No. 1, 2014.

72. Douglas Walton and Fabrizio Macagno, "Common knowledge in Legal Reasoning about Evidence", *International Commentary on Evidence*, 3, 2005.

二、中文文献

1. ［美］查尔斯·霍顿·库利：《人类本性与社会秩序》（第 2 版），包凡一、王源译，华夏出版社 1999 年版。

2. ［美］罗纳德·J. 艾伦：《艾伦教授论证据法（上）》，张保生等译，中国人民大学出版社 2014 年版。

3. ［美］伊曼纽尔·沃勒斯坦：《知识的不确定性》，王昺等译，郝名玮校，山东大学出版社 2006 年版。

4. ［德］哈贝马斯：《在事实与规范之间：关于法律和民主法治国的商谈理论》（修订译本），童世骏译，生活·读书·新知三联书店 2014 年版。

5. ［加拿大］道格拉斯·沃尔顿：《法律论证与证据》，梁庆寅等译，熊明辉校，中国政法大学出版社 2010 年版。

6. ［美］E·博登海默：《法理学：法律哲学与法律方法》，邓正来译，中国政法大学出版社 1999 年版。

7. ［美］约翰·波洛克、乔·克拉兹：《当代知识论》，陈真译，复旦大学出版社 2008 年版。

8. ［希］柏拉图：《柏拉图全集》（第 1 卷），王晓朝译，人民出版社 2002 年版。

9. ［法］保罗·利科：《从文本到行动》，夏小燕译，华东师范大学出版社 2015 年版。

10. ［美］理查德·费尔德曼：《知识论》，文学平、盈俪译，中国人民大学出版社 2019 年版。

11. ［美］亚历克斯·斯坦：《证据法的根基》，樊传明等译，中国人民大学出版社 2018 年版。

12. ［美］詹姆斯·B. 弗里曼：《论证结构——表达和理论》，王建芳译，中国政法大学出版社 2014 年版。

13. ［新加坡］何福来：《证据法哲学——在探究真相的过程中实现正义》，樊传明等译，中国人民大学出版社 2021 年版。

14. ［英］哈特：《法律的概念》（第 2 版），许家馨、李冠宜译，法律出版社 2011 年版。

15. ［英］苏珊·哈克：《证据与探究——走向认识论的重构》，陈波、张力锋、刘叶涛译，中国人民大学出版社 2004 年版。

16. ［英］约瑟夫·拉兹：《实践理性与规范》，朱学平译，中国法制出版社 2011 年版。

17. ［英］A. C. 格雷林：《认识的界限与推论的框架》，载［澳］斯蒂芬·海瑟林顿主编：《知识论的未来》，方环非译，中国人民大学出版社 2022 年版。

18. 金岳霖：《知识论》，中国人民大学出版社 2010 年版。

19. 陈辉：《解释作为法律的结构及其对法治的影响》，中国政法大学出版社 2018 年版。

20. 陈嘉明：《知识与确证：当代知识论引论》，上海人民出版社 2003 年版。

21. 陈景辉：《实践理由与法律推理》，北京大学出版社 2012 年版。

22. 陈景辉：《法律的界限：实证主义命题群之展开》，中国政法大学出版社 2007 年版。

23. 洪汉鼎：《诠释学：它的历史和当代发展》（修订版），中国人民大学出版社 2018 年版。

24. 邱昭继：《法律的不确定性与法治——从比较法哲学的角度看》，中国政法大学出版社 2013 年版。

25. 王聚：《当代知识论导论》，复旦大学出版社 2022 年版。

26. 吴洪淇：《证据法的理论面孔》，法律出版社 2018 年版。

27. 雍琦：《法律逻辑学》（增订版），金承光增订，法律出版社 2022 年版。

28. ［美］罗纳德·J. 艾伦、布赖恩·雷特：《自然化认识论和证据法（上）》，王进喜译，载《证据学论坛》2004 年第 1 期。

29. 曹剑波：《知识是绝对的，还是有程度的?》，载《哲学研究》2022 年第 6 期。

30. 陈波：《蒯因的自然化认识论纲领》，载《自然辩证法通讯》1995 年第 4 期。

31. 陈波：《"以事实为依据"还是"以证据为依据"？——科学研究和司法审判中的哲学考量》，载《南国学术》2017 年第 1 期。

32. 陈波：《没有"事实"概念的新符合论（上）》，载《江淮论坛》2019 年第 5 期。

33. 陈光中、陈海光、魏晓娜：《刑事证据制度与认识论——兼与误区论、法律真实论、相对真实论商榷》，载《中国法学》2001 年第 1 期。

34. 陈嘉明：《"理解"的理解》，载《哲学研究》2019 年第 7 期。

35. 陈嘉明：《经验基础与知识确证》，载《中国社会科学》2007 年第 1 期。

36. 陈嘉明：《经验论的困境与"理由空间"》，载《天津社会科学》2015 年第 1 期。

37. 陈嘉明：《理解与"命题主义"》，载《东南学术》2020 年第 1 期。

38. 陈嘉明：《理解与合理性》，载《哲学研究》2017 年第 9 期。

39. 陈嘉明：《知识作为信念的规范及其价值所在——索萨知识价值的思想》，载《甘肃社会科学》2021 年第 6 期。

40. 陈嘉明：《知识论语境中的理解》，载《中国社会科学》2022 年第 10 期。

41. 陈金钊：《法律人思维中的规范隐退》，载《中国法学》2012 年第 1 期。

42. 陈景辉：《事实的法律意义》，载《中外法学》2003 年第 6 期。

43. 陈坤：《实用主义真理观适于法律领域吗?》，载《浙江社会科学》2023 年第 1 期。

44. 陈林林、何雪锋：《司法过程中的经验推定与认知偏差》，载《浙江社会科学》2015 年第 8 期。

45. 陈文曲：《现代诉讼的本质：全面理性的规范沟通》，载《政法论丛》2020 年第 2 期。

46. 陈晓平：《评蒯因的自然化认识论及其规范性》，载《科学技术哲学研究》2017 年第 4 期。

47. 陈兴良：《"应当知道"的刑法界说》，载《法学》2005 年第 7 期。

48. 陈兴良：《刑法分则规定之明知：以表现犯为解释进路》，载《法学家》2013 年第 3 期。

49. 陈亚军：《匹兹堡学派对"所予神话"的瓦解》，载《学术月刊》2023 年第 1 期。

50. 褚福民：《刑事证明的两种模式》，载《政法论坛》2015 年第 3 期。

51. 戴紫君：《从严格僵化到相对自由：心证融合视野下印证证明的区分化适用》，载《证据科学》2022 年第 4 期。

52. 段威：《法律叙事方法对裁判事实建构的影响》，载《法律方法》2019 年第 1 期。

53. 樊崇义：《客观真实管见——兼论刑事诉讼证明标准》，载《中国法学》2000 年第 1 期。

54. 方环非：《证据关系、相对性与可靠主义》，载《自然辩证法研究》2023 年第 7 期。

55. 方环非、沈怡婷：《知识归赋的实用侵入：异议及其辩护》，载《浙江社会科学》2020 年第 10 期。

56. 方红庆：《当代知识论的价值转向：缘起、问题与前景》，载《甘肃社会科学》2017 年第 2 期。

57. 费多益：《实验哲学：一个尴尬的概念》，载《哲学分析》2020 年第 1 期。

58. 费多益：《知识的信念假设》，载《科学技术哲学研究》2015 年第 4 期。

59. 费多益：《美诺悖论：知识何以拥有理性的保障?》，载《哲学研究》2022 年第 7 期。

60. 费多益：《如何理解分析哲学的"分析"?》，载《哲学研究》2020 年第 3 期。

61. 费多益：《知识的确证与心灵的限度》，载《自然辩证法研究》2015 年第 11 期。

62. 傅永军、刘岱：《作为诠释学基本问题的应用》，载《山东大学学报（哲学社会科学版）》2021 年第 5 期。

63. 郭忠：《发现生活本身的秩序——情理司法的法理阐释》，载《法学》2021 年第 12 期。

64. 何家弘：《司法证明的目的是客观真实 司法证明的标准是法律真实》，载《诉讼法论丛》2002 年第 0 期。

65. 何家弘：《司法证明模式的学理重述——兼评印证证明模式》，载《清华法学》2021 年第 5 期。

66. 何家弘、周慕涵：《刑事诉讼事实观与真实观的学理重述——兼评"程序共识论"》，载《清华法学》2022 年第 6 期。

67. 何雪锋：《法官如何论证经验法则》，载《北方法学》2021 年第 1 期。

68. 洪汉鼎：《论哲学诠释学的阐释概念》，载《中国社会科学》2021 年第 7 期。

69. 呼文欢：《当代知识论中两种确证的优先性之争——以命题的确证和信念的确证为例》，载《自然辩证法研究》2022 年第 3 期。

70. 惠春寿：《重叠共识究竟证成了什么——罗尔斯对正义原则现实稳定性的追求》，载《哲学动态》2018 年第 10 期。

71. 江伟、吴泽勇：《证据法若干基本问题的法哲学分析》，载《中国法学》2002 年第 1 期。

72. 江怡、陈常燊：《分析哲学中作为证据的事实》，载《哲学分析》2017 年第 3 期。

73. 雷磊：《反思司法裁判中的后果考量》，载《法学家》2019 年第 4 期。

74. 李江海：《经验法则及其诉讼功能》，载《证据科学》2008 年第 4 期。

75. 李萍、卢俊豪：《理由与价值何者优先？——从实践哲学维度探寻游叙弗伦难题之解》，载《中国人民大学学报》2021 年第 4 期。

76. 李主斌：《知觉经验与信念的理由》，载《科学技术哲学研究》2016 年第 4 期。

77. 刘风景：《立法目的条款之法理基础及表述技术》，载《法商研究》2013 年第 3 期。

78. 刘宇：《实践哲学之诠释学路径——以叙事逻辑为中介》，载《社会科学辑刊》2021 年第 5 期。

79. 刘治斌：《立法目的、法院职能与法律适用的方法问题》，载《法律科学（西北政法大学学报）》2010 年第 2 期。

80. 龙宗智：《刑事印证证明新探》，载《法学研究》2017 年第 2 期。

81. 龙宗智：《印证与自由心证——我国刑事诉讼证明模式》，载《法学研究》2004 年第 2 期。

82. 麻昌华、陈明芳：《〈民法典〉中"应当知道"的规范本质与认定标准》，载《政法论丛》2021 年第 4 期。

83. 潘德荣：《认知与诠释》，载《中国社会科学》2005 年第 4 期。

84. 裴苍龄：《论证据学的理论基础》，载《河北法学》2012 年第 12 期。

85. 桑本谦：《法律教义是怎样产生的——基于后果主义视角的分析》，载《法学家》2019 年第 4 期。

86. 舒国滢、宋旭光：《以证据为根据还是以事实为根据？——与陈波教授商榷》，载《政法论丛》2018 年第 1 期。

87. 舒卓：《证据是命题吗?》，载《科学技术哲学研究》2022 年第 5 期。

88. 舒卓、朱菁：《证据与信念的伦理学》，载《哲学研究》2014 年第 4 期。

89. 宋保振：《后果导向裁判的认定、运行及其限度——基于公报案例和司法调研数据的考察》，载《法学》2017年第1期。

90. 宋群：《何为有认知价值的"分歧"？》，载《科学技术哲学研究》2022年第5期。

91. 孙国华：《论中国实践主义司法哲学》，载《法律科学》2023年第1期。

92. 孙海波：《"后果考量"与"法条主义"的较量——穿行于法律方法的噩梦与美梦之间》，载《法制与社会发展》2015年第2期。

93. 孙海波：《通过裁判后果论证裁判——法律推理新论》，载《法律科学（西北政法大学学报）》2015年第3期。

94. 汪建成：《中国需要什么样的非法证据排除规则》，载《环球法律评论》2006年第5期。

95. 王彬：《逻辑涵摄与后果考量：法律论证的二阶构造》，载《南开学报（哲学社会科学版）》2020年第2期。

96. 王彬：《司法裁决中的后果论思维》，载《法律科学（西北政法大学学报）》2019年第6期。

97. 王德玲：《法律现实主义、后果取向与大数据——疑难案件裁判范式新探》，载《山东社会科学》2019年第5期。

98. 王华伟：《误读与纠偏："以刑制罪"的合理存在空间》，载《环球法律评论》2015年第4期。

99. 王聚：《语境主义反怀疑论与标准下降难题》，载《现代外国哲学》2021年第1期。

100. 王庆廷：《"经验"何以成为"法则"——对经验法则适用困境的考察、追问及求解》，载《东方法学》2016年第6期。

101. 王庆原：《信念伦理学的"克利夫特/詹姆斯之争"——兼论信念伦理学的建构》，载《哲学动态》2010年第6期。

102. 王晓森：《确证还是可靠——知识论视域下科学知识问题再思》，载《科学技术哲学研究》2020年第2期。

103. 魏斌：《论似真推理的形式化谜题》，载《科学技术哲学研究》2021年第4期。

104. 魏燕侠、郑伟平：《知识是一种信念吗？——基于葛梯尔问题不可解性的分析》，载《科学技术哲学研究》2021年第1期。

105. 文学平：《知识概念的实用入侵》，载《自然辩证法研究》2020年第2期。

106. 文学平：《认知困境与信念伦理》，载《学术界》2018年第12期。

107. 吴洪淇：《从经验到法则：经验在事实认定过程中的引入与规制》，载《证据科学》2011年第2期。

108. 向燕：《论司法证明中的最佳解释推理》，载《法制与社会发展》2019年第5期。

109. 向燕：《论刑事综合型证明模式及其对印证模式的超越》，载《法学研究》2021年第

1 期。

110. 谢晖：《事实推理与常识裁判——简单道义案件的一种裁判技巧和立场》，载《法学》2012 年第 9 期。

111. 谢晖：《论法律事实》，载《湖南社会科学》2003 年第 5 期。

112. 杨波：《刑事诉讼事实形成机理探究》，载《中国法学》2022 年第 2 期。

113. 杨代雄：《意思表示解释的原则》，载《法学》2020 年第 7 期。

114. 杨建军：《常识、常理在司法中的运用》，载《政法论丛》2009 年第 6 期。

115. 杨铜铜：《论立法目的司法适用的方法论路径》，载《法商研究》2021 年第 4 期。

116. 易延友：《非法证据排除规则的中国范式——基于 1459 个刑事案例的分析》，载《中国社会科学》2016 年第 1 期。

117. 易延友：《证据法学的理论基础——以裁判事实的可接受性为中心》，载《法学研究》2004 年第 1 期。

118. 殷杰、王亚：《社会科学中复杂系统范式的适用性问题》，载《中国社会科学》2016 年第 3 期。

119. 余歌、宋朝武：《诉讼法学实证研究的反思与改良——兼论法学研究中复杂系统仿真技术的应用》，载《证据科学》2022 年第 4 期。

120. 喻郭飞：《认知规范与自然主义认识论》，载《武汉科技大学学报（社会科学版）》2012 年第 5 期。

121. 喻郭飞：《证据、自主性与认知责任》，载《自然辩证法研究》2020 年第 6 期。

122. 张继成：《论命题与经验证据和科学证据符合》，载《法学研究》2005 年第 6 期。

123. 张继成：《事实、命题与证据》，载《中国社会科学》2001 年第 5 期。

124. 张继成、杨宗辉：《对"法律真实"证明标准的质疑》，载《法学研究》2002 年第 4 期。

125. 张建伟：《认识相对主义与诉讼的竞技化》，载《法学研究》2004 年第 4 期。

126. 张建伟：《司法机械主义现象及其原因分析》，载《法治社会》2023 年第 1 期。

127. 张江：《阐释模式的统一性问题》，载《社会科学战线》2015 年第 6 期。

128. 张江：《再论强制阐释》，载《中国社会科学》2021 年第 2 期。

129. 张明楷：《案件事实的认定方法》，载《法学杂志》2006 年第 2 期。

130. 张卫平：《认识经验法则》，载《清华法学》2008 年第 6 期。

131. 郑辉军：《匹兹堡学派论证的逻辑起点——理由空间的嬗变》，载《自然辩证法研究》2016 年第 12 期。

132. 郑伟平：《当代信念伦理学的"第四条道路"——论皮尔士的信念规范理论》，载《哲学分析》2014 年第 1 期。

133. 郑伟平：《论信念的知识规范》，载《哲学研究》2015 年第 4 期。

134. 郑伟平：《信念自由与信念伦理》，载《学术界》2018 年第 12 期。

135. 郑永流：《法律判断形成的模式》，载《法学研究》2004 年第 1 期。

136. 周洪波：《中国刑事印证理论的再批判与超越》，载《中国法学》2019 年第 5 期。

137. 周洪波：《中国刑事印证理论批判》，载《法学研究》2015 年第 6 期。

138. 周洪波、熊晓彪：《第三层次有罪判决证明标准的技术性构建——基于现代证明科学进路的探索》，载《证据科学》2017 年第 2 期。

139. 周洪波、熊晓彪：《改良版威格摩尔图示法：一种有效的证据认知分析进路——兼评最高人民法院刑事指导案例第 656 号》，载《证据科学》2015 年第 5 期。

140. 周洪波、熊晓彪、张志敏：《"昆明陈辉故意杀人案"之无罪判决说得过去吗？——基于改良版威格摩尔图示法和第三层次有罪判决证明标准的证据分析与评价》，载《中国案例法评论》2017 年第 1 期。

141. 周慕涵：《印证原理的知识论诠释：理论纠偏与认知重构》，载《法治与社会发展》2022 年第 6 期。

142. 周志荣：《驳符合论的核心洞见》，载《河南社会科学》2021 年第 9 期。

143. 纵博：《"孤证不能定案"规则之反思与重塑》，载《环球法律评论》2019 年第 1 期。

144. 邹利琴：《理性主义、证据规则与证明理性——英美法律事实理论的前提与问题转向》，载《法制与社会发展》2009 年第 5 期。

三、报刊与会议

1. 江怡：《实用主义如何作为一种方法》，载《中国社会科学报》2013 年 1 月 15 日。

2. 胡浪波：《四步法则：探知刑事裁判文书证据说理深层表达的新范式——以"威格摩尔分析法+图尔敏论证模型"的运用为楔子》，载胡云腾主编：《司法体制综合配套改革与刑事审判问题研究——全国法院第 30 届学术讨论会获奖论文集（上）》，人民法院出版社 2019 年版。